上海律师文丛

企业劳动规章制度争议案例研究

上海市律师协会劳动与社会保障专业委员会　主编
陆敬波　执行主编

法律出版社
LAW PRESS·CHINA

———北京———

图书在版编目（CIP）数据

企业劳动规章制度争议案例研究／上海市律师协会劳动与社会保障专业委员会主编；陆敬波执行主编．

北京：法律出版社，2025． ——（上海律师文丛）．

ISBN 978 - 7 - 5244 - 0083 - 7

I．D922.591.5

中国国家版本馆 CIP 数据核字第 2025CU4030 号

企业劳动规章制度争议案例研究 QIYE LAODONG GUIZHANG ZHIDU ZHENGYI ANLI YANJIU	上海市律师协会劳动与 社会保障专业委员会 主编 陆敬波 执行主编	责任编辑 彭　雨 装帧设计 李　瞻

出版发行 法律出版社	开本 710 毫米×1000 毫米　1/16
编辑统筹 法律考试・职业教育出版分社	印张 17.5　　　字数 305 千
责任校对 晁明慧	版本 2025 年 5 月第 1 版
责任印制 胡晓雅	印次 2025 年 5 月第 1 次印刷
经　　销 新华书店	印刷 唐山玺诚印务有限公司

地址：北京市丰台区莲花池西里 7 号（100073）

网址：www.lawpress.com.cn　　　　　　　　销售电话：010 - 83938349

投稿邮箱：info@ lawpress.com.cn　　　　　　客服电话：010 - 83938350

举报盗版邮箱：jbwq@ lawpress.com.cn　　　　咨询电话：010 - 63939796

版权所有・侵权必究

书号：ISBN 978 - 7 - 5244 - 0083 - 7　　　　　　定价：68.00 元

凡购买本社图书，如有印装错误，我社负责退换。电话：010 - 83938349

上海市律师协会文丛
第十二届编委会、第十二届评审委名单

第十二届编委会

编 委 会 主 任：邵万权

编委会执行副主任：聂卫东

编 委 会 副 主 任：张鹏峰　廖明涛　黄宁宁　陆　胤

　　　　　　　　　韩　璐　金冰一　徐宗新

编 委 会 委 员：倪正茂　陈乃蔚　黄　绮　鲍培伦

　　　　　　　　　杨忠孝　孙志祥　洪冬英　蒋红珍

第十二届评审委

评 审 委 主 任：聂卫东

评 审 委 委 员：陈乃蔚　黄　绮　鲍培伦　杨忠孝

　　　　　　　　　孙志祥　洪冬英　蒋红珍

学 术 顾 问：倪正茂

企业劳动规章制度争议案例研究
编委会

主　　　编：上海市律师协会劳动与社会保障专业委员会
执 行 主 编：陆敬波
副 主 编：齐　斌　李华平　楼凌宇
执行副主编：仇少明
撰　稿　人：（按姓氏拼音排序）

蔡　瑛　陈慧颖　陈英杰　陈　云　崔小晓
董传羽　葛景霞　郭　鹏　郭毓敏　胡燕来
寇星羽　李华平　李居鹏　李淑芹　李媛媛
刘　斌　刘小根　刘宣廷　龙佳明　楼凌宇
马家冕　马怡坤　仇少明　屈晓蓉　阮　超
石先广　王余婷　温陈静　温　明　武慧琳
谢亦团　杨　喆　曾立圻　张君强　张振鸿
郑小龙　朱　慧

统 筹 编 辑：马鑫丽　沙雨桐　韩朋远

总　　序

在法治的光辉照耀下,法律不仅是维护社会秩序的基石,更是推动社会进步的重要力量。上海市律师协会自诞生之日起,已历经四十多个春秋,见证了上海律师行业为促进经济社会发展、保障人民群众合法权益、维护社会公平正义、推进社会主义民主法治建设作出的积极贡献。

为深入学习贯彻习近平总书记重要讲话精神,引领全市广大律师进一步明确时代和国家赋予律师的功能定位和责任使命,始终坚持"做党和人民满意的好律师",不断提高学术理论素养和法律实践能力,进一步提升专业化水平,努力以高质量的法律服务为高质量发展、高水平开放保驾护航,上海市律师协会致力于引导律师著书立说,鼓励百家争鸣,积极打造"上海市律师协会文库"品牌,营造上海律师行业特有的文化氛围。2006年年初正式启动"上海市律师协会文库"出版工作,2009年又推出了"上海律师文丛"系列。已经问世的作品,汇聚了上海律师的智慧结晶,展示了上海律师的精神财富,也印证了上海律师在高速发展的转型期中始终立于时代的前沿。

"上海市律师协会文库""上海律师文丛"系列图书,聚焦当代中国法律实践中的热点问题,内容涵盖公司、劳动与社会保障、财税、房地产、金融、教育等多个领域,既有对法律理论的深入剖析,也有对法律实务的精准解读。

搭建律师思想碰撞之平台、畅通律师信息传播之渠道、铺设律师学问切磋之道路、营造律师形象展示之舞台、创建律师文化交流之大厦,始终是上海市律师协会推动律师发展的出发点和追求目标,也是广大上海律师共同憧憬的理想之境。我们期待,"上海市律师协会文库""上海律师文丛"系列图书的出版,能够为法律职业人士的成长和发展助力,为上海乃至全国的法治建设贡献一份力量。

最后，我谨代表所有参与本系列图书编写的作者和工作人员，向一直以来支持和关注"上海市律师协会文库""上海律师文丛"系列图书的读者朋友们表示衷心的感谢。

愿法治之光照亮每一个角落，愿法律之舟承载梦想扬帆远航。

上海市律师协会

2024 年 4 月

目 录

第一章 规章制度的界定和类别

用人单位未书面规定的劳动纪律是否对劳动者具有法律约束力 …………… 3
总公司的规章制度原则上可以适用于分公司的劳动者
　——分公司规章制度适用的探讨 ……………………………………… 8
母公司的规章制度是否可以作为处理子公司劳动争议的依据 …………… 15
规章制度与职业道德的司法适用 ……………………………………………… 21
用人单位中某部门制定的规章制度可否作为管理员工的依据 …………… 30

第二章 规章制度与集体合同和劳动合同

劳动合同与规章制度冲突时的选择适用规则 ………………………………… 39
作为裁判依据的规章制度规定与劳动合同约定不一致的效力分析 ……… 44
集体合同对劳动合同起到基准和矫正的作用 ………………………………… 50
劳动合同、劳动规章制度与集体自治规范的效力关系 ……………………… 58

第三章 规章制度内容的合法性和合理性

用人单位规章制度合理性审查原则之拙见 …………………………………… 71
法院是否主动审查合理性与合法性 …………………………………………… 78
浅析用人单位规章制度的解释权
　——以 A 饭店与朱某、曲某劳动合同纠纷案为例 ………………… 84
用人单位无权任意对规章制度条文的含义作扩大解释 ……………………… 91
用人单位可否依据规章制度对严重违纪员工罚款 …………………………… 98
规章制度规定叠加累进处罚之效力 …………………………………………… 104

就餐、休息时间是否属于工作时间 ………………………………………… 110
规章制度中用人单位关于病假复查之权利辨析 ………………………… 116
违反非本职岗位规定也属可解除劳动合同的违章行为 ………………… 121
从一起案件看集团规章制度的效力和违纪解聘的合理时限 …………… 127
规章制度中竞业限制规定的效力简析 …………………………………… 133
绩效考核指标并非用人单位单方说了算 ………………………………… 140
用人单位规章制度的合理性审查依据 …………………………………… 146
用人单位依据规章制度行使惩戒权,应兼具合法性与合理性 ………… 153

第四章　规章制度程序的合法性

"民主程序"对用人单位规章制度效力影响的实证分析 ……………… 161
需要经过民主程序的规章制度范围分析 ………………………………… 167
规章制度民主程序的操作步骤要求 ……………………………………… 173
存在民主程序瑕疵的企业规章制度的效力 ……………………………… 180
企业规章制度法定程序与其效力的司法认定 …………………………… 186
规章制度程序的合法性认定标准 ………………………………………… 197
用人单位规章制度制定的程序性要件问题 ……………………………… 202
劳动规章制度的公示问题研究 …………………………………………… 209
根据程序瑕疵程度判断是否影响规章制度的效力和适用 ……………… 214

第五章　规章制度的效力冲突

规章制度的公示程序比民主程序更重要
　　——规章制度不同版本的冲突与适用 ………………………………… 223
浅析劳务派遣中用人单位与用工单位规章制度的冲突及对解除劳动合同的
　　影响 …………………………………………………………………… 230
规章制度在关联企业间的适用以及作为处分依据的合理性问题 ……… 235
《员工手册》与纪律规定哪个优先
　　——规章制度与单行制度出现冲突时如何适用的探讨 ……………… 241
劳动合同解除中的规章制度与劳动纪律竞合 …………………………… 247
新旧规章制度衔接中应注意的问题 ……………………………………… 255
规章制度规定医疗期长于法定标准,应优先适用规章制度 …………… 261

第一章 规章制度的界定和类别

用人单位未书面规定的劳动纪律是否对劳动者具有法律约束力

【案例要旨】

通常所称劳动规章制度,是指企业等用人单位通过一定程序制定并以书面形式发布的员工守则等文件。我国《劳动法》第25条第2项[①]将"劳动纪律"与"用人单位规章制度"用"或者"二字并列,可以看出,就语言逻辑而论,劳动纪律与规章制度有所不同。可以认为,劳动纪律是约定俗成的、未必以书面形式体现的、劳动者理应遵守的工作规则。我国《劳动合同法》第39条第2项仅保留了"严重违反用人单位的规章制度"(删除了"劳动纪律"),但不等于否定了劳动纪律的存在和适用。在某种意义上,可以认为,在《劳动合同法》时代(2008年1月1日该法施行至今),用人单位的规章制度吸纳了劳动纪律。从立法者的角度来看,是希望用人单位尽量将劳动纪律体现为规章制度的具体条文,以利于劳动者遵守。但任何用人单位的规章制度都不可能包罗万象,有些劳动纪律是不言自明的。

总之,劳动者违反劳动纪律,即便未将该劳动纪律以书面形式进行规定,用人单位亦可据此处理违纪员工。

【案情简介】

上诉人(一审原告):陈某某

被上诉人(一审被告):苏州浒通投资发展有限公司(以下简称浒通公司)

[①] "严重违反劳动纪律或者用人单位规章制度的",用人单位可以解除劳动合同。相当于《劳动合同法》第39条"用人单位单方解除劳动合同(过失性辞退)"的第2项,但表述有所不同。

2001年7月，陈某某由虎丘经济技术指导站经工作调动至浒墅关经济技术指导站，在浒墅关镇财政所从事财务工作，工资待遇由财政所统一发放，社会保险费由苏州市浒墅关工业供销经理部缴纳。《劳动合同法》施行后，在浒墅关镇人民政府的统一安排下，部分没有事业编制的人员与镇下属企业签订了劳动合同，陈某某也包含在内。2008年4月29日，陈某某与浒通公司签订无固定期限《全日制劳动合同书》一份，约定陈某某在浒通公司从事管理工作，期限自2008年1月1日起，月工资标准为1807元。浒墅关镇人民政府在合同上盖章鉴证。合同签订后，陈某某的工作地点、工作岗位、工作内容、工资待遇及社保缴纳等均未有任何变化。

2015年10月20日，陈某某与同事张某某利用午饭后的休息时间，外出参与嫖娼活动，被苏州市公安局治安警察支队抓获。次日，苏州市公安局直属分局出具《行政处罚决定书》，分别给予陈某某、张某某行政拘留15日之处罚。同年11月5日，陈某某继续回浒墅关镇财政所工作。同年11月25日，陈某某被告知回家等通知。11月30日，浒墅关镇召开书记扩大会议，通报陈某某与张某某违纪情况，并建议镇党委按照《事业单位工作人员处分暂行规定》(2023年已失效)第三章第21条的规定，给予张某某开除公职处分；由于陈某某属于借用人员，劳动关系不在机关，建议将其清退回原单位，并由原单位给予解除劳动合同关系的处理。按照上述会议纪要精神，张某某被开除公职，陈某某被清退回浒通公司。同年12月8日，浒通公司向浒墅关镇总工会出具《关于解除陈某某劳动合同的通报》一份，告知陈某某的违法行为及公司决定与其解除劳动合同事宜。12月15日，浒墅关镇总工会回函表示知晓。12月22日，浒通公司向陈某某出具《解除/终止劳动合同证明书》一份，载明解除/终止劳动合同原因为单位解除，需要说明事项如下："根据公司规章制度，有如下情况：1.无故旷工3日以上，或一年内累计旷工6日以上；2.被判行政拘留或被判有期徒刑等刑事情况者，本公司可不预先通知而终止聘用关系，并不给予当事人经济补偿。"

【裁判结论】

1. 仲裁裁决

2016年1月26日，申请人陈某某以浒通公司为被申请人，向苏州市虎丘区劳动争议仲裁委员会申请仲裁，请求裁决：(1)被申请人非法解除与申请人之间的劳动关系；(2)被申请人支付违法解除赔偿金198,253.28元；(3)被申请人全额发放申请人2015年11月与12月工资未支付的12,821元。2016年4月12日，苏州市虎丘区劳动争议仲裁委员会作出仲裁裁决书，裁决对申请人的所有仲裁请求不予支持。陈某某对此不服,诉至法院一审。

2. 一审判决

一审法院认为,劳动者严重违反劳动纪律或者用人单位规章制度的,用人单位可以解除劳动合同。本案中,陈某某与浒通公司于2008年4月29日签订无固定期限劳动合同一份,约定双方自2008年1月1日起成立无固定期限劳动合同关系,此后陈某某的工作岗位及工作内容等虽未发生变化,但从根本上讲,三方关系已经发生变化:陈某某、浒通公司之间建立了劳动关系,陈某某受浒通公司的委派在浒墅关镇财政所从事财务工作,浒通公司与浒墅关镇财政所之间构成人员借用关系。陈某某除了应遵守实际工作单位的劳动纪律,还应当受用人单位规章制度的约束。一审庭审中,浒通公司虽提供《苏州浒通投资发展有限公司规章制度》,其中规定了用人单位可以终止聘用关系并不给予经济补偿的几种情形,但浒通公司仅提供了打印版本,未能提供该规章制度的原件,无法证明其所称该规章制度于2008年前制定且施行至今的主张,且浒通公司并未提供任何证据证明其已向包括陈某某在内的全体劳动者进行了告知或送达,故不能作为公司规章制度使用及本案处理的依据。但是,陈某某作为有着多年工作经验的老员工,其本应知晓工作日中午的短暂间隙应当在办公室休息,养足精神以便下午更好地工作;但其利用午休时间伙同同事外出嫖娼,不但违背了普通公民良好的道德要求,而且违背了一名劳动者应遵循的基本职业素养,严重违反了劳动纪律,且其之后被处以拘留15日的行政处罚客观上带来了旷工的法律后果,造成了工作单位工作秩序的混乱和工作效率的停滞。更何况陈某某的工作单位为政府机关,其工作日外出嫖娼的行为损害了人民政府的形象和声誉,在群众中造成了不良的社会影响,故浒墅关镇财政所将陈某某清退回原单位、浒通公司进而与之解除劳动合同的做法并无不妥。另外,与陈某某共同参与嫖娼活动的张某某,因其具有事业单位工作人员的身份,根据《事业单位工作人员处分暂行规定》第21条的规定,浒墅关镇财政所对其给予开除公职处分,基于同样过错同样处理的原则,对陈某某给予清退并解除劳动关系之处罚也实属必要且合理。因此,浒通公司与陈某某解除劳动合同事实清楚、依据充分,且依法履行了告知工会的程序,故构成合法解除,陈某某主张违法解除赔偿金的诉讼请求于法无据,一审对此不予支持。据此,一审判决:(1)浒通公司应于判决生效之日起10日内支付陈某某2015年11月、12月工资差额9910元。(2)驳回陈某某其他诉讼请求。

3. 二审判决

二审法院认为,本案中,陈某某自2001年7月工作调动至浒墅关镇,在镇财政所从事财务工作至 2015 年 12 月，虽然 2008 年 4 月 29 日与浒通公司签订无固定期限劳动合同，但其工作地点、工作岗位、工作内容、工资待遇等均未有任何变化，故陈某某应同时遵守浒通公司和浒墅关镇财政所的规章制度、工作纪律，但陈某某不仅未能在遵纪守法方面起表率作用，反而在工作间隙外出嫖娼致被公安机关当场抓获并处以 15 日行政拘留，该行为不仅有悖社会价值观、有违社会公德善良风俗，还严重违反了《治安管理处罚法》，更严重违反了浒墅关镇财政所的工作纪律，严重损害了政府机构的形象和公信力，造成了不良的社会影响。《劳动法》第 25 条规定，劳动者严重违反劳动纪律或者用人单位规章制度的，可以解除劳动合同，故浒墅关镇党政机关将陈某某清退，浒通公司与陈某某解除劳动合同的做法并无不当。陈某某提出的其因行政拘留而未上班，主观上没有不上班的过错，不能认定为旷工的主张，并非连续 15 日不上班的正当合法理由，一审认定为旷工没有不当。陈某某提出的浒通公司不能提供规章制度正本，且规章制度未按法律要求制定和公示，没有法律效力的主张，一审并未将该规章制度作为处理本案的依据，浒通公司也未提出上诉，本院予以确认。综上，陈某某主张的违法解除劳动关系赔偿金无事实和法律依据。一审根据陈某某出勤情况、工资待遇状况计算其 2015 年 11 月、12 月工资差额正确。一审以陈某某主张加班工资未经仲裁前置程序为由不予理涉符合法律规定。

综上，陈某某的上诉请求不能成立，应予驳回；一审判决认定事实清楚，适用法律正确，应予维持。二审判决：驳回上诉，维持原判决。

【评析意见】

一、法律依据

《劳动法》第 3 条第 2 款规定："劳动者应当完成劳动任务，提高职业技能，执行劳动安全卫生规程，遵守劳动纪律和职业道德。"第 25 条规定："劳动者有下列情形之一的，用人单位可以解除劳动合同：……（二）严重违反劳动纪律或者用人单位规章制度的……"

根据上海市高级人民法院《关于适用〈劳动合同法〉若干问题的意见》第 11 条"用人单位要求劳动者承担合同责任的处理"的规定，劳动合同的履行应当遵循依法、诚实信用的原则。劳动合同的当事人之间除受规章制度的约束外，实际上也存在很多约定俗成的义务和依据诚实信用原则而应承担的合同义务。例如，《劳动法》第 3 条第 2 款关于劳动者应当"遵守劳动纪律和职业道德"等规定，就是类似义务的法律基础。因此，在规章制度无效的情况下，劳动者违反必须遵守的合同义务，用人单位可以要求其承担责任。

二、评析

一般来说,劳动纪律是企业全体劳动者均应遵守的、对全体劳动者普遍适用的行为准则。从形式上看,劳动纪律可以书面形式加以规定;但未进行书面规定的,劳动者亦应遵守。实践中,用人单位较难穷尽式列举本单位员工应当遵守的劳动纪律,但又确实存在全体员工均需遵守的劳动纪律。上述"法律依据"中的规定明确规定了劳动者应当遵守劳动纪律,但并未要求用人单位必须以书面形式规定该等劳动纪律。因此,劳动者违反该等未书面规定的劳动纪律的,用人单位可依纪对其进行处理。另外,从上述法律规定亦可看出,遵守用人单位的劳动纪律是劳动者应当履行的义务,亦是劳动者完成本职工作应当遵循的基本准则。

另外,本案中劳动者主张用人单位的规章制度效力问题,笔者在此不赘,但一审、二审法院均未采纳用人单位制定的规章制度作为用人单位解除劳动者劳动合同的依据,而是认为劳动者违反了用人单位(以及实际工作单位)的劳动纪律,即劳动者因被拘留而客观造成了工作单位工作秩序的混乱和工作效率的停滞,违反了劳动纪律。由此可知,用人单位的劳动纪律并非均以书面形式呈现;换言之,劳动者违反了全体员工均应遵守的劳动纪律的,即便用人单位未将该劳动纪律以书面形式进行规定,用人单位亦可据此处理违纪员工。

【案例索引】[*]

苏州市虎丘区劳动人事争议仲裁委员会仲裁裁决书,苏虎劳仲案字(2016)182号。

江苏省苏州市虎丘区人民法院民事判决书,(2016)苏0505民初1690号。

江苏省苏州市中级人民法院民事判决书,(2017)苏05民终1158号。

【执笔人】

上海市太平洋律师事务所　张君强　齐斌

---

[*] 本书中案例均引自中国裁判文书网、威科先行法律信息库。

总公司的规章制度原则上可以适用于分公司的劳动者

——分公司规章制度适用的探讨

【案例要旨】

在民法或公司法上,分公司作为总公司的外设机构不具备法人资格,没有独立的财产,亦没有股东会、董事会等决议机构。但在劳动法上,领取营业执照的分公司可以作为用人单位依法与劳动者订立劳动合同;相应地,分公司可以依法制定自己的规章制度,适用于劳动者。同时,根据分公司与总公司的法律关系,原则上,总公司的规章制度也可以适用于在分公司工作的劳动者。如发生争议,需要结合分公司与总公司在民法、公司法上的法律关系以及规章制度的具体情况等进行综合分析、判断。

【案情简介】

上诉人(一审原告):王某

被上诉人(一审被告):S公司上海分公司

王某于2013年1月28日入职S公司,同时签收了S公司《员工手册》。S公司《员工手册》第5.2条"带薪年休假"规定:"带薪年休假包括法定年休假和公司年休假。法定年休假的实施细则按国家相关规定执行。公司年休假为公司高于法定年休假标准额外提供的福利年休假……员工申请年休假时,公司默认先从员工依法享有的法定年休假天数中予以扣减。法定年休假享用完后,方可享有公司年休假。如确因工作需要而导致员工未能自行安排或未能按照公司安排的年休假计划休假,未休的法定年休假经员工本人同意可延至次年使用,公司年休假仅可延至次年3月31日(含),逾期不使用将视作员工自动放弃……"

王某于2013年9月26日与S公司、S公司上海分公司签署《劳动关系解除和转移合同》,约定王某与S公司同日结束劳动关系,王某与S公司上海分公司次日建立劳动关系;同时明确,王某在S公司的工作年限转移到S公司上海分公司,未休年休假(全部未使用)转移至S公司上海分公司。王某与S公司上海分公司最新一份劳动合同时限为2016年1月29日至2019年1月28日。S公司上海分公司无自己的规章制度。

王某于2018年4月25日向上海市浦东新区劳动人事争议仲裁委员会申请劳动仲裁,要求S公司上海分公司支付其2017年7天未休年休假工资。双方确认,王某2017年可享受5天法定年休假、10天公司年休假。但王某主张,实际已经使用8天公司年休假,尚剩余5天法定年休假、2天公司年休假。而S公司上海分公司主张实际已经使用5天法定年休假、3天公司年休假,尚剩余7天公司年休假。仲裁委员会裁决未支持王某请求,故王某提起诉讼,一审、二审法院均未支持王某的请求。

【裁判结论】

一审法院认为,本案的争议焦点在于S公司的《员工手册》能否适用于王某。王某认为,其劳动关系在S公司上海分公司处,不能适用S公司的《员工手册》;S公司上海分公司则认为其系S公司的分公司,并不需要另行制定《员工手册》,仍适用总公司即S公司的《员工手册》。

对此,一审法院评判:分公司是指公司在其住所以外设立的从事经营活动的机构。分公司不具有企业法人资格,不独立承担民事责任,没有自己的章程,没有董事会等形式的公司经营决策和业务执行机关。因此,S公司上海分公司作为S公司下属分公司,其沿用总公司即S公司的《员工手册》,于法有据。因此,原告主张其劳动关系在S公司上海分公司处,故不能适用S公司上海分公司的总公司即S公司的《员工手册》,依据不足,一审法院不予采信。

根据《员工手册》,员工申请年休假时,公司默认先从员工依法享有的法定年休假天数中予以扣减。待法定年休假享用完后,方可享用公司年休假。因此,原告主张的已休8天年休假应为5天法定年休假及3天公司年休假。现原告未提供证据证明公司年休假可予以折薪,原告亦表示不知道公司年休假能否折薪,且《员工手册》中并未规定公司年休假可予以折薪。

故原告要求S公司上海分公司支付其2017年度剩余7天公司年休假折算

工资的诉讼请求,无事实依据,法院不予支持。

二审法院认为,一审法院已经详尽阐明了判决理由,该理由正确,据此所作判决并无不当,故驳回王某上诉,维持原判。

【评析意见】

本文仅就分公司规章制度的适用,尤其是总公司规章制度是否可以直接适用于在分公司工作的劳动者(以下简称分公司劳动者)这一问题进行探讨。

规章制度是企业对劳动者进行劳动人事、纪律秩序等管理的重要依据。《劳动合同法》第4条第1款规定:"用人单位应当依法建立和完善劳动规章制度,保障劳动者享有劳动权利、履行劳动义务。"用人单位可以且应当制定相应的规章制度。《劳动合同法》第4条第2款、第4款进一步规定:"用人单位在制定、修改或者决定有关劳动报酬、工作时间、休息休假、劳动安全卫生、保险福利、职工培训、劳动纪律以及劳动定额管理等直接涉及劳动者切身利益的规章制度或者重大事项时,应当经职工代表大会或者全体职工讨论,提出方案和意见,与工会或者职工代表平等协商确定。""用人单位应当将直接涉及劳动者切身利益的规章制度和重大事项决定公示,或者告知劳动者。"这表明,可以适用于劳动者的规章制度应当满足以下3个条件:(1)内容合法合理;(2)进行过相应的民主程序;(3)进行过相应的公示或者告知程序(劳动者已经知晓)。

对于分公司劳动者而言,如果其是与总公司直接签订劳动合同,那么总公司作为用人单位依法制定的规章制度在符合前述的3项条件时,当然可以适用于分公司劳动者。但如果分公司劳动者未与总公司签订劳动合同,而是与分公司签订劳动合同,那么,总公司制定的规章制度是否也适用于这类人员呢?还是仅有分公司的规章制度才适用?详细分析如下:

一、分公司规章制度对分公司劳动者的效力

1. 分公司的劳动法律地位

《劳动合同法实施条例》第4条规定:"劳动合同法规定的用人单位设立的分支机构,依法取得营业执照或者登记证书的,可以作为用人单位与劳动者订立劳动合同;未依法取得营业执照或者登记证书的,受用人单位委托可以与劳动者订立劳动合同。"由此可见,领取营业执照的分支机构即分公司,可以作为用人单位,依法与劳动者订立劳动合同。

2. 分公司依法制定的规章制度可以适用于分公司劳动者

如前文所述,用人单位制定的规章制度适用于劳动者,应当满足3个条件。因此,分公司作为用人单位可以根据实际情况制定自己的规章制度,其规章制度内容合法合理、进行过相应的民主程序且公示或告知过劳动者的,则该等规章制度依法可以适用于分公司劳动者。对此问题,司法实践中基本已有共识,争议较少。

二、总公司规章制度的效力

实践中,还有一种情形较为常见,即分公司本身并不制定规章制度,而是适用总公司的规章制度。那么,总公司依法制定的规章制度也可以直接适用于分公司劳动者吗?

1. 总公司规章制度对分公司的效力

《民法典》第74条规定:"法人可以依法设立分支机构。法律、行政法规规定分支机构应当登记的,依照其规定。分支机构以自己的名义从事民事活动,产生的民事责任由法人承担;也可以先以该分支机构管理的财产承担,不足以承担的,由法人承担。"《公司法》(2023年修订)第13条第2款规定:"公司可以设立分公司。分公司不具有法人资格,其民事责任由公司承担。"第38条明确规定:"公司设立分公司,应当向公司登记机关申请登记,领取营业执照。"

根据上述规定,分公司并非法人,其无法像法人一样独立享有民事权利和承担民事义务;其设立、变更、注销等均由总公司决定。分公司作为总公司在外设立的机构,其受到总公司各方面的管理,应当按照总公司的要求进行日常管理与运营。因此,对于总公司提出的各项要求、制定的各项规定,除非法律法规或者总公司章程等规则另有规定,分公司应当遵照执行。因此,总公司制定的规章制度原则上应当适用于分公司。

2. 总公司规章制度对分公司劳动者的效力

现有法律并未直接规定分公司劳动者应当遵守总公司的规章制度;而是规定,劳动者应当遵守用人单位依法制定的各项规章制度,强调的仍然是用人单位。

《劳动法》第3条第2款规定:"劳动者应当完成劳动任务,提高职业技能,执行劳动安全卫生规程,遵守劳动纪律和职业道德。"第4条规定:"用人单位应当依法建立和完善规章制度,保障劳动者享有劳动权利和履行劳动义务。"《劳动合同法》第39条规定:"劳动者有下列情形之一的,用人单位可以解除劳动合同:……(二)严重违反用人单位的规章制度的……"

对于上述规定中的"用人单位"一词,如果作狭义理解,在分公司劳动者与分公司签订劳动合同的情况下,用人单位为分公司,而非总公司,分公司劳动者自然应当遵守分公司制定的各项规章制度,并不能得出分公司劳动者也应当遵守总公司制定的各项规章制度的结论。

但是回归到分公司存在的法理基础,其由总公司设立,受总公司管理,无自己独立的决策机构,除非另有规定,否则一切都是按照总公司的决定执行。在总公司、分公司、分公司劳动者三方关系上,分公司起着"承上启下"的关联作用。从总公司的角度来看,分公司和分公司劳动者是一体的;从分公司劳动者的角度来看,分公司的行为最终由总公司承担法律责任。从逻辑上而言,总公司可以要求分公司遵守总公司的各项规章制度;分公司可以要求分公司劳动者遵守分公司的各项规章制度;那么,分公司适用总公司的规章制度且要求分公司劳动者遵守,这合情、合理,也未违反法律规定。

三、总公司规章制度对分公司劳动者适用时可能存在的瑕疵

笔者认为,总公司规章制度原则上可以直接适用于分公司劳动者。但同时,我们在前文中也多次表明可以适用于劳动者的规章制度应当满足3个条件。在实践中,如果总公司的规章制度在这些条件上存在瑕疵,则可能造成不能适用的后果。以下分述之。

1. 内容合法合理

由于中国地域广阔,劳动法律法规的执行标准在各地存在一定差异,特别是涉及劳动保护、休息休假、福利待遇等方面,南北各省市可能有截然不同的要求。例如,南方省份会有高温费的规定,北方省份会有取暖费的要求;计划生育奖励假期各地不同。总公司在制定规章制度时,如果只考虑总公司所在地的政策,或者一味强调全公司适用统一的标准,可能造成相关规定在分公司所在地不符合合法合理的要求,这时该规定自然不适用于分公司劳动者。

2. 民主程序

规章制度的制定或修改应当依法进行相应的民主程序。第一步:职工代表大会或者全体职工讨论,提出方案和意见;第二步:与工会或者职工代表平等协商确定。

总公司的规章制度在制定或修改过程中,应当保障分公司劳动者享有参与权、建议权。如果分公司劳动者(或分公司工会等)参与了前述步骤,则总公司规章制度正式颁布实施后适用于分公司劳动者没有问题;但如果分公司劳动者(或分公司工会等)并未参与该民主程序,则该规章制度存在瑕疵,对于分公司劳动者而言,可以主张不适用总公司规章制度。

3. 公示程序

规章制度制定程序中,公示程序往往比民主程序更重要。公示程序有瑕疵的规章制度版本将不被适用,而民主程序有瑕疵的规章制度版本在一定条件下(内容合法合理;符合公示程序;劳动者无异议)可以被适用。在分公司劳动者

适用总公司规章制度的情况下,亦是如此。如果总公司并未向分公司劳动者公示或告知过总公司的规章制度,即分公司劳动者并不知晓总公司规章制度的内容,那么,分公司劳动者当然不用遵守总公司规章制度。笔者发现,在一些案例中,裁判者并未太多关注总公司的规章制度是否进行了前述民主程序,更多关注的是规章制度是否向劳动者公示或告知过。可见,公示程序的问题尤其需要引起重视。

四、本案评析及企业建议

(一)本案评析

在本案中,S公司上海分公司并无相应的规章制度,其主张适用S公司的规章制度;而王某则认为,其与S公司上海分公司建立劳动关系,而非与S公司建立劳动关系,故不适用S公司规章制度。法院从民法、公司法的角度判定分公司的法律地位,认为S公司上海分公司因无独立地位而沿用S公司规章制度,于法有据。笔者也认可这种观点。

但在本案中,并未看到S公司《员工手册》进行过相关民主程序的内容(虽然有向王某公示告知过),更未看到S公司上海分公司有参与过S公司《员工手册》的相关民主程序。如确实未进行过,那么严格而言,S公司《员工手册》的民主程序存在瑕疵,S公司上海分公司民主参与的权利亦未得到保障。

(二)企业建议

总公司随着事业规模的不断发展、扩大,在各地设立分公司的情况较为常见。部分总公司授权分公司由其自行制定相应的规章制度;但更多的是,分公司不单独制定规章制度,而是适用总公司的规章制度。由于法律规定的不明确,亦未有统一的司法指导意见,因分公司劳动者适用总公司规章制度而引起的争议也时有发生。为提高分公司劳动者直接适用总公司规章制度的合理合规性,笔者提出以下建议供参考:

1. 依法制定规章制度,明确适用范围

如果总公司希望规章制度适用于分公司,在制定过程中应当注意各地法律、政策要求的差异性,确保规章制度的有关规定在各地均合法有效。在总公司规章制度中可以明确,总公司规章制度适用于各地分公司的劳动者,但当地有例外规定的除外。同时,可由各地分公司结合自己的实际情况,制定适用于当地的规章制度。

2. 完善民主程序

总公司在制定或修改规章制度时,应当按照法律规定,在分公司亦进行相应的民主程序,充分保障分公司劳动者有民主参与的权利。具体操作上,可以分公司为主体,单独进行民主程序;也可以将分公司劳动者纳入总公司的民主程序。在后一种情况下,与全体劳动者讨论时,应包含分公司劳动者;以职工代表大会形式进行讨论时,由于国家层面并未有统一的职工代表大会规定,可以总公司所在地的相关规定为主,同时参考分公司所在地的规定(如有),在分公司中也选定一定的职工代表,由其参与职工代表大会讨论;通过工会进行协商时,如分公司有工会,则一并参与。

3. 完成公示告知程序

从司法实践来看,总公司规章制度适用于分公司劳动者,最关键的一步是,总公司规章制度已向分公司劳动者公示或者告知。对于新发布的总公司规章制度,分公司可以下发通知,告知分公司劳动者适用,要求分公司劳动者遵守,同时做好劳动者相应的签收记录;对新入职的劳动者,可以直接在入职时让劳动者签收规章制度;有的公司还会在公司办公自动化系统等劳动者经常使用的系统上放置规章制度全文。

【案例索引】

上海市浦东新区人民法院民事判决书,(2018)沪0115民初52131号。

上海市第一中级人民法院民事判决书,(2018)沪01民终11603号。

【执笔人】

上海里格律师事务所　曾立圻　陈云

母公司的规章制度是否可以作为
处理子公司劳动争议的依据

【案例要旨】

　　有独立法人资格的子公司执行母公司的规章制度,母公司履行了《劳动合同法》第 4 条规定的民主程序且在子公司内向劳动者公示或告知的,母公司的规章制度可以作为处理子公司劳动争议的依据。

【案情简介】①

　　上诉人(一审原告):徐某
　　被上诉人(一审被告):江苏通光强能输电线科技有限公司

　　2012 年 11 月 12 日起,徐某至江苏通光强能输电线科技有限公司(以下简称通光公司)从事操作工工作。双方订立了书面劳动合同,约定:实行综合计算工时制;徐某提供正常劳动的情况下,通光公司支付给徐某的工资已包含徐某的加班工资(当地最低工资标准为基本工资,以此为基础计算加班工资);徐某已知晓并愿意执行本公司经职工代表大会通过的《综合管理条例》;通光公司包括江苏通光电子线缆股份有限公司、江苏通光光缆有限公司、四川通光光缆有限公司以及合同签订后由通光公司出资兴办的公司,徐某服从在上述公司中调动工作。《综合管理条例》第二章第一节第 28 条第 4 项规定,连续旷工 2 日、当月累计旷工 3 日或全年累计旷工超 5 日按自动离职处理。

　　2018 年 5 月至 6 月,徐某前往复旦大学附属中山医院就诊,被诊断为心房颤动,该医院出具病情证明单,建议休息 24 天。同年 6 月 25 日,徐某向通光公

---

　　① 一审查明,二审确认。因本案讨论的核心问题不涉及加班工资,故省略加班工资相关内容。

司请病假,期限至7月20日止。2018年7月31日,海门市中医院出具病情诊断证明书,诊断"房颤电复律后",建议徐某休息10天。次日,徐某向通光公司请病假,期限至同年8月10日止。8月14日,海门市中医院第二次出具病情诊断证明书,诊断"房颤电复律后",建议休息10天。次日,徐某续请病假,期限至2018年8月24日止。同年8月31日,通光公司向徐某发出《员工休假返岗通知书》,载明:徐某病假假期于2018年8月24日结束,应于同月27日到单位报到;但徐某既未到公司销假上班,也未向公司提交任何证明申请延长休假期限;要求徐某在收到通知之日起3日内到公司报到上班,否则视为严重违反公司制度及劳动纪律,作无故旷工处理。9月3日,徐某向南通市疾病预防控制中心门诊部申请进行职业病诊断(职业性尘肺病)。9月6日,通光集团有限公司工会委员会认为徐某旷工事实确实存在,经工会商议表决,同意依据《劳动合同法》第39条第2款的规定和公司《综合管理条例》第2章第1节第28条的规定,解除和徐某的劳动关系。次日,通光公司向徐某发出《员工解除劳动协议通知书》,载明:因徐某旷工10日,经公司考虑,自2018年9月10日起解除徐某与公司的劳动关系。

2019年3月22日,南通市疾病预防控制中心门诊部出具《职业病诊断证明书》,诊断结论为徐某"无尘肺"。

【裁判结论】

1.海门市劳动人事争议仲裁委员会裁决

2018年11月12日,徐某向海门市劳动人事争议仲裁委员会申请仲裁,要求通光公司支付2016年6月至2018年5月的加班工资及违法解除劳动合同赔偿金。该仲裁委员会于同年12月15日作出"海劳人仲案字〔2018〕第538号"仲裁裁决,驳回徐某的仲裁请求。

2.海门市人民法院一审判决

徐某不服仲裁裁决,向海门市人民法院(以下简称一审法院)起诉请求:(1)通光公司支付加班工资;(2)通光公司支付违法解除劳动合同赔偿金。

一审法院认为,关于通光公司解除与徐某的劳动关系是否违法,通光公司应否支付徐某赔偿金,根据《劳动合同法》第39条的规定,劳动者严重违反用人单位的规章制度的,用人单位可以解除劳动合同。本案中,徐某在病假期满后应返回工作岗位,但其未返回,亦未向通光公司提交延长休假期限申请,在通光公司通知其返岗、告知相应后果的情况下,徐某仍未在相应期限内到公司报到,旷工10日,属严重违反用人单位规章制度的情形。通光公司依据管理条例对徐某的旷工行为作出解除劳动合同的决定并将理由通知工会,该行为符合法律规定。徐某在严重违反用人单位规章制度后进行职业病诊断申请,不属于《劳动合同法》第42条规定的用人单位不得解除劳动合同的情形,即使劳动者在疑似职业病诊断或者医学观察期间,也不意味着劳动者可以无视用人单位的规章制度。故徐某主张通光公司违法解除劳动合同于法无据,通光公司无须支付赔偿金(加班工资问题略)。

综上,一审法院依照《劳动法》第79条、《劳动合同法》第39条、《劳动争议调解仲裁法》第27条等规定,判决驳回徐某的诉讼请求。

3. 南通市中级人民法院二审判决

徐某不服一审判决,向南通市中级人民法院(以下简称二审法院)提起上诉,请求撤销一审判决,发回重审或依法改判。其提出的事实和理由是:其因病持续请假了40多天,后虽有几天未及时提交病假条、履行请假手续,但收到单位返岗通知后于9月5日到车间报到,不至于产生与旷工同等程度的后果,不足以达到严重违反用人单位规章制度的情形;通光公司解除劳动合同依据的《综合管理条例》是其母公司通光集团有限公司制定的,通光公司未按民主程序另行制作规章制度,母公司的规章制度不能当然适用于该公司,故通光公司解除其劳动合同缺乏规章制度依据;通光公司虽将解除劳动合同理由通知了母公司工会,但非本公司工会,该通知行为不产生法律效力;其不知晓《综合管理条例》,通光公司也未提供证据证明何时召开职工代表大会并通过上述条例;其愿意执行的是本公司而非母公司的《综合管理条例》;其未参加专门培训,通光公司一审提交的三份培训签到表,前两份无其签名,第三份虽有其签名,但其参加的只是交接班前的安全生产会,一审认定该证据错误;一审第二次庭审中,通光公司提供《工会管理通知》、培训记录表及签到表,其当庭提出异议并要求鉴定、庭后邮寄书面鉴定申请;第三次庭审中,一审法院在徐某的代理人未出庭的情况下做其工作,笔录上体现徐某不要求鉴定而采纳公司上述证据,属程序违法。综上,通光公司违法解除双方劳动关系,应支付赔偿金。

通光公司辩称:徐某连续旷工十多天是事实且其本人已自认。其母公司通光集团有限公司的管理制度《综合管理条例》经民主程序制定并公示,对徐某具有约束力,可作为处理劳动争议的依据。双方劳动合同中所示是"本公司"综合管理条例,如徐某认为其知晓并愿意执行的另有其他综合管理条例,应当承担举证责任。双方合同中确认,徐某已经知晓并愿意执行《综合管理条例》,已经收到、熟知并愿意遵守《员工手册》,足以证明《综合管理条例》中有关考勤管理制度的内容已经公示,徐某已明知,适用于徐某。

二审中，徐某提供一份网络查询并打印的通光公司、江苏通光电子线缆股份有限公司营业执照信息，证明通光公司的母公司是江苏通光电子线缆股份有限公司，非通光集团有限公司，认为通光公司依据通光集团有限公司的规章制度解除其劳动合同不当。通光公司对证据的真实性无异议，认为江苏通光电子线缆股份有限公司的母公司是通光集团有限公司，称通光集团有限公司是通光公司的母公司亦无不当。

二审法院认为，本案二审中的争议焦点是通光公司解除劳动合同是否违法，徐某主张赔偿金应否支持。劳动者严重违反用人单位的规章制度的，用人单位可以解除劳动合同。有独立法人资格的子公司执行母公司规章制度，母公司履行了《劳动合同法》第4条规定的民主程序且在子公司内向劳动者公示或告知的，母公司的规章制度可以作为处理子公司劳动争议的依据。本案中，徐某数次请休病假，在休息期限到期后均未及时提交续假证明，最后一次续假期限应至2018年8月24日止，但其未按时返岗，亦未向通光公司提交延长休假期限申请。2018年8月31日，通光公司通知徐某返岗并告知相应后果，徐某仍未按要求到公司报到或说明理由，通光公司认定徐某的行为构成旷工并无不当。通光公司的股东为江苏通光电子线缆股份有限公司，通光集团有限公司为江苏通光电子线缆股份有限公司的发起人，通光集团有限公司制定的规章制度，内容不违反法律、行政法规，亦不存在明显不合理的情形，并已通过培训、签订劳动合同时告知等形式让徐某知悉，故通光公司依据管理条例等对徐某的旷工行为作出解除劳动合同的决定并将理由通知工会，符合法律规定。故徐某主张通光公司违法解除劳动合同并主张赔偿金，二审法院不予支持。

综上所述，二审法院不予支持徐某的上诉理由，遂判决驳回上诉，维持原判。

【评析意见】

一、法律依据

《江苏省高级人民法院劳动争议案件审理指南（2010年）》第三章第三节第2条第2项（规章制度制定程序存在瑕疵时的效力认定）规定："《劳动合同法》只是要求用人单位制定规章制度需与工会或职工代表协商确定，但是否实施规章制度的最终决定权仍在用人单位。表面上看，这一规定徒具程序价值，并无实质意义，但是其对于强化集体协商机制，加强劳动关系的自我协调功能具有极其重要的意义，因此，在劳动争议案件审理中，应当将该民主程序的经过作为认定规章制度生效的强制性要件，以此发挥裁判本身具有的行为规范功能，促使用人单位主动发展与劳动者的协商机制。为了贯彻这一立法目的,审判实践中对劳动规章制度的效力认定可作如下把握:(1)用人单位在劳动合同法施行前制定的规章制度,虽未经过劳动合同法第四条第二款规定的民主程序,但内容不违反法律、行政法规及政策规定,并已向劳动者公示或者告知的,可以作为人民法院审理劳动争议案件的依据。(2)劳动合同法施行后,用人单位制定、修改或者决定直接涉及劳动者切身利益的规章制度或者重大事项时,未经过劳动合同法第四条规定的民主程序,一般不能作为人民法院审理劳动争议案件的依据。但是,如果该规章制度或者重大事项的内容不违反法律、行政法规的规定,且不存在明显不合理的情形,并已向劳动者公示或者告知,则可以作为人民法院审理劳动争议案件的依据。(3)有独立法人资格的子公司执行母公司的规章制度,如子公司履行了《劳动合同法》第四条规定的民主程序,或母公司履行了《劳动合同法》第四条规定的民主程序且在子公司内向劳动者公示或告知的,母公司的规章制度可以作为处理子公司劳动争议的依据。"

对下辖众多子公司的集团公司而言,若每家子公司均通过与工会或职工代表协商制定自己的规章制度,不但缺乏效率,也并无必要。因此,子公司执行母公司的规章制度并非不可能,只是需遵循一定的程序和条件。就江苏省上述文件和本案两审判决而言,子公司依据母公司规章制度处理违规员工,应具备以下前提:(1)母公司制定的规章制度内容不违反法律、行政法规,亦不存在明显不合理的情形;(2)子公司或母公司履行了《劳动合同法》第4条规定的民主程序;(3)规章制度已通过在签订劳动合同时告知或培训、公示等形式让劳动者知悉。当然,有工会的,在解除违规员工劳动合同前还应征求工会意见(江苏省某市法院在个案判决书中认为无工会的用人单位解除劳动合同应征求上级工会意见,但笔者认为此要求缺乏法律依据和可操作性)。

总之,本案"一裁二审"支持了作为子公司的用人单位,一定程度上是因为江苏省对子公司执行母公司的规章制度有明确规定。其他地区除非也有类似规定,用人单位(子公司)最好将母公司规章制度"内化"为自身的规章制度,以最大限度地防范法律风险。

二、评析

本案主要争议焦点是有独立法人资格的子公司执行母公司规章制度,母公司履行了《劳动合同法》第4条规定的民主程序且在子公司内向劳动者公示或告知,子公司依据该规章制度解除员工劳动合同是否合法。"一裁二审"均支持了公司一方。

另外,关于从事接触职业病危害作业的员工(未进行离岗前职业健康检查)

的解雇限制,本案一审法院认为,徐某在严重违反用人单位规章制度后进行职业病诊断申请,不属于《劳动合同法》第42条规定的用人单位不得解除劳动合同的情形,即使劳动者在疑似职业病诊断或者医学观察期间,也不意味着劳动者可以无视用人单位规章制度。可见,一审法院认为"过失性辞退"不受《职业病防治法》第35条规定的对从事接触职业病危害作业的劳动者解除或终止劳动合同的限制。

【案例索引】

江苏省海门市劳动争议仲裁委员会裁决书,海劳人仲案字(2018)第538号。

江苏省海门市人民法院民事判决书,(2019)苏0684民初40号。

江苏省南通市中级人民法院民事判决书,(2019)苏06民终2986号。

【执笔人】

上海市太平洋律师事务所 张君强

规章制度与职业道德的司法适用

【案例要旨】

劳动者在履行劳动义务过程中应当遵守规章制度和职业道德，遵循诚实信用原则。这既是劳动者的道德义务，更是劳动者的法律义务，也是构建诚信社会的重要组成部分。随着社会不断发展，在规章制度不能穷尽劳动者各种违规行为的情况下，职业道德正在实践中发挥着越来越重要的作用。

【案情简介】

上诉人(原审原告)：A公司

被上诉人(原审被告)：伊某

伊某于2003年7月23日进入A公司工作，双方签订自2014年12月21日起的无固定期限劳动合同，伊某担任A公司的总务部高级主管，负责门卫、医务室、食堂、车队和绿化等工作。伊某的工作时间为08：30～17：00，A公司以指纹考勤时间作为确认出勤时间的依据，对伊某实行指纹考勤。

2009年7月6日，A公司发布关于规范考勤管理的通知，其中考勤流程规定，本公司员工考勤流程为：进入公司大门后，刷卡通过门禁系统后进行指纹考勤，若无法刷卡通过门禁系统或者指纹考勤失败，可至门卫处进行登记。如无指纹数据，但在门禁系统有数据或门卫处有登记，则按正常的漏刷卡情况处理考勤数据；如既无指纹数据，又无门禁数据或门卫处登记，则由人事部确认后，发给《注意通知书》一份，当月累计3次者给予警告一次。

2015年1月16日，A公司通知员工自2015年1月22日起，员工上下班的出入口，全部改为闵行工厂青山路大门，员工在福利栋更衣后，通过福利栋大厅内的闸机刷卡进入2楼，再分流至A公司设在厂区各个区域的指纹考勤机处进行指纹考勤，A公司以指纹考勤为准，记录员工出勤情况。

2018年8月至9月，A公司对包括伊某在内的闵行工厂员工进行敬业度调研及人事制度再教育，其中《员工再教育—人事制度》培训演示文稿内载："迟到、早退：每月3次→警告→每年3次→辞退；超过30分钟，且未办理任何请假手续，视为旷工。"

2019年3月26日，A公司向伊某发出《辞退通知书》，上载："对于你在职期间，多次发生上班出勤不正当打卡行为，根据公司《员工手册》第九十五条辞退的相关规定，经公司合规经营委员会讨论后，一致决定对你处以辞退处分。"

2019年4月16日，伊某向上海市劳动人事争议仲裁委员会申请仲裁，要求A公司向伊某支付违法解除劳动合同赔偿金373,697.94元，2019年2月未支付的返工资金1000元，2019年1月至3月未休年休假折算工资5857.31元。该仲裁委员会裁决A公司向伊某支付违法解除劳动合同赔偿金357,497.60元，以及2019年未休年休假折算工资2054.58元。A公司不服，诉至一审法院。

【裁判结论】

一审法院认为，因用人单位作出的开除、除名、辞退、解除劳动合同、减少劳动报酬、计算劳动者工作年限等决定而发生的劳动争议，用人单位负举证责任。A公司以伊某多次发生不正当打卡行为为由解除双方的劳动合同，但A公司的《员工手册》中没有不正当打卡的相关规定。A公司的《员工手册》规定1个月内第三次发生迟到或早退行为属于轻微违纪，可以予以警告处分，对于第五次发生该轻微违纪行为的员工可以予以辞退，而A公司以指纹考勤为准，根据A公司提供的伊某的指纹考勤记录，伊某不存在第五次发生1个月内3次迟到早退的情形。且根据A公司2018年进行员工培训的演示文稿中的记载，员工每月迟到3次的给予警告，每年警告3次的给予辞退，但A公司从未因迟到给予伊某警告。综上，A公司没有提供证据证明不正当打卡属于严重违纪行为并应当辞退，亦没有提供证据证明A公司因伊某不正当打卡或迟到给予伊某警告处分，现A公司以伊某多次发生上班出勤不正当打卡行为为由解除双方的劳动合同，缺乏依据。伊某认为A公司解除双方劳动合同的行为违法，应当支付赔偿金的主张，于法有据，一审法院予以支持。A公司主张无须向伊某支付违法解除劳动合同赔偿金的诉讼请求，一审法院不予支持。

二审法院认为，本案争议焦点在于伊某上班出勤过程中指纹考勤在先、门禁闸机刷卡在后的行为该如何定性和评价。二审法院对此评述如下：

首先，从2015年1月16日的《关于新福利栋正式使用的通知》及其附件、2009年7月6日的《规范考勤管理通知》以及2007年5月23日的《上海YKK

工厂北泽路通道的通行管理规定》可以看出,A 公司对于员工考勤流程及员工上下班进出工厂路线均有非常详细和明确的规定与要求。

第一,在考勤流程上,2015 年 1 月福利栋启用前,员工上班先要在公司大门处的门禁系统刷卡进入公司,然后再进行指纹考勤,即员工刷卡通过大门门禁系统进入公司的行为发生在先,进行指纹考勤的行为发生在后;2015 年 1 月启用福利栋后,员工上班通过青山路大门直接进入福利栋更衣,然后刷卡通过福利栋门禁闸机后穿过连廊进入生产现场,再就近进行指纹考勤后到达各自工作岗位,即员工进入福利栋更衣再刷卡通过福利栋门禁闸机进入生产现场的行为发生在先,进行指纹考勤的行为发生在后。由此可见,无论是福利栋启用前还是启用后,A 公司考勤流程管理原则并没有改变,即员工必须刷卡通过大门门禁系统进入公司或者刷卡通过福利栋门禁闸机进入公司生产现场,才能到达设置有指纹考勤机的区域进行指纹考勤,亦即刷卡通过公司大门门禁系统或者刷卡通过福利栋门禁闸机是进行指纹考勤的前提条件;且在福利栋启用后,由于厂区内通行隔离措施(栅栏和通行栏杆等)的设置,员工上班从青山路大门进入厂区后仅能直接进入福利栋,即原公司大门门禁系统被福利栋门禁闸机所取代,原公司大门门禁系统所具有的管理人员进出厂区及识别和阻止非公司人员出入厂区的功能由福利栋门禁闸机实现。鉴于 A 公司将指纹考勤作为判断员工出勤情况(包括迟到和早退)的首要依据,只有在指纹考勤数据缺失的情况下,才将通过公司大门门禁刷卡数据和通过福利栋门禁闸机刷卡数据作为补充依据,伊某上班到岗时间是 08:30,故在正常情况下,若员工按照考勤流程和上下班进出工厂路线进行大门门禁系统或福利栋门禁闸机刷卡和指纹考勤,则大门门禁系统和福利栋门禁闸机的刷卡行为一定发生在先,且在时间上一定早于指纹考勤记录,也一定早于 08:30。

第二,在员工上下班进出工厂路线方面,根据 2007 年 5 月 23 日的《上海 YKK 工厂北泽路通道的通行管理规定》,廊桥下中间地面通道两边门开放时间为 08:40 至 16:50,其他时间则全部关闭,严禁人员单纯通行;通勤自备车的员工进出工厂(无论公、私需求),一律自工厂的两个有考勤记录的正门出入;上班停车后,不得从北泽路廊桥下的通道门进入工厂;下班后,不得从北泽路廊桥下通道门进入停车场取车;停车、取车均需从北泽路西端大门出入;位于北泽路廊桥下通道门内侧厂区内的蓝色卷帘门只供铲车和推拉车通行,禁止人员通行。在福利栋启用后,A 公司又根据实际情况对员工上下班进出工厂路线在原有基础上明确提出了调整要求和规定,即青山路大门是员工上下班唯一出入口,无论采用何种交通方式上班,所有员工均必须从青山路大门徒步进入福利栋,更衣后刷卡通过福利栋门禁闸机进入生产区域,再进行指纹考勤后到达工作岗位;员工下班仍应经由福利栋从青山路大门离开工厂;北泽路廊桥下的通道门仍禁止人员单纯通行,员工上班不得从北泽路廊桥下的通道门进工厂,下班不得从北泽路廊桥下的通道门出工厂。

综上所述,用人单位规范考勤管理关系到用人单位和该单位全体劳动者的切身利益,是保证企业正常运营的关键措施。A 公司作为一家大型生产型企业,规范考勤管理的重要性更是不言而喻。《关于新福利栋正式使用的通知》及其附件和《上海 YKK 工厂北泽路通道的通行管理规定》中的相关内容显然涉及考勤管理,理应是 A 公司考勤管理规范的必要组成部分。考勤管理规范当然属于公司的规章制度范畴。因此,A 公司制定的考勤管理规范,员工应当予以遵照执行,这是员工的基本职业操守。

其次,2018 年 12 月 6 日的监控照片以及当日指纹考勤和门禁闸机记录显示,伊某在临近 08:30 从北泽路廊桥下的通道门进入工厂厂区并直接进入厂房内的生产现场进行指纹考勤,指纹记录时间为 08:27:30,后又离开工厂厂区并从绿春路大门重新进入厂区,再通过货车通行栏杆,徒步进入福利栋更换工作服,伊某刷卡通过福利栋门禁闸机的时间为 08:37:55,且在门禁闸机记录后没有出现指纹记录,而是直接出现办公室门禁刷卡记录。上述上班通勤秩序和路线显然违反了 A 公司的考勤管理规范要求,隐瞒了下述事实:伊某实际从公司禁止员工上下班通行的北泽路廊桥下通道门违规进入工厂厂区并直接进入厂房内生产现场进行指纹考勤后离开工厂厂区,并从公司禁止员工上下班通行的绿春路访客和业务进出专用通道再次违规进入工厂厂区,违规穿越货车通行栏杆,徒步进入福利栋更换工作服后,再刷卡通过福利栋门禁闸机后穿过连廊进入生产现场,后未再进行指纹考勤,而是径直进入办公室。

该等被隐瞒的上班通勤秩序和路线与 A 公司通过规章制度所规定和认可的正常上班通勤秩序和路线截然不同。伊某的该等隐瞒行为有违诚实信用原则和职业道德。

同时,综合分析经公证的伊某指纹和门禁记录,包括但不限于 2018 年 9 月 3 日指纹记录时间 08:26:24 和之后通过福利栋门禁闸机进入连廊的时间 08:32:11(两者之间相差 5 分 47 秒)、2018 年 9 月 4 日指纹记录时间 08:27:32 和之后通过福利栋门禁闸机进入连廊的时间 08:34:42(两者之间相差 7 分 10 秒)、2018 年 12 月 6 日指纹记录时间 08:27:30 和之后通过福利栋门禁闸机进入连廊的时间 08:37:55(两者之间相差 10 分 25 秒)等数据事实,再结合 2018 年 12 月 6 日的监控照片,显然可以看出,伊某进行指纹考勤的时间均临近

08:30,且该等指纹考勤均形成于福利栋门禁闸机刷卡之前;假设按正常上班通勤路线从青山路大门进入福利栋更衣后通过门禁闸机进入生产现场再进行指纹考勤有可能出现迟到现象,那么,违反考勤流程和员工上下班进出工厂路线的规定和要求,选择违规进入厂区先进行指纹考勤,则可以完全规避出现迟到现象的可能性。因为正常情况下 A 公司以指纹记录时间作为上下班考勤的主要依据,而伊某先进行指纹考勤后进行福利栋门禁闸机刷卡的行为,则能确保其指纹记录时间始终保持在 08:30 之前。换言之,在严格遵循 A 公司的规章制度规定和要求,按正常上班通勤路线进行指纹考勤有可能迟到的情况下,伊某的一系列违规打卡行为,实际上完全规避了其依据指纹记录被认定为迟到的可能性。A 公司依据指纹考勤来判断员工上班是否迟到的前提条件是员工严格遵循考勤流程及上下班通勤路线(青山路大门→福利栋→更换工作服→刷卡通过福利栋门禁闸机→进入生产现场→就近进行指纹考勤→到达各自工作岗位)所形成的指纹记录时间,而伊某形成上班考勤指纹记录的过程显然完全有异于 A 公司规章制度的规定和要求,造成 A 公司对伊某上班考勤指纹记录形成经过产生认识上的错误,即伊某的违规打卡行为不仅对 A 公司隐瞒了其指纹记录形成的真实经过,而且在有可能被认定迟到的情况下完全规避了依据指纹记录被认定为迟到的可能性。该等隐瞒行为有违诚实信用原则和基本职业操守及道德要求。

最后,公证书资料显示,伊某于 2015 年 4 月至 2018 年 12 月先进行指纹考勤后到福利栋门禁闸机刷卡的次数多达 238 次,其中福利栋门禁闸机记录显示刷卡时间在 08:30 之后的次数多达 159 次。由此可见,伊某在长达三年多的时间内不断违反 A 公司有关考勤管理和上班出勤路线方面的规章制度,长期向 A 公司隐瞒其在上班出勤过程中屡次违反通行规定出入工厂及违反出勤路线和流程规定进行指纹考勤的事实,隐瞒其指纹记录形成的真实经过,时间跨度较长,累计次数较多,是一种严重违背诚信的违纪行为。综上所述,上诉人 A 公司的上诉请求成立,应予支持,即无须向被上诉人伊某支付违法解除劳动合同赔偿金人民币 357,497.60 元。

【评析意见】

本文拟针对规章制度与职业道德在司法实践中的作用进行分析与探讨。

一、概念界定

(一)规章制度

用人单位的规章制度是用人单位制定的组织劳动过程和进行劳动管理的

规则和制度的总和,也称为内部劳动规则,是企业内部的"法律"。规章制度内容广泛,包括了用人单位经营管理的各个方面。

公司规章制度的制定要根据《劳动法》《劳动合同法》的相关规定,即合法有效的规章制度应符合三性:内容合法、程序民主和向劳动者公示。

规章制度对于企业日常用工管理的重要性不言而喻。一方面,规范的管理制度能使企业经营有序,增强企业的竞争实力;另一方面,通过制定切实有效的规则,能使员工行为合规,提高企业的管理效率。除此之外,制定企业规章制度是建立现代企业制度的需要,也是规范指引企业部门工作与职工行为的需要。

(二)职业道德

职业道德的概念有广义和狭义之分。广义的职业道德,是指从业人员在职业活动中应该遵循的行为准则,涵盖了从业人员与服务对象、职业与职工、职业与职业之间的关系。狭义的职业道德,是指在一定职业活动中应遵循的、体现一定职业特征的、调整一定职业关系的职业行为准则和规范。职业道德是在职业范围内形成的比较稳定的道德观念、行为规范和习俗的总和。职业道德所调节的是职业集团内部人员之间的关系以及集团与社会各方面关系的行为准则,是评价从业人员的职业行为善恶、荣辱的标准,对该行业的从业人员具有特殊的约束力。①

职业道德可以调节职业交往中从业人员内部以及从业人员与服务对象间的关系,有助于维护和提高本行业的信誉。中共中央《关于加强社会主义精神文明建设若干重要问题的决议》规定了我们今天各行各业都应共同遵守的职业道德的5项基本规范,即"爱岗敬业、诚实守信、办事公道、服务群众、奉献社会"。其中,服务群众是社会主义职业道德的核心规范,是贯穿于全社会共同的职业道德之中的基本精神。

(三)规章制度与职业道德的联系与区别

规章制度与职业道德不同。有学者认为,二者的区别主要表现在:首先,规章制度为成文规范,而职业道德则往往表现为非成文规范;其次,规章制度属于法律关系范畴,而职业道德则属于思想意识范畴;最后,违反规章制度一般会受到相应的惩罚,而违反职业道德多是受到道义谴责。

但就笔者来看,随着社会的发展,二者已经没有那么泾渭分明。一方面,目前有很多职业道德演变成了规范,很多职业道德已经变成了法定义务,如《律师职业道德和执业纪律规范》。另一方面,劳动者违反职业道德不仅会受到道义

---

① 朱金香等编著:《职业伦理学》,中央编译出版社1997年版,第14~15页。

的谴责,还可能受到严重的处罚。例如,《律师职业道德和执业纪律规范》第8条要求律师应当严守国家机密,保守委托人的商业秘密及委托人的隐私。同时,《律师法》第48条规定,泄露商业秘密或者个人隐私的律师会受到相应的处罚。故职业道德的作用已不局限于塑造劳动者和单位的形象,其更重要的作用是保障劳动者更好地向用人单位提供劳动。

二、相关立法

（一）规章制度

企业劳动规章制度是企业内部的"劳动法律",是企业进行劳动管理的工具。依法建立和完善劳动规章制度,既是企业的权利,也是企业的义务。从一定意义上说,企业进行劳动管理,必须靠规章制度;没有劳动规章制度,企业就无法进行劳动管理。

《劳动法》第4条规定:"用人单位应当依法建立和完善规章制度,保障劳动者享有劳动权利和履行劳动义务。"第25条表明,用人单位可以在劳动者严重违反劳动纪律或者用人单位规章制度时解除劳动合同。

由此可以看出,规章制度的制定权是法律赋予企业的用人权的重要组成部分。只有合法有效的规章制度才能在用工管理中发挥重要的作用。首先,规章制度的内容必须符合现行的国家劳动法律、劳动行政法规、劳动行政规章和地方性劳动法规、规章,以及具有法律效力的其他规范性文件的要求;其次,规章制度的制定和实施,必须经职工(代表)大会通过,否则不具有法律效力;最后,企业规章制度必须公示,让企业的每一位员工都清楚其内容,以便遵照执行。

（二）职业道德

我国《劳动法》第3条第2款规定:"劳动者应当完成劳动任务,提高职业技能,执行劳动安全卫生规程,遵守劳动纪律和职业道德。"基于此,可以认定遵守劳动纪律和职业道德是劳动者的基本义务。那么,这是否也意味着,劳动者违反同样作为劳动者基本义务的职业道德可被解雇呢?对此,笔者持肯定态度。

在我国目前的司法实践中,在劳资双方基于违反职业道德解雇发生争议时,法院大多还是根据用人单位的规章制度有无相关规定来认定解雇行为合法与否。这显然赋予了用人单位规章制度过高的期待,会导致对劳动者的过度保护,同时也会对用人单位生产经营利益造成损害。用人单位在现实的生产经营活动中为维护其自身的生产经营利益会制定一定的规章制度来管理和约束劳动者,从而使双方的关系达到一种稳定和谐的状态,也有利于保障劳资双方的合同利益。但正如法律有其滞后性一样,用人单位的规章制度当然不可能详尽罗列未来劳动者可能为的所有违纪行为并规定如何处理。因此,职业道德可以在这时发挥自身作用,帮助用人单位更好地处理日常经营中所遇到的各类劳动争议。

三、职业道德在司法实践中的可操作性

(一)《民法典》时代的到来

作为"社会生活的百科全书",也是中华人民共和国成立后第一部以"法典"命名的法律,《民法典》于2021年1月1日起正式实施。它在法律体系中居于基础性地位,也是市场经济的基本法。《民法典》对公民的人身权、财产权、人格权等作出明确翔实的规定,并规定了侵权责任,明确权利受到削弱、减损、侵害时的请求权和救济权等,体现了对人民权利的充分保障,被誉为"新时代人民权利的宣言书"。

在《民法典》所带来的众多变化中,"公序良俗"得到进一步确认和强化,共提及8次。例如,第8条规定:"民事主体从事民事活动,不得违反法律,不得违背公序良俗。"该条将公序良俗确定为民法的基本原则。第143条规定:"具备下列条件的民事法律行为有效:(一)行为人具有相应的民事行为能力;(二)意思表示真实;(三)不违反法律、行政法规的强制性规定,不违背公序良俗。"该条将公序良俗作为认定民事法律行为有效的必备条件之一。第153条规定:"违反法律、行政法规的强制性规定的民事法律行为无效。但是,该强制性规定不导致该民事法律行为无效的除外。违背公序良俗的民事法律行为无效。"可见,当存在损害国家利益、社会公益和社会道德秩序的行为,而又缺乏相应的强制性法律规定时,法院可依据公序良俗原则进行认定。

随着《民法典》的颁布与实施,"公序良俗"将不再只是人们内心的道德评判标准,而是判定民事行为效力的重要依据;其价值在于将道德伦理规范引入法律适用,起到扩充法律渊源、弥补法律漏洞的作用,职业道德就相当于劳动法律中的"公序良俗"。在互联网经济发展如此迅猛的社会背景下,多元化的用工形式等新型劳动争议问题使现今的劳动法律应接不暇;而职业道德可以发挥弥补法律漏洞的作用,协调劳资关系,推动社会的和谐发展。

(二)司法审判的"风向标"——社会主义核心价值观

2021年1月19日,最高人民法院印发《关于深入推进社会主义核心价值观融入裁判文书释法说理的指导意见》,旨在深入贯彻落实中共中央关于进一步把社会主义核心价值观融入法治建设的工作要求,正确贯彻实施《民法典》,充分发挥司法裁判在国家治理、社会治理中的规则引领和价值导向作用,进一步增强司法裁判的公信力和权威性,努力实现富强、民主、文明、和谐的价值目标,

努力追求自由、平等、公正、法治的价值取向,努力践行爱国、敬业、诚信、友善的价值准则。由此可以看出,不仅是立法层面,司法层面也在宣扬正确的价值观与道德观,实践中也涌现了一批基于社会主义核心价值观而作出的判决。

(三)小结

有鉴于此,诚实信用原则不仅是民法的基本原则,也是普遍适用于生活各个领域的指导准则。但这些观念只停留在道德教化层面,往往被当作自律守则而不是法律义务,没有实质性的约束力。在当前中国社会转型时期,经济、生活等多方面都在发生重大变化,受利益的驱使,劳动者违反职业道德的情况时有发生。社会公众往往基于劳动者的弱势地位,倾向于对其宽容和理解。但这种所谓的宽容影响了用人单位的管理秩序,破坏了社会的公平公正原则。因此,在劳动法领域倡导诚实守信、引导正确的价值取向显得尤为重要。而要求劳动者遵守职业道德恰恰是这种诚实信用原则在劳动法领域的延伸。

四、总结

根据法律规定,劳动者在履行劳动义务过程中应当遵守劳动纪律和职业道德,遵循诚实信用原则。遵守职业道德、诚实守信,既是劳动者的道德义务,更是劳动者的法律义务,也是构建诚信社会的重要组成部分。结合本案来看,伊某作为A公司总务部高级主管,是所在部门的管理者,也是公司的高级管理层人员,理应更加严格遵守劳动纪律和职业道德,遵循诚实信用原则。伊某上班出勤违规打卡这种不诚信行为显然会给企业及其员工造成负面影响。因此,A公司以伊某上班出勤违规打卡行为严重违反劳动纪律、违反规章制度、违反诚信原则为由,在履行通知工会程序后,决定解除与伊某的劳动合同,于法不悖,故二审法院认定A公司无须承担违法解除劳动合同的法律责任。

【案例索引】

上海市闵行区人民法院民事判决书,(2019)沪0112民初27003号。
上海市第一中级人民法院民事判决书,(2020)沪01民终115号。

【执笔人】

北京金诚同达(上海)律师事务所　刘宣廷

用人单位中某部门制定的规章制度可否作为管理员工的依据

【案例要旨】

依法律规定,用人单位有权制定规章制度;但用人单位是由很多部门组成的,用人数量比较大的部门以自己名义发布的规章制度对本部门员工是否有约束力,颇具争议。本文中案例的争议焦点也反映了这个问题。用人单位中的部门有部分独立的人事管理、劳动纪律管理的权限,其部门内通过民主程序制定的规章制度,已向劳动者公示或告知的,可以作为人民法院裁判案件的依据。

【案情简介】

上诉人(一审被告):王某

被上诉人(一审原告):某航空公司

王某原系某航空公司空勤乘务员,长期执飞北京往返印度的航班,于2005年7月1日与该航空公司签订劳动合同。2007年7月1日,双方签订无固定期限劳动合同。2013年11月28日,王某在印度购买两件紫檀物品(一件为紫檀制品,另一件为紫檀原木);12月1日,在执飞印度至北京航班任务过印度海关安检时,被印度海关查获其携带前述物品,并被印度海关处以罚款,该行为导致某航空公司当日的航班延误1小时35分钟。2014年1月1日,某航空公司客舱服务部人力资源室向王某邮寄送达《解除劳动合同通知书》,内容为:"王某同志,因你在工作期间严重违反《客舱服务部乘务员管理手册》,根据《中华人民共和国劳动合同法》,公司决定解除与你签订的劳动合同,请你于2014年1月18日前到中国某航空股份有限公司客舱服务部人力资源室办理离职手续。"王某于2014年1月3日签收该通知书。后王某向北京市顺义区劳动人事争议仲裁委员会申请仲裁,要求某航空公司继续与其履行劳动合同、支付其2014年1月2日至15日停职期间的工资13,000元。顺义区劳动人事争议仲裁委员会作出京顺劳仲字(2014)第1200号裁决书,裁决如下:(1)某航空公司与王某继续履行劳动合同;(2)某航空公司支付王某2014年1月2日至15日工资912元;(3)驳回王某的其他请求。王某未在法律规定的期限内提起诉讼。某航空公司不服仲裁裁决,起诉至法院。

【裁判结论】

一审法院认为,本案的争议焦点即某航空公司解除与王某的劳动合同是否违法。从解除理由来看,根据一审庭审查明的事实,王某在录音中明确承认紫檀物品确系为别人携带;王某作为空勤乘务人员,并且从北京—印度航线开辟后就开始飞行该航线,且具备一定的英语能力,应当对其与工作有关印度海关的相关规定有一定的了解并应当严格遵守,其辩解不知道所带物品材质且该物品远非大量紫檀及原木,法院实难采信。王某在印度海关因携带紫檀物品被印度海关处以罚款,表明其行为已经违反了印度相关法律并受到相关处罚。

我国《劳动合同法》第4条第1~2款规定,用人单位应当依法建立和完善劳动规章制度,保障劳动者享有劳动权利、履行劳动义务。用人单位在制定、修改或者决定有关劳动报酬、工作时间、休息休假、劳动安全卫生、保险福利、职工培训、劳动纪律以及劳动定额管理等直接涉及劳动者切身利益的规章制度或者重大事项时,应当经职工代表大会或者全体职工讨论,提出方案和意见,与工会或者职工代表平等协商确定。本案中,《客舱服务部乘务员管理手册》虽非某航空公司直接制定,但客舱服务部作为王某的直接用人部门及日常管理部门,拥有部分独立的人事管理、劳动纪律管理的权限以及相应的工会组织。客舱服务部经某航空公司工会客舱服务部委员会召开职工代表团长联席会,以及客舱委员会进行民主讨论并全体通过《客舱服务部乘务员管理手册》,已经履行了民主程序,也并不违反法律的强制性规定,且该份证据为某航空公司出具,说明该航空公司也对此予以认可。故一审法院对王某辩称客舱服务部无权制定规章制度、没有通过民主程序的辩解不予采信。《劳动合同法》第4条第4款规定,用人单位应当将直接涉及劳动者切身利益的规章制度和重大事项决定公示,或者告知劳动者。通过某航空公司提交的《新版手册宣贯学习测试题》可以看出,某航空公司已经将《客舱服务部乘务员管理手册》进行公示告知,并组织包括王某在内的客舱服务职员进行考核。综上,某航空公司将《客舱服务部乘务员管理手册》作为解除劳动合同的制度依据,并无不妥。最后,在解除与王某的劳动合同过程中,某航空公司征求了工会意见。《劳动合同法》第 39 条第 2 项规定,劳动者严重违反用人单位的规章制度的,用人单位可以解除劳动合同。综合上述情况,王某的行为违反了《客舱服务部乘务员管理手册》的相关规定,并且违反了《严禁违法违规"捎、买、带"责任书》的规定,故某航空公司据此解除与王某的劳动合同并无不妥。一审法院对某航空公司要求判令无须继续履行劳动合同、无须支付王某 2014 年 1 月 2 日至 15 日工资的诉讼请求予以支持。

二审法院认为,本案的争议焦点为某航空公司解除与王某的劳动合同是否合法。王某系某航空公司空勤乘务员。2013 年 12 月 1 日执行 CA948 航班(印度德里至北京)驻外期间,王某购买紫檀木制大象和紫檀原木出境,违反印度相关法律,被印度海关处以罚款。某航空公司提交的《客舱服务部乘务员管理手册》第 10 条事故差错之 10.6 综合管理标准之 10.6.1 A 类(7)规定,违反海关规定,受到海关处罚的"捎、买、带"行为属于客舱服务部乘务员的综合 A 类差错事故。可知,王某驻外期间购买上述两物品属于综合 A 类差错事故。

再根据《客舱服务部乘务员管理手册》10.7 事故、差错、问题处罚标准"……综合 A 类停飞或解除劳动合同",以及第 7 条人力资源管理之 7.4 岗位降层和岗位退出之 7.4.2 岗位退出之 7.4.2.1"乘务员严重违反本手册的相关规定,达到下列情况的退出乘务员岗位,公司依法解除与乘务员签订的劳动合同……(3)违反综合管理标准,达到综合 A 类问题的人员"的规定可知,综合 A 类差错事故的处罚标准为停飞或解除劳动合同。故依据上述规定,某航空公司有权解除与王某的劳动合同。

《劳动合同法》第 4 条第 2 款规定:"用人单位在制定、修改或者决定有关劳动报酬、工作时间、休息休假、劳动安全卫生、保险福利、职工培训、劳动纪律以及劳动定额管理等直接涉及劳动者切身利益的规章制度或者重大事项时,应当经职工代表大会或者全体职工讨论,提出方案和意见,与工会或者职工代表平等协商确定。"客舱服务部工会书面证明某航空公司工会客舱服务部委员会召开职工代表团长联席会及客舱委员会进行民主讨论并全体通过《客舱服务部乘务员管理手册》,履行了上述法律规定的民主程序。《劳动合同法》第 4 条第 4 款规定,用人单位应当将直接涉及劳动者切身利益的规章制度和重大事项决定公示,或者告知劳动者。某航空公司客舱服务部的网站上登载有管理手册,要求乘务员点击下载、认真学习,说明某航空公司已公示《客舱服务部乘务员管理手册》;某航空公司组织包括王某在内的客舱服务职员进行《新版手册宣贯学习测试题》考核,王某亦签字承诺杜绝违法违规"捎、买、带"行为,说明某航空公司已将管理手册的内容告知王某。

王某上诉主张上述管理手册中的"海关"为我国海关，理由为该条款为霸王条款，其不可能知晓所有国家海关的制度，某航空公司不予认可，主张上述规定中的"海关"为各国海关。对此，二审法院认为，依据《客舱服务部乘务员管理手册》第8条综合管理之8.9的规定，驻外管理是指乘务员在执行驻外航班期间的管理工作，是客舱部综合管理的重要组成部分；依据8.9.1驻外行为规范之8.9.1.1驻外行为准则之（4）的规定，遵守驻地国、地区的海关、边防、检疫规定，严禁违法违规的"捎、买、带"行为，严禁利用执行航班任务之便从事个人经营、倒买、倒卖及其他非正常活动。这说明管理手册中的综合管理部分规定乘务员应当遵守驻地国、地区的海关规定。在此情况下，某航空公司的主张有合同依据，法院予以采信。王某上诉主张其不知晓所购物品为紫檀亦对印度海关予以处罚的相关规定不知情，亦不认可印度海关的处罚。二审法院认为，依据上述规定，王某主观上是否有过错与其违反规章制度的事实无关联性，王某的该项上诉理由缺乏合同依据，故不予支持。王某上诉称客舱服务部无权制定规章制度，二审法院认为，客舱服务部为某航空公司的部门，某航空公司对客舱服务部制定的《客舱服务部乘务员管理手册》予以认可，说明客舱服务部已取得某航空公司的授权，故王某该项上诉主张二审法院不予采信。

综上，王某的各项上诉请求均缺乏事实和法律依据，二审法院不予支持。一审法院判决处理结果并无不当，应予维持。

再审法院认为，根据《客舱服务部乘务员管理手册》的相关规定，某航空公司有权与王某解除劳动合同。客舱服务部工会书面证明某航空公司工会客舱服务部委员会召开职工代表团长联席会及客舱委员会进行民主讨论并全体通过《客舱服务部乘务员管理手册》，履行了法律规定的民主程序。某航空公司客舱服务部的网站上登载了该手册，要求乘务员点击下载、认真学习，说明某航空公司已公示《客舱服务部乘务员管理手册》。某航空公司组织包括王某在内的客舱服务职员进行《新版手册宣贯学习测试题》考核，王某亦签字承诺杜绝违法违规"捎、买、带"行为，说明某航空公司已将管理手册的内容告知王某。依据该管理手册第8条的相关规定，乘务员应当遵守驻地国、地区的海关规定。王某主张其不知晓所购物品为紫檀、对印度海关予以处罚的相关规定不知情，亦不认可印度海关的处罚。因王某主观上是否有过错与其违反规章制度的事实无关联性，故对其上述主张不予采信。一审、二审法院依据查明的事实，所作判决并无不当。

【评析意见】

本案争议焦点是用人单位中的部门以部门名义发布的规章制度对劳动者是否具有约束力。王某重要的抗辩点是，其认为客舱服务部无权制定规章制度，《客舱服务部乘务员管理手册》并非用人单位某航空公司制定，而是其下属的部门客舱服务部制定，客舱服务部不具有法人资格，不是用人单位，即使拥有部分独立的人事管理、劳动纪律的管理权限以及相应的工会组织，但是并无任何法律规定用人单位中的部门有权制定规章制度，《劳动合同法》第4条规定的规章制度的制定权、修改权属于用人单位即某航空公司，而不是客舱服务部。因此，客舱服务部制定规章制度的行为超越职权，违反法律规定，属于无效的规定。王某的观点获得了劳动争议仲裁委员会的支持，但未获得一审、二审、再审法院的支持。笔者认同本案法院的判决，即用人单位中的部门以部门名义发布的规章制度对本部门员工应当具有拘束力，具体理由如下：

1. 根据委托授权的理论和规定，用人单位可以授权部门制定规章制度。

虽然《劳动法》第4条和《劳动合同法》第4条都强调用人单位有建立规章制度的权利和义务，但这并不意味着用人单位中的部门无权以部门名义制定规章制度。因为根据民事法律行为中的委托授权的理论和规定，用人单位可以将法律赋予其制定规章制度的权利授权给内部的部门行使。用人单位中的部门根据用人单位的授权，可以在部门管理职责范围内制定相应的规章制度。

2. 根据追认理论和规定，用人单位事后也可以追认部门制定的规章制度。

对于前述依据的分析，可能大家会提出疑问，根据委托授权的理论和法律依据，部门根据用人单位的授权制定规章制度，应当以用人单位的名义发布，而在本案中，某航空公司的客舱服务部制定的《客舱服务部乘务员管理手册》是以部门名义发布，并非以授权人某航空公司名义发布，并不符合委托授权的理论和法律规定。如果认为以部门名义发布规章制度不符合委托授权的理论和法律规定，笔者认为，除了授权理论与规定外，还有追认的理论和规定。所谓追认，如同原始授权一样，追认不受任何形式的限制。追认是相对人的单方意思表示，可以通过文字或行为的形式作出，可以通过明示或默示的形式作出。就本案而言，客舱服务部为某航空公司的部门，某航空公司对客舱服务部制定的《客舱服务部乘务员管理手册》不仅不持异议，还将该制度作为解除王某劳动合同的依据，可以认定某航空公司已追认其效力。

3. 用人单位部门制定规章制度应履行相应的民主程序。

需要指出的是，虽然用人单位中的部门根据事先授权或事后追认有权制定规章制度,但根据《劳动合同法》第 4 条第 2 款的规定,规章制度制定仍需履行相应的民主程序。本案中,某航空公司的客舱服务部有相应的民主管理机构和制度,即某航空公司工会客舱服务部委员会、职工代表团长联席会等,并且某航空公司也提供了证据证明某航空公司工会客舱服务部委员会召开职工代表团长联席会及客舱委员会进行民主讨论并全体通过《客舱服务部乘务员管理手册》,履行了法律规定的民主程序。反之,若用人单位中的部门制定内部管理制度未经民主程序,在适用内部管理制度管理劳动者时,则存在较大风险。

【案例索引】

北京市顺义区劳动人事争议仲裁委员会仲裁裁决书,京顺劳仲字(2014)第 1200 号。

北京市顺义区人民法院民事判决书,(2014)顺民初字第 05134 号。

北京市第三中级人民法院民事判决书,(2015)三中民终字第 01970 号。

北京市高级人民法院民事判决书,(2015)高民申字第 04224 号。

【执笔人】

上海劳达律师事务所　石先广

第二章　规章制度与集体合同和劳动合同

劳动合同与规章制度冲突时的选择适用规则

【案例要旨】

在劳动关系管理中,劳动合同、规章制度是用人单位内部协调和规范劳动关系的基础性的法律文本。但由于两者属于不同性质的法律文本,当两者对同一事项表述不一致时,需要判定规章制度和劳动合同效力孰高孰低。一般认为,劳动合同作为个别员工与用人单位确立个体权利义务关系的法律文本,比作为统一调整用人单位集体劳动关系的劳动规章制度效力高,当劳动合同与规章制度规定不一致时,劳动者有权请求优先适用对自己有利的条款。

【案情简介】

上诉人(一审原告):某家具公司
被上诉人(一审被告):余某

2008年3月11日,余某进入某家具公司工作,担任销售员,双方签订劳动合同。2013年4月起,某家具公司安排余某至某家具公司台州分公司担任主管。2014年4月1日,双方续签自2014年4月1日起的无固定期限劳动合同,约定余某每月薪资为人民币5597元(以下币种均为人民币)。劳动合同第8条第1款规定:"乙方(余某)有下列情形之一的,甲方(某家具公司)可以解除劳动合同,无须支付乙方任何经济补偿……4.在其他单位兼职,对完成甲方的工作任务造成严重影响,或经甲方提出后仍不改正的……"

同时,某家具公司的《同仁奖惩办法》奖惩规定"惩处"中"(二)开除"列明"1.擅自在外兼职者……"

2013年4月18日,通某公司通过工商变更登记,公司法定代表人由阮某变更为余某,余某在通某公司的职务为董事、经理。2014 年 12 月 18 日,某家具公司发现余某担任通某公司经理、执行董事,系该公司法定代表人,存在兼职行为。某家具公司遂依据《同仁奖惩办法》中关于在职期间擅自在外兼职者予以开除的规定,于 2014 年 12 月 24 日对余某作出开除处理。某家具公司作出《OA 事业直销事业群(令)》,内容为:"说明:一、台州椒江主管余某擅自担任其他公司法定代表人,严重违反公司规章制度,依据【同仁奖惩办法】惩处类二项一款'擅自在外兼职者'予以开除处理。二、本人事令自二〇一四年十二月二十四日生效。"2014 年 12 月 25 日,某家具公司关停了余某的公司内部系统权限,余某无法考勤及正常工作。2015 年,余某向上海市嘉定区劳动人事争议仲裁委员会申请仲裁,要求某家具公司支付违法解除劳动合同赔偿金 134,836 元,2014 年 12 月 1 日至 31 日工资 9402.06 元,2014 年年终奖 6000 元。2015 年 8 月 11 日,该仲裁委员会作出嘉劳人仲(2015)办字第 1923 号裁决书:某家具公司应支付余某违法解除劳动合同赔偿金 76,037.22 元、2014 年 12 月 1 日至 12 月 24 日工资差额 11.96 元,不支持余某其他的仲裁请求。某家具公司不服仲裁裁决,诉至法院。

【裁判结论】

一审法院认为,根据《劳动合同法》的规定,用人单位违法解除劳动合同,劳动者不要求恢复劳动关系的,用人单位应支付劳动者经济补偿标准 2 倍的赔偿金。是否违纪应当以劳动者本人有义务遵循的劳动纪律及用人单位规章制度为准;违纪是否严重,一般应当以劳动法律、法规所规定的限度和用人单位内部规章制度关于严重违纪行为的具体规定作为衡量标准。另据案件审理时有效的最高人民法院《关于民事诉讼证据的若干规定》的规定,当事人对自己提出的诉讼请求所依据的事实或者反驳对方诉讼请求所依据的事实有责任提供证据加以证明。没有证据或者证据不足以证明当事人的事实主张的,由负有举证责任的当事人承担不利后果。在劳动争议纠纷案件中,因用人单位作出解除劳动合同等决定而发生劳动争议的,由用人单位负举证责任。某家具公司于 2014 年 12 月 24 日以余某擅自在外兼职为由,解除与余某的劳动合同,是否合法有效?

首先,某家具公司、余某所签订的劳动合同约定,在其他单位兼职,对完成公司的工作任务造成严重影响,或经公司提出后仍不改正的,予以解除劳动合同。某家具公司称,根据《同仁奖惩办法》的规定,擅自在外兼职者,予以开除。余某在外兼职,应适用公司规章制度处理。某家具公司未就《同仁奖惩办法》中的规定与余某协商变更劳动合同的相关约定内容,也未签订补充协议,因此,对于某家具公司提出的适用《同仁奖惩办法》的意见,应不予采纳。余某的兼职行为应依据双方签订的合同约定来处理。2013年4月,余某经工商登记为通某公司的董事、经理及法定代表人,至2014年12月,余某仍在某家具公司正常上班工作。某家具公司未举证证明余某担任通某公司法定代表人后,对其在某家具公司所从事的销售工作造成严重影响,表明余某担任通某公司法定代表人后,没有违反劳动合同的约定。

其次,某家具公司于2014年12月18日通知余某于同年12月24日到公司协助调查,并于12月22日要求余某更改在通某公司担任经理、董事、法定代表人的职务。但某家具公司于2014年12月24日即作出解除与余某劳动合同的处理,表明某家具公司没有给予余某适当的时间进行工商登记变更,余某不存在在外兼职且经公司提出后仍不改正的事实。

最后,某家具公司与通某公司不属于同一行业,不存在同业竞争的情况,余某亦没有违反有关竞业禁止规定的情形。因此,某家具公司解除与余某的劳动合同,尚无相应的余某严重违纪事实及违反合同约定的依据,不符合相关法律规定,故对于某家具公司要求判决不予支付余某违法解除劳动合同赔偿金的请求,不予支持。

二审法院认为,本案的争议焦点为某家具公司解除与余某的劳动合同是否合法。

二审法院认为,根据法律规定,用人单位制定的内部规章制度与劳动合同约定的内容不一致,劳动者要求优先适用合同约定的,人民法院予以准许。本案中,某家具公司《同仁奖惩办法》中"奖惩"部分规定,擅自在外兼职者开除;而某家具公司与余某的劳动合同约定,在其他单位兼职,对完成工作任务造成严重影响,或公司提出后仍不改正的,公司可以解除劳动合同。劳动合同约定的在外兼职可解除劳动合同的适用条件比《同仁奖惩办法》更为严格,现某家具公司在未与劳动者就变更劳动合同达成一致意见的前提下,径行适用《同仁奖惩办法》的相关规定与余某解除劳动合同,与法有悖,法院难以支持。即使在适用劳动合同约定的前提下,余某是否符合解除劳动合同情形,二审法院认为,某家具公司与余某订立的劳动合同中关于在其他单位兼职,公司可以行使单方解除权的情形有明确具体的规定,即余某的兼职行为对完成公司的工作任务造成严重影响,或公司提出后余某仍不改正。现某家具公司的证据不足以证明余某的兼职对工作任务造成严重影响,亦未给予余某适当合理的期限改正,故某家具公司径行解除劳动合同的行为确实不妥,对于违法解除劳动合同的补偿金以及工资差额,原审法院判决得当,二审法院予以维持。据此,依照2012年《民事诉讼法》第170条第1款第1项之规定,判决如下:驳回上诉,维持原判。

【评析意见】

本案是一起劳动合同与规章制度内容表述不一致从而产生冲突的典型案例,从文义表述来看,本案中,劳动合同和规章制度关于"兼职"的解除条件表述是不同的:劳动合同关于兼职解除的表述是"在其他单位兼职,对完成甲方的工作任务造成严重影响,或经甲方提出后仍不改正的……";规章制度关于兼职解除的表述是"擅自在外兼职者……"。

显然,作为规章制度的《同仁奖惩办法》表述的解除条件比较简单,而劳动合同中约定的解除条件则比较复杂,基本是重复了《劳动合同法》第39条第4项的规定。本案中,按劳动合同的约定,除有兼职的情形外,还需要满足"对完成甲方的工作任务造成严重影响,或经甲方提出后仍不改正的"条件才可以解除劳动合同。因此,法院依据当时处于生效状态的最高人民法院《关于审理劳动争议案件适用法律若干问题的解释(二)》(法释〔2006〕6号)(以下简称《司法解释(二)》)第16条的规定,"用人单位制定的内部规章制度与集体合同或者劳动合同约定的内容不一致,劳动者请求优先适用合同约定的,人民法院应予支持",判决用人单位解除劳动合同属于违法解除。需要指出的是,《司法解释(二)》中该条款规定已被最高人民法院发布的《关于审理劳动争议案件适用法律问题的解释(一)》(法释〔2020〕26号)第50条第2款[①]取代。可见,新旧司法解释在劳动合同与规章制度内容冲突时的裁判规则是一脉相承的。新旧司法解释之所以坚持这个内容冲突处理规则,笔者认为有以下几点原因:

1. 从性质来说,劳资双方的意思自治的劳动合同应高于用人单位单方意志的规章制度。

劳动合同是用人单位与劳动者双方经过协商一致所进行的特别约定,是双方意思自治的产物,其中规定的事项专门针对劳动者个人。规章制度则更多是用人单位单方意志的体现,虽然我国《劳动合同法》强化了规章制度制定的民主程序,但在制定过程中用人单位的主导性很强,劳动者参与的程度有限;那些没有建立工会或职工代表大会的用人单位,更是如此。即便用人单位建立有完整

[①] 最高人民法院《关于审理劳动争议案件适用法律问题的解释(一)》第50条第2款规定:"用人单位制定的内部规章制度与集体合同或者劳动合同约定的内容不一致,劳动者请求优先适用合同约定的,人民法院应予支持。"

的履行民主程序的机构(如工会组织)和制度(如职工代表大会制度),也存在"共议共决"和"共议单决"的争论,且实践中主流观点认为规章制度的民主程序是"共议单决"。即便认为是"共议共决",但规章制度体现的也是集体的意志,无法取代或变更体现个人意志的劳动合同的相关内容。毕竟,作为双方意思自治产物的劳动合同的约定内容应当得到信守。

2. 从稳定性来说,具有相对稳定性的劳动合同应高于具有变动性的规章制度。

劳动合同一经签订,无论是何种类型的劳动合同都具有相对稳定性;若要变更劳动合同的内容,根据《劳动合同法》第 35 条的规定,应经双方协商一致。而规章制度因公司经营管理需要或受内外部因素的影响,可能主动或被动地作出改变,具有变动性的特点。虽然《劳动合同法》第 4 条第 2 款对规章制度修订规定了民主程序的要求,但仍难以改变其具有变动性的特点。从这个角度来说,也应赋予具有相对稳定性的劳动合同更高的效力。

需要指出的是,笔者从以上两个角度分析了新旧司法解释都赋予劳动者优先选择适用劳动合同权利的原因。但是,当劳动合同与规章制度内容冲突时,也并非一定要优先适用劳动合同的内容,司法解释表达的意思是:劳动者请求优先适用劳动合同的,人民法院应当予以支持;若劳动合同的内容与规章制度内容不一致,规章制度的内容对员工更有利的,劳动者请求优先适用用人单位规章制度内容的,也应获得裁判者的支持。

综上,笔者认为,规章制度与劳动合同冲突时的适用规则可总结为:当用人单位的劳动合同与规章制度内容冲突时,选择适用权在劳动者而非用人单位。

【案例索引】

上海市嘉定区劳动人事争议仲裁委员会裁决书,嘉劳人仲(2015)办字第 1923 号。

上海市嘉定区人民法院民事判决书,(2015)嘉民四(民)初字第 827 号。

上海市第二中级人民法院民事判决书,(2016)沪 02 民终 3467 号。

【执笔人】

上海劳达律师事务所　石先广

作为裁判依据的规章制度规定与劳动合同约定不一致的效力分析

【案例要旨】

规章制度作为人民法院裁判的事实依据,其必须符合国家法律、行政法规和政策规定,同时要合理,要符合社会主义核心价值观;规章制度与劳动合同冲突的情况下,应具体分析效力的优先问题。通过职工代表大会审议通过的规章制度,其效力优先于个体劳动合同。而对于非前类的规章制度,如果劳动者请求优先适用劳动合同,应以劳动合同的类似约定为准;如果劳动者不主动请求,则按劳动法律立法的宗旨即倾斜保护劳动者的原则进行甄别,选择适用。

【案情简介】

上诉人(原审原告):L公司

被上诉人(原审被告):邵某

邵某于2005年始通过劳务派遣形式进入L公司,双方于2008年8月26日签订了劳动合同,2012年8月26日双方签订无固定期限劳动合同,L公司与邵某签订的劳动合同第22条第7项约定:乙方(邵某)被依法追究刑事责任的,甲方(L公司)可以解除本合同。双方还签有多份岗位聘用合同书,确定邵某的岗位为店长,最后一份岗位聘用合同书期限自2013年3月1日至2014年2月28日。L公司每月6日以银行转账形式支付邵某上月26日至当月25日的工资。

2011年11月22日,L公司出具通知,因邵某违反工作职责,自2011年11月23日免去邵某店长职务。2012年1月至3月,邵某至二军大军服部店工作;2012年4月至9月至怀德店工作;2012年10月至2013年6月至二军大军服部店工作。L公司表示,邵某在该三个时间段内均担任带教店长,并表示邵某被免除店长职务后多次上访，L公司无奈才和邵某签订岗位聘用合同书，让邵某享受店长待遇，但是不享有店长职权。邵某表示其一直担任店长职务，不认可L公司所述。

邵某因妨害公务罪于2013年6月被上海市公安局某分局刑事拘留，于当月被释放。

2007年11月30日下午，L公司召开了职工代表大会，投票表决通过了《L公司员工奖惩办法》，该办法第15条第19项规定，员工被行政拘留、刑事拘留、劳动教养或构成犯罪的可以记大过，也可以解除劳动合同。L公司因邵某被刑事拘留，违反上述规定，于2013年7月31日解除了双方的劳动合同，并出具了当日的退工证明。邵某工作至当日，工资结算至当日。

L公司提供的工资单与邵某提供的银行明细显示，邵某每月实际所得与工资单实发工资一致，工资单显示邵某工资由岗位工资、奖金等组成。

2013年8月5日，邵某申请劳动仲裁，要求L公司自2013年8月1日起恢复双方劳动关系。该仲裁委员会于2013年9月17日裁决双方自2013年8月1日起恢复劳动关系。L公司不服该裁决，向原审法院提起诉讼，请求不与邵某恢复劳动关系。

【裁判结论】

一审法院认为，本案争议焦点为L公司以邵某被刑事拘留为由解除劳动合同是否违法。用人单位有权结合自身情况制定规章制度，保证正常经营活动。但是用人单位制定的规章制度应当具有一定限度，应当符合法律规定。刑事拘留是刑事诉讼法中的强制性措施，并不属于刑事责任，也无法证明邵某存在社会危害性，在司法机关对邵某进一步定性前，用人单位以该制度解除双方的劳动合同，不符合公平原则，故L公司该解除行为违反法律。

根据双方签订的岗位聘用合同，双方只对岗位进行约定，并未明确具体门店，从邵某离职前的工作变动可以看出，L公司有能力将邵某的工作门店进行更换。L公司作为上海地区大型便利连锁企业，名下开办众多门店，即使现L公司表示眉州店已经有其他人担任店长职务，其还可以安排邵某去其他门店工作，邵某的职位不存在唯一性，所以恢复双方的劳动关系不存在客观上的障碍。

依照《劳动法》第78条的规定，一审法院判决恢复劳动关系。

二审法院认为，本案的争议焦点是L公司依据公司规章制度与邵某解除劳动合同的行为是否合法。L公司的规章制度规定，员工被公安机关刑事拘留的，单位可以解除劳动合同。而双方的劳动合同约定，邵某被依法追究刑事责任的，L公司可以解除劳动合同。根据最高人民法院《关于审理劳动争议案件适用法律若干问题的解释(二)》(已失效)第16条的规定，用人单位制定的内部规章制度与集体合同或者劳动合同约定的内容不一致，劳动者请求优先适用合同约定的，人民法院应予支持。因此，在L公司的规章制度与双方劳动合同不一致的情况下，应当优先适用劳动合同的约定，即本案中邵某只有在被追究刑事责任的情况下，L公司方可行使合同解除权。邵某被刑事拘留不属于被依法追究刑事责任，原审法院认定L公司的解除行为违法，并无不当。判决如下：驳回上诉，维持原判。

【评析意见】

本案裁判的主要法律依据是最高人民法院《关于审理劳动争议案件适用法律若干问题的解释(二)》(已失效)第16条的规定。针对劳动关系双方——用人单位和劳动者在用工活动中所处的地位天然地不对等（主要体现在用工活动组织、安排等人格从属性、经济从属性以及组织从属性等方面），有必要通过立法来保护劳动者的合法权益，以促进劳动关系的平衡和谐状态。按照这一立法宗旨，在司法实践中，当劳动合同和规章制度之间就同一事项的规定或约定不一致时，一般会根据劳动者的请求，优先适用劳动合同的约定来处理双方之间的权利义务关系。

一、规章制度作为裁判依据的条件

劳动法律对劳动合同和集体合同的效力，《劳动法》和《劳动合同法》都有明确的规定。同时，《立法法》第103条规定："同一机关制定的法律、行政法规、地方性法规、自治条例和单行条例、规章，特别规定与一般规定不一致的，适用特别规定；新的规定与旧的规定不一致的，适用新的规定。"劳动合同或集体合同作为人民法院裁判的依据，只要没有下列情形之一的，就应该认定为有效：(1)以欺诈、胁迫的手段或者乘人之危，使对方在违背真实意思的情况下订立或者变更劳动合同的；(2)用人单位免除自己的法定责任、排除劳动者权利的；(3)违反法律、行政法规强制性规定的。

规章制度可以作为裁判效力的依据按照最高人民法院《关于审理劳动争议案件适用法律问题的解释(一)》第50条第1款的规定，用人单位根据《劳动合同法》第4条的规定，通过民主程序制定的规章制度，不违反国家法律、行政法规及政策规定，并已向劳动者公示的，可以作为确定双方权利义务的依据。根据这一司法解释，规章制度可以作为裁判的效力依据需要具备以下条件：程序上合法，实体上合法，并且符合规章、政策等规范性文件。在实务中，还需要审查规章制度是否合理、是否符合社会道德,[1]即还要审查是否符合社会主义核心价值观。即使具备了上述条件,也只是可以作为裁判的事实依据之一,而不是应当作为裁判的依据。笔者认为,还需要结合案情分析这些规章制度是否符合劳动法律立法的宗旨,采纳倾斜保护的原则,最终决定是否将规章制度作为裁判的依据。

结合本案,L公司召开职工代表大会投票表决通过了《L公司员工奖惩办法》。该办法提到,员工被行政拘留、刑事拘留、劳动教养或构成犯罪的可以记大过,也可以解除劳动合同。该规定违反了政策规定,如原劳动部1995年8月发布的《关于贯彻执行〈中华人民共和国劳动法〉若干问题的意见》(劳部发〔1995〕309号)第28条第1款规定:"劳动者涉嫌违法犯罪被有关机关收容审查、拘留或逮捕的,用人单位在劳动者被限制人身自由期间,可与其暂时停止劳动合同的履行。"第29条第1~2款规定:"劳动者被依法追究刑事责任的,用人单位可依据劳动法第二十五条解除劳动合同。'被依法追究刑事责任'是指:被人民检察院免予起诉的、被人民法院判处刑罚的、被人民法院依据刑法第三十二条免予刑事处分的。"

可见,L公司规章制度的规定与以上政策规定相冲突,不能作为裁判的依据,因此排除规章制度的适用,只能适用双方劳动合同中的约定。一审法院认为适用L公司的规章制度不符合公平原则,进而认定L公司依据《L公司员工奖惩办法》开除邵某的行为系违法解除劳动合同的行为。笔者认为,一审法院尽管选择排除L公司的规章制度适用,但裁判中的说理部分不够充分,应该以规章制度不符合国家政策为由,使其更加具有说服力。

二、优先适用的简析

劳动合同主要是对劳动关系中双方权利和义务内容的约定,也是规范劳动过程中用人单位与劳动者关系非常重要的载体之一。劳动合同的签订可以在入职前也可以在入职同时或之后,劳动合同中会涉及个体劳动者关心的重要内容。经过一段时间的平等自愿、协商一致的合意过程,能够较好体现出双方真实的意思表示。而规章制度只是用人单位单方的意思表示,尽管有"共议"的民主程序,但仍改变不了企业经营自主权的"单决"特点。规章制度典型地体现了劳动关系人身隶属性的核心特点。换句话说,如果没有人身隶属性的特性,也就不存在劳动关系。因此,在规章制度与劳动合同约定不一致的时候,为矫正适用规章制度时可能出现的对个体劳动者合法权益不利保护的现象,国家通过

---

[1] 信春鹰主编:《中华人民共和国劳动合同法释义》,法律出版社2007年版,第17页。

立法和司法层面倾斜保护劳动者合法权益的设置,来促使劳动关系双方地位的平衡,形成和谐稳定的劳动关系。

在具体司法实务中,当企业的规章制度与劳动合同约定不一致时,应根据劳动者优先适用劳动合同约定的请求,保护劳动合同的优先效力。这里的优先适用是人民法院依申请进行适用,而不是主动依职权进行适用。如果劳动者不主动请求优先适用合同约定,当规章制度和劳动合同约定内容不一致时,人民法院不能机械教条式优先适用合同约定的内容,而应该将劳动合同与规章制度放在同一位阶层次上,从劳动法律立法的宗旨及其社会法的特征出发,以倾斜保护劳动者权益的角度进行综合评价,从几种规范劳动关系的载体中按更有利于劳动者的原则遴选。毕竟用人单位在劳动关系中是管理者和组织者的身份,无论规章制度是不是全体劳动者的真实意思表示或者是不是个体劳动者的真实意思表示,它都是用人单位的真实意思表示。如果规章制度的规定更优于保护劳动者,也应该以合法、合理的规章制度作为裁判的依据,以彰显劳动法律立法的宗旨。

本案中,L 公司 2007 年召开职工代表大会投票表决通过的《L 公司员工奖惩办法》规定,员工被刑事拘留可以解除劳动合同。L 公司于 2008 年与邵某签订的劳动合同约定:乙方(邵某)被依法追究刑事责任的,甲方(L 公司)可以解除本合同。刑事拘留只是一种强制措施,不意味着必须追究刑事责任,本案中的规章制度与劳动合同约定的内容不一致。邵某主张按照劳动合同约定执行。二审法院根据邵某的请求,采用与一审法院不同的法律依据,认定 L 公司构成违法解除劳动合同行为。

三、经过企业职工代表大会通过的规章制度的效力问题

《全民所有制工业企业职工代表大会条例》第 20 条规定:"职工代表大会在其职权范围内决定的事项,非经职工代表大会同意不得修改。"《上海市职工代表大会条例》(2017 年修正)第 34 条规定:"职工代表大会在其职权范围内审议通过的事项对本单位以及全体职工具有约束力,未经职工代表大会重新审议通过不得变更。"假使《L 公司员工奖惩办法》是在该地方性法规之后通过的,此种类型的规章制度与劳动合同约定不一致时如何处理,司法实务界认识不尽一致。例如,上海市闵行区人民法院审理的晏某某劳动争议案件,法院认为,"职工代表大会是由全体职工选举的职工代表组成,表达全体职工的意志,体现大多数职工的利益,拥有对企业的重大决策进行审议、监督行政领导、维护职工合法权益的权利,职工代表大会通过的决议或作出的决定,由企业行政部门组织实施,职工代表大会负责进行监督和检查。因此,职代会决议亦是劳动合同变

更的一种合法形式"。而上海市第一中级人民法院却认为,用人单位与劳动者协商一致,可以变更劳动合同约定的内容。该案中,劳动合同约定晏某某在财务岗位工作,双方均应依该约定履行。虽然《公司员工岗位竞聘和安置实施办法》经过 H 公司七届一次职工代表大会表决,但晏某某未予接受。一审法院认为职工代表大会决议已直接变更了晏某某的劳动合同,缺乏依据。晏某某未参加竞聘,双方应继续履行劳动合同的约定。后 H 公司申请再审,上海市高级人民法院认为:职工代表大会通过的改革办法对包括晏某某在内的全体员工均有约束力。晏某某理应对其是否按照改革办法参加竞聘的后果承担相应的责任。裁定上海市第一中级人民法院再审。上海市高级人民法院回避了职工代表大会通过的改革方案可以直接变更劳动合同变更的观点,而是直接运用地方性法规裁定对晏某某有约束力。笔者认为,针对全民所有制企业以及上海区域内的企业,即便由职工代表大会审议通过的规章制度效力高于劳动合同,这类规章制度的"效力优先"源于法律的规定,仍不能理解为这类规章制度可以直接变更劳动合同的内容,否则可能导致《劳动合同法》强调必须以书面劳动合同来明确劳动关系权利和义务这一规定流于形式,造成以集体合同取代劳动合同的后果,与法律规定的精神背道而驰。这类规章制度的效力优先于劳动合同能否在全国范围内适用,还希望在法律层面加以明确。

【案例索引】

上海市徐汇区人民法院民事判决书,(2013)徐民五(民)初字第 648 号。

上海市第一中级人民法院民事判决书,(2014)沪一中民三(民)终字第 243 号。

【执笔人】

北京市浩天信和(上海)律师事务所　郑小龙

集体合同对劳动合同起到
基准和矫正的作用

【案例要旨】

　　劳动合同未约定或约定不明确的,不受集体合同订立的时间先后所影响,应该以集体合同约定的标准为准。劳动合同约定的内容与集体合同约定的不一致,分三种情形:第一种情形是劳动合同约定的劳动报酬等标准高于集体合同约定的标准,应按"就高不就低"的原则来处理;第二种情形是劳动合同约定的劳动报酬等标准低于集体合同的标准,按法律规定直接适用集体合同约定的标准;第三种情形是特殊情况下通过集体合同调低和排除劳动合同约定的劳动者部分权利,仅适用特殊期间,特殊情况消失后仍应恢复劳动合同有关劳动者权利的高标准约定。无论哪种情形,均不能理解为集体合同对劳动合同的内容变更,而应理解为集体合同规范效力的直接适用。

【案情简介】

　　上诉人(原审原告):邱某
　　被上诉人(原审被告):A公司

　　邱某于2004年3月15日至A公司(上海)工作。双方曾签订两份劳动合同,最后一份合同约定期限为自2007年3月18日起至2010年3月17日止。2009年1月,邱某请丧假1天。同年2月,A公司扣除邱某1月全勤奖600元、献血基金扣款20元等,实发邱某1445.41元。同年2月13日,邱某书面通知A公司:因被扣除"全勤奖"600元、"它扣"20元,于2月16日起与A公司解除劳动合同关系。随后邱某申请劳动仲裁。4月13日,因仲裁委员会逾期未作出裁决,邱某诉至法院,要求A公司:(1)返还2009年1月因丧假多扣的600元、献血基金扣款 20 元,并加付 25% 补偿金;(2)支付解除劳动合同的经济补偿金 15,273.50 元(每月 2777 元×5.5 个月);(3)支付 2009 年 2 月的工资 1638 元(按实际出勤至 2 月 19 日计算)。

A 公司在《员工守则》"职工工资管理"章节中规定:婚丧假工资＝该职工工资－[(岗位奖＋质量奖＋车贴＋饭贴)÷20.92÷8×当月婚丧假累计小时数＋全勤奖]。2006 年 3 月 13 日,邱某在 A 公司《员工守则》发放签收表上签字。

A 公司和其工会于 2006 年 10 月 12 日签订的《集体合同》中约定:合同有效期自 2006 年 10 月 12 日起至 2009 年 10 月 11 日止,全勤奖按员工本人上月全勤情况而定,未全勤者不得奖。

【裁判结论】

一审法院经审理后认为,用人单位有权根据本单位的生产经营特点和经济效益,依法自主确定本单位的奖金分配方式。邱某于 2009 年 1 月请丧假 1 天,A 公司并未扣除该月基本工资。2003 年发布的《上海市企业工资支付办法》(已失效)仅对职工在丧假期间的工资进行规定,并未涉及奖金制度,而 A 公司在《员工守则》和《集体合同》中对全勤奖均有明确规定,A 公司据此扣除邱某全勤奖 600 元并无不当。同样,A 公司建立献血基金是为更多地给予献血人员物质补偿,更好地健全献血制度,故对邱某主张的要求 A 公司返还 2009 年 1 月因丧假多扣的工资 600 元、献血基金扣款 20 元并加付 25% 补偿金的诉讼请求不予支持。邱某系自行与 A 公司解除劳动关系,不符合取得解除劳动合同经济补偿金的条件。

一审法院据此依照《劳动法》(2009 年修正)第 35 条、第 47 条之规定作出判决:驳回邱某的所有诉讼请求。判决后,邱某不服,向二审法院提起上诉。

二审法院认为,根据 2007 年公布的《劳动合同法》的规定,企业职工一方与用人单位通过平等协商,可以就劳动报酬、工作时间、休息休假、劳动安全卫生、保险福利等事项订立集体合同。根据《上海市企业工资支付办法》的有关规定,劳动者婚假、丧假、探亲假的假期工资的计算基数,集体合同确定的标准高于劳动合同约定标准的,按集体合同标准确定。被上诉人提供的集体合同约定了员工的劳动报酬由工资类、奖金类、补贴类三部分组成,工资类中的基本工资为公司计算加班费及各类假期工资的计算基础。故被上诉人按集体合同约定支付上诉人丧假工资与法不悖。同时,上诉人与被上诉人的劳动合同中亦约定《员工守则》系双方劳动合同的附件。该《员工守则》亦明确了职工工资由基本工资、岗位奖、质量奖、全勤奖、车贴、饭贴构成。关于全勤奖，《集体合同》《员工守则》中明确了发放条件，即全勤奖按员工本人上月全勤情况而定，未全勤者不得奖和职工婚丧假期间不发放全勤奖。故被上诉人未发放上诉人全勤奖是基于《集体合同》约定及《员工守则》规定。原审法院对全勤奖性质认定无不当，被上诉人按规定未发放上诉人全勤奖无不可。献血基金扣款20元实系工会倡议由员工进行捐款组成献血基金，对无偿献血员工予以一定经济上的帮助。该献血方案自2004年起即已实行，上诉人历年均参加，从未提出异议。被上诉人按献血方案在发放上诉人工资时，代扣该20元捐款并非恶意克扣工资。综上，被上诉人未发放上诉人全勤奖、代扣献血捐款的行为并非有悖诚信，亦不存在主观恶意，上诉人系自己提出解除劳动合同，亦不存在被上诉人应支付其经济补偿金的情形。原审法院对上诉人该诉讼请求未予支持无不当。另根据上诉人的工资清单和《集体合同》约定，上诉人从2004年3月至2009年2月在被上诉人单位工作期间，被上诉人每月均支付上诉人工资，不存在未付工资情况。综上所述，原审认定事实清楚，判决并无不当。据此，依照2007年《民事诉讼法》第153条第1款第1项之规定，判决如下：驳回上诉，维持原判。

【评析意见】

本案涉及劳动合同与集体合同以及用人单位内部制定的规章制度这三类裁判依据如何适用的问题。

一、三类裁判依据的互补性

劳动合同、集体合同以及用人单位制定的内部规章制度作为劳动关系权利和义务的主要规范，是人民法院审理劳动争议案件极为重要的裁判依据，尽管三者各有特点，但在人民法院审理劳动争议时却起到互为补充的作用。

首先，劳动合同是劳动者与用人单位确立劳动关系、明确双方权利和义务的协议。[①] 集体合同由工会代表职工与企业签订；没有建立工会的企业，由职工推举的代表与企业签订。[②]这两种不同类型的合同都强调平等自愿、协商一致，能够客观真实地反映签约主体的意思表示，都具有民事合同的特点。[③] 而规章制度是指用人单位制定的组织劳动过程和进行劳动管理的规则和制度的总

[①]《劳动法》第16条第1款。

[②]《劳动法》第33条第2款。

[③] 最高人民法院民事审判第一庭编著：《最高人民法院劳动争议司法解释的理解与适用》，人民法院出版社2006年版，第312页。

和,①规章制度尽管强调民主程序,但制定权、修改权和最终的确定权由用人单位掌握,所以,规章制度在程序上具有"共议单决"的特点,较多地体现了用人单位一方的意思,其本身不可避免地较强地反映出管理和人身的隶属性,也天然地可能存在侵害劳动者合法权益的倾向。这三类规范或者裁判依据共同构造了劳动关系权利和义务的丰富内容。例如,本案中A公司与邱某2007年签订了最后一份3年期限的劳动合同,2006年3月A公司交给邱某签收的《员工守则》以及2006年10月12日A公司与工会组织签订的《集体合同》。

其次,三类裁判在合法性保证的前提下具有互补性。一般而言,对于劳动合同和集体合同,有关事项未约定或约定不明的,有约定的合同应当作为裁判依据。例如,《劳动合同法》第11条规定:"用人单位未在用工的同时订立书面劳动合同,与劳动者约定的劳动报酬不明确的,新招用的劳动者的劳动报酬按照集体合同规定的标准执行;没有集体合同或者集体合同未规定的,实行同工同酬。"而规章制度的内容在法律上并没有规定应当作为前两种合同的内容补充。例如,《劳动合同法》第18条规定:"劳动合同对劳动报酬和劳动条件等标准约定不明确,引发争议的,用人单位与劳动者可以重新协商;协商不成的,适用集体合同规定;没有集体合同或者集体合同未规定劳动报酬的,实行同工同酬;没有集体合同或者集体合同未规定劳动条件等标准的,适用国家有关规定。"换言之,集体合同中有约定,劳动合同中未约定的事项,集体合同对于劳动合同具有补充基础性的作用。劳动合同中有约定的,但集体合同中未约定的内容,在审理劳动案件时,劳动合同已有约定的可以作为裁判依据;劳动合同或集体合同中都没有相关约定,规章制度才可以作为裁判的依据。正是因为三者能够起到互相补充的作用,最高人民法院在《关于审理劳动争议案件适用法律问题的解释(一)》第50条中才将三者并列放在一起作为裁判的依据。

本案未提及双方劳动合同是否约定了劳动报酬的具体分配方法,如全勤奖的计算方式、工资的具体构成等。如果A公司的《劳动合同》没有约定具体的劳动报酬方法,而《集体合同》约定了劳动报酬分配方法包括全勤奖的计发标准,因《集体合同》对全体劳动者和用人单位具有的基准规范作用,应依据《集体合同》这方面的条款进行裁判;如果A公司的《集体合同》中也没有类似约定,而《员工守则》中有这方面的具体规定(这一规定是对两类合同未约定内容的补充),只要合法,这些规定也可以作为裁判的依据。本案二审法院认为双方之间的《劳动合同》没有关于诉争事实的约定,依据A公司的《集体合同》和《员工守

---

① 信春鹰主编:《中华人民共和国劳动合同法释义》,法律出版社2007年版,第17页。

则》关于这方面的规定,驳回了邱某的诉求。

二、三类裁判依据之间冲突条款的适用

首先,笔者对劳动合同与集体合同以及规章制度内容不一致的原因作一探究。三者所涉及的很多内容是重叠的,如劳动合同和集体合同都涉及关于劳动报酬、工作时间、劳动安全卫生、社会保险和福利等,但由于签约的主体不同,关注的对象也就不尽相同。劳动合同主要关注的是个人的权利和义务,集体合同关注的是全体职工的权利和义务。劳动合同中多数条款是格式化、定型化的,甚至有的劳动合同将规章制度或集体合同的内容纳入其中,但仍侧重于劳动者的工资、工作时间、合同期限等个体利益;集体合同侧重于全体职工的利益,重在劳动报酬、劳动安全、奖惩等标准的制定。两者是个性和共性的关系、个体利益和整体利益的关系,势必出现同一事项约定的内容不一致的情况。规章制度用人单位共议单决的特点,也会出现对同一事项规定与两类合同约定不一致的情况。除此之外,三类行为规范形成的时间不一,劳动关系的动态变化以及三类规范制定主体的自身利益和认识差异等都会造成针对同一事项而规定不一致的现象。

其次,劳动合同、集体合同与人民法院审理分析认为可以作为裁判依据的规章制度这三者作为裁判依据时,在适用时都处于同一效力位阶层次。只有对同一事项约定或规定的内容不一致时,才发生优先适用权,而且只有针对合同的约定,劳动者才有优先请求权。例如,最高人民法院《关于审理劳动争议案件适用法律问题的解释(一)》第50条第2款规定:"用人单位制定的内部规章制度与集体合同或者劳动合同约定的内容不一致,劳动者请求优先适用合同约定的,人民法院应予支持。"该司法解释将优先适用合同约定的请求权交给了劳动者,排除了用人单位的优先适用请求权,也排除了对规章制度的优先适用权。如果劳动者没有请求优先适用合同约定,人民法院不能主动适用合同约定,而应该综合全案,结合法律规定以及劳动法律立法的宗旨,按更有利于劳动者利益的原则适用相应的事实依据。同时,笔者理解这一司法解释的背后逻辑是,这三类裁判依据之间如果不存在不一致的现象,也就不存在优先适用的问题,此时彼此应该相互适用。上述司法解释也没有涉及如果两类合同之间的约定不一致该如何适用的问题,即集体合同和劳动合同就同一事项约定不一致时,应该如何适用。现有法律只是明确规定劳动合同约定的标准低于集体合同约定的标准,以集体合同约定为准,在此情况下集体合同的效力高于劳动合同。但在特殊期间如企业亏损的情况下或者疫情暴发流行的情况下劳动合同的标准高于之后订立的集体合同约定的标准,甚至通过集体合同约定直接降低劳动

者或排除劳动合同中劳动者的部分权利,能否直接适用集体合同的约定？适用的期限又有多长？实务界和理论界分歧也比较大,如果适用劳动合同的标准,企业可能雪上加霜；如果适用集体合同标准,又涉及侵害个体劳动者的权利。因此,需要国家通过法律层面的规定明确何种情况下可以排除劳动合同约定的部分个体劳动者权利,排除个体劳动者部分权利的期间有多长。

最后,法定优先权、请求优先权以及有利于劳动者权益保护原则之间的关系。法定优先权是法律规定的优先适用权,如《劳动法》《劳动合同法》分别规定了针对劳动报酬和劳动条件等标准的内容,劳动合同有关这些方面的约定不得低于集体合同的约定,应按集体合同的约定作为裁判的依据。原劳动部办公厅《关于〈劳动法〉若干条文的说明》第35条第2款规定"即集体合同的法律效力高于劳动合同,劳动法律、法规的法律效力高于集体合同"。集体合同是针对全体职工切身利益的权益保护,对全体职工起到托底基准保护的作用,所以从最低保护的角度出发,如果劳动合同的标准低于集体合同约定的标准,应按照"就高不就低"的原则来处理。这一法律规定直接可以推导出,如果劳动合同的约定标准高于集体合同的约定标准,应该以劳动合同的约定内容作为裁判依据。实践中会出现劳动合同先订立而集体合同后订立的现象,后订立的集体合同对劳动合同约定的个体劳动者权利进行了调低处理,有学者认为这种情况应视为对在先的劳动合同内容的直接变更。笔者认为这个观点有待商榷。理由一：现有的劳动法律只明确规定劳动合同有关劳动报酬和劳动条件等标准不得低于集体合同规定的标准,对全体职工进行基准保护,但法律没有规定劳动合同的标准高于集体合同约定的标准时,以集体合同的约定为准。"也就是劳动合同关于劳动者权益的约定可以高于但不得低于集体合同的标准,高于集体合同的部分有效,低于集体合同的部分无效,要适用合同的规定。"①理由二：目前部分用人单位的工会组织流于形式,部分工会成员作为劳动者在企业的岗位地位不高,很可能成为资方加强内部管理的工具,很难真正体现全体或大多数劳动者的真实意思表示。理由三：现有法律更强调书面的劳动合同,未签订书面劳动合同需要向劳动者每月支付2倍的工资。从这一点出发,劳动法律立法的宗旨还是更倾向于对个体劳动者的保护,集体合同只是作为《劳动合同法》特别规定的一章里面的内容,从这个角度来说,劳动合同和集体合同是普通和特别的关系。理由四：如果认为集体合同可以直接变更劳动合同约定的高标准,则

---

① 谈育明：《集体协商机制：集体协商与集体合同》（修订版），华东师范大学出版社2011年版,第146页。

打破了民事合同法律的相对性原则。案外人变更劳动合同的内容在以平等自愿为原则的民法理论上很难成立。理由五：如果可以通过集体合同降低劳动合同的标准约定，在企业内部工会组织不够强大、护法维权水平有待提高的情况下，可能会出现用人单位滥用集体合同的形式而牺牲个别劳动者的合法权益的现象。理由六：从集体合同产生的来源来说，劳动者个人相对于用人单位而言基本处于弱势地位，劳动合同中容易出现一些对劳动者不利的条款，这就需要通过集体合同来纠正，所以，集体合同的产生目的和初衷在整体上更有利于保护劳动者利益。理由七：即使通过集体合同调低个体劳动者的权利，也仅为特殊时期的权宜之计。例如，上海市高级人民法院、上海市人力资源和社会保障局《关于疫情影响下劳动争议案件处理相关指导的意见》（沪高法〔2020〕203号）"六、关于受疫情影响用人单位调岗降薪、延迟支付工资是否属于劳动合同变更的问题"指出："在疫情防控的特殊时期，保障用人单位有序复工复产复市，尽可能减轻用人单位生产经营压力、稳定劳动者工作岗位和保障就业，是当前的首要任务。对于用人单位按照法定程序通过与职代会、工会、职工代表进行民主协商的方式对调岗降薪、延迟支付工资、轮岗轮休、停工停产等事项达成一致意见，且该意见公平合理、仅适用于疫情期间的，可以作为裁审依据。"按照国家规定以及上海市高级人民法院司法文件的规定，即使这种情况下可以对劳动合同所涉及的权利进行降低或者部分排除，也不应理解为对劳动合同的直接变更，而是从集体合同具有准法规效力的特点这个角度直接加以适用。

综上所述，笔者认为，作为裁判事实依据，适用的顺序为：首先适用法律明确规定的优先权，其次是劳动者请求的优先权，最后才是运用劳动法律的立法宗旨确定的原则。

本案中，邱某上诉称：全勤奖属于工资的组成部分，不属于奖金。2007年1月他只请1天丧假，根据2003年发布的《上海市企业工资支付办法》（已失效）的规定，婚丧假期间的工资有约定的，从约定；没有约定的，按所在岗位正常出勤的月工资70%计发，但A公司却扣除了全勤奖600元。A公司提供了集体合同中约定的全勤奖的发放标准，即未全勤者不发，应该以《集体合同》约定的内容为准；假使本案《劳动合同》中约定了工资包含全勤奖，和集体合同的约定相冲突，应按照有利于劳动者的原则来处理。

【案例索引】

上海市虹口区人民法院民事判决书，(2009)虹民一(民)初字第2074号。

上海市第二中级人民法院民事判决书,(2009)沪二中民一(民)终字第3543号。

【执笔人】

北京市浩天信和(上海)律师事务所　郑小龙

劳动合同、劳动规章制度
与集体自治规范的效力关系

【案例要旨】

劳动合同、劳动规章制度与集体自治规范的效力关系在司法实践中属于疑难问题。在劳动法体系中,职工民主管理制度与劳动合同制度、集体合同制度和劳动争议处理制度并存,共同执行协调劳动关系的职能。① 在某个具体事项的约定或规定上,如果劳动关系的各种协调规则存在冲突,则需要根据其性质及效力位阶来处理。所以,在个案处理中,既要区分个体自治、集体自治与国家强制,又要区分劳动合同、集体合同、劳动规章制度、劳动基准,还要在效力位阶上同时进行区分,不能混淆。

【案情简介】

再审申请人(一审被告、二审被上诉人):H公司(国有企业)

被申请人(一审原告、二审上诉人):晏某

晏某与H公司于2002年10月1日签订无固定期限劳动合同,约定晏某在财务岗位工作。2016年5月17日,H公司出具《关于×××等同志职务任免的通知》,内载:"……晏某任工程经济室副经理,不再担任资产财务部经理职务。"2016年11月4日,H公司内网发布《公司转型发展改革办法》及附件,内有"岗位竞聘和未上岗员工安置办法",规定所有员工需参加岗位竞聘,不参加竞聘的按照待岗处理,第一个月按照本人原工资发放,第二个月起按照上海市最低工资标准的80%发放。晏某未参加岗位竞聘。一审中,晏某称从未同意过调岗而

---

① 王全兴:《劳动法》(第4版),法律出版社2017年版,第300页。

是继续履行原岗位职责,但H公司在2017年1月以原岗位被撤销为由,单方变更劳动合同并克扣工资。H公司的调岗、调薪、待岗行为是完全错误的,请求法院判决H公司支付克扣2017年1月的工资差额。H公司一审辩称,公司改革办法通过职工代表大会制定,程序合法,其内容应对全体员工具有约束力。晏某明知办法内容依然不参加岗位竞聘,公司按照上述规定处理并无不妥。

一审法院判决驳回晏某要求支付2017年1月工资差额的诉请。晏某不服,提出上诉,二审法院改判H公司支付晏某2017年1月工资差额12,462.10元。H公司不服二审判决,向上海市高级人民法院申请再审。

H公司申请再审称:(1)二审法院忽视了职工代表大会是用人单位与劳动者集体协商、调整双方权利义务的重要方式,机械认定《公司转型发展改革办法》以及附件内容违反了与劳动者协商一致的原则,系适用法律错误。2011年施行的《上海市职工代表大会条例》第33条规定:"职工代表大会在其职权范围内审议通过的事项对本单位以及全体职工具有约束力,未经职工代表大会重新审议通过不得变更。"H公司发布的上述改革办法合法有效。(2)二审法院改判将造成职工代表大会无法发挥集体协商作用、职工代表大会通过的制度无法实施、已经实施的方案将推倒重来的后果,社会效果极差。

晏某提供书面意见称:二审法院认定事实清楚,适用法律正确。

【裁判结论】

一审法院认为,H公司制定的改革办法属于规章制度,且制定过程和内容系与员工代表协商一致,职工代表大会决议可以视作劳动合同变更的一种合法形式。晏某明知改革办法内容仍未参加竞聘,由此产生的不利后果应由其自己承担,遂驳回晏某诉请。

二审法院认为,劳动合同约定晏某在财务岗位工作,双方均应依该约定履行。虽然《公司转型发展改革办法》及其附件经过H公司七届一次职工代表大会表决,但晏某未予接受。一审法院认为职工代表大会决议已直接变更了晏某的劳动合同,缺乏依据。晏某未参加竞聘,双方应继续履行劳动合同的约定。所以,二审法院改判支付上诉人晏某2017年1月工资差额12,462.10元。

再审法院认为,涉案《公司转型发展改革办法》及其附件,经职工代表大会通过,内容不违反法律强制性规定,该改革办法系合法有效。《上海市职工代表大会条例》规定,职工代表大会在其职权范围内审议通过的事项对本单位以及全体职工具有约束力。故改革办法对包括晏某在内的全体员工均有约束力。晏某理应对其未按照改革办法参加竞聘的后果承担相应的责任。二审法院认定虽然改革办法经过职工代表大会表决,但晏某未予接受,继而认定H公司与晏某应继续履行原劳动合同,显然与上述上海市的规定不符,二审法院适用法律有误。据此,本案依法应当提起再审。同时裁定如下:(1)指令二审法院再审本案;(2)再审期间,中止原判决的执行。

【评析意见】

本案从表面上看涉及劳动合同、劳动规章制度和职工民主管理事项三者之间的关系,从实质上看属于如何正确区分个体自治、集体自治与劳动基准这三者的关系。只有从实质关系上对上述概念进行辨析,才能得出再审法院认定二审法院适用错误的原因。

一、几个相关的概念

要区别个体自治、集体自治与劳动基准这三者,必须首先辨析劳动合同、集体合同、劳动规章制度、职工民主管理事项、个体自治、集体自治、劳动基准、国家强制这几个概念相互之间的关系。

(一)合意型概念

1. 劳动合同

所谓劳动合同,亦称劳动契约或劳动协议,是指劳动者与用人单位确立劳动关系、明确双方权利和义务的协议。建立劳动关系应当订立劳动合同。

2. 集体合同

所谓集体合同,又称团体协议、集体协议或劳资协议,是指用人单位与本单位职工根据法律、法规、规章的规定,就劳动报酬、工作时间、休息休假、劳动安全卫生、职业培训、保险福利等事项,通过集体协商签订的书面协议;所称专项集体合同,是指用人单位与本单位职工根据法律、法规、规章的规定,就集体协商的某项内容签订的专项书面协议。集体合同是一种自治机制,建立在集体自治或私人自治的基础上,它本身也是一种市场机制,这种自治基础上的市场机制本身就是传统私法的合同现象。[①]

(二)自治型概念

所谓自治,是指劳动法主体在劳动关系协调过程中的自行管理或处理。

1. 劳动规章制度

所谓劳动规章制度,又称用人单位内部劳动规则,有的国家和地区称雇佣规则、工作规则或从业规则等,是指用人单位依法制定并在本单位实施的组织

---

① 沈建峰:《论集体合同的私法结构》,载《中国劳动关系学院学报》2019年第4期。

劳动和进行劳动管理的规则。① 依法制定,是指依据《劳动合同法》第 4 条第 2 款规定的程序来制定,即"用人单位在制定、修改或者决定有关劳动报酬、工作时间、休息休假、劳动安全卫生、保险福利、职工培训、劳动纪律以及劳动定额管理等直接涉及劳动者切身利益的规章制度或者重大事项时,应当经职工代表大会或者全体职工讨论,提出方案和意见,与工会或职工代表平等协商确定"。

2. 职工民主管理事项

职工参与民主管理是我国劳动法的一项基本原则,《劳动法》第 8 条规定:"劳动者依照法律规定,通过职工大会、职工代表大会或者其他形式,参与民主管理或者就保护劳动者合法权益与用人单位进行平等协商。"在我国,职工代表大会是职工行使民主管理权的机构,是企业民主管理的基本形式。② 所谓职工民主管理,又称企业民主管理,西方国家通常称职工参与或产业民主,是指职工直接或间接参与管理所在企业内部事务。对此含义,宜按下述要点来理解和界定:(1)从其主体来看,是以职工身份参与管理;(2)从其对象来看,是参与企业内部事务管理,此属微观范畴,不同于职工参与国家或社会事务管理;(3)从其行为来看,是对企业管理的参与,而不是企业管理本身,也不是职工方与企业方的双方行为。③

鉴于以上分析,我们认为,所谓职工民主管理事项,是指应当向职工代表大会报告,并由职工代表大会在其职权范围内审议通过的事项。在上海市,应当审查通过的职工民主管理事项主要有:集体合同草案;专项集体合同草案;国有、集体及其控股企业涉及职工切身利益的重要事项;等等。④

3. 个体自治

所谓个体自治,又称个人自治、私人自治,是指用人单位或劳动者一方根据自愿的原则,依法享有的自主决定建立、解除或终止劳动关系,以及依法建构个

---

① 王全兴:《劳动法》,法律出版社 2017 年版,第 272 页。
② 《企业民主管理规定》(总工发〔2012〕12 号)第 3 条。
③ 王全兴:《劳动法》,法律出版社 2017 年版,第 300 页。
④ 《上海市职工代表大会条例》第 11 条规定:"下列事项应当向职工代表大会报告,并由职工代表大会审议通过:(一)涉及劳动报酬、工作时间、休息休假、保险福利等事项的集体合同草案;(二)工资调整机制、女职工权益保护、劳动安全卫生等专项集体合同草案;(三)企事业单位因劳动关系变更方案引发群体性劳动纠纷,依照规定开展集体协商形成的专项集体合同草案;(四)国有、集体及其控股企业的薪酬制度,福利制度,劳动用工管理制度,职工教育培训制度,改革改制中涉及的职工安置方案,以及其他涉及职工切身利益的重要事项;(五)事业单位的职工聘任、考核奖惩办法,收益分配的原则和办法,职工生活福利制度,改革改制中涉及的职工安置方案,以及其他涉及职工切身利益的重要事项;(六)法律法规规定或者企事业单位与工会协商确定应当提交职工代表大会审议通过的其他事项。"

体劳动关系内容和协调、处理个体劳动关系的行为。所以，个体自治是单方行为，是个体依法行使权利实现意志自由安排的体现。例如，企业依照《劳动合同法》制定劳动规章制度的行为就属于个体自治行为即企业自治，因为用人单位享有用工管理权。一般情况下，劳动合同或集体合同是个体自治之结果，而非个体自治本身。

4. 集体自治

所谓集体自治，是指根据自愿的原则，由用人单位协会或劳动者协会通过自由选举或建立组织的方式，依法享有自主建构集体劳动关系内容，以及协调、管理和处理集体劳动关系的行为。所以，集体自治是用人单位协会或劳动者协会一方的单方行为，而并非多方行为。同时需要注意的是，集体自治性规范中的"集体"，是指建构集体劳动关系内容和协调劳动关系规范的制定者，而不是指规范适用的对象为多个；而集体合同中的"集体"与劳动合同中的签约"个体"相对应，是指协议适用的对象为多个。例如，职工代表大会就是劳动者协会之"集体"，通过职工代表大会参与企业民主管理的行为就是集体自治行为，如审议通过职工民主管理事项（也可以包括审议通过用人规章制度）等。所以，凡双边行为如签订集体合同等，均不是集体自治行为（但通过法定程序可以上升为集体自治行为），因为合同需要另一方同意方能成立和生效，而集体自治行为行使的是自由决定权，不需要征得另一方的同意，由"集体"作出决议即可。例如，工商业联合会制定的行业规范就是集体自治行为，这些行业规范自依法单方制定之后，就具有法律效力，行业内的劳动者和用人单位均应当遵照执行。

5. 劳动基准

所谓劳动基准，是指法定最低劳动标准。劳动基准有广义和狭义之分。广义的劳动基准，是指劳动法中关于劳动权利的强行性规范。一般可分为两类，即劳动关系运行基准和劳动条件基准。前者即强行性劳动关系运行规则，与劳动关系的运行过程相对应，包括单个劳动关系运行基准和集体劳动关系运行基准，主要指劳动合同、集体合同、劳动规章制度和职工民主管理的运行基准；后者即强行性最低劳动标准，与劳动关系的内容相对应，如工时、工资、劳动安全卫生等基准。狭义的劳动基准，仅指劳动条件基准。[①] 所以，劳动基准属于劳动法上的国家强制，并与劳动法上的个体自治和集体自治相对应，形成并列关系。

[①] 王全兴：《劳动法》，法律出版社2017年版，第65~66页。

二、几个概念之间的关系分析

(一) 相互关系整体分析

个体自治、集体自治与国家强制是3个并列关系的自治类型,分别对应3个不同的自治对象(个体、集体和国家)且不存在交叉。在劳动合同、集体合同、劳动规章制度、职工民主管理事项、劳动基准这几个概念中,劳动规章制度在性质上属于个体自治性,职工民主管理事项在性质上属于集体自治,劳动基准在性质上属于国家强制。而劳动合同、集体合同不属于"自治"范围,因为其是双边行为且需要协商一致。所以,劳动合同、集体合同在性质上不是单方自治行为,不能归入个体自治、集体自治与国家强制3个自治类型之中。但是,也应当注意,两个以上的单方自治行为,通过自愿协商一致的方式,可以成立劳动合同、集体合同。

(二) 劳动规章制度属于个体自治性质[①]

根据《劳动合同法》第4条第2款"资方单决"之规定,我们认为劳动规章制度属于个体自治性质。无论是地方有关劳动合同的立法,[②]还是关于职工民主参与的立法,[③]抑或各地的裁审意见,都秉持《劳动合同法》第4条最终的价值取向——"资方单决"的个体自治的劳动条件调整机制,都未擅自出台强制规定,以落实体现集体自治的民主程序。最明显的莫过于地方裁审部门几乎对民主程序要求作出让步。广东省高级人民法院、广东省劳动争议仲裁委员会《关于适用〈劳动争议调解仲裁法〉、〈劳动合同法〉若干问题的指导意见》(以下简称广东意见)第20条率先发声,通过严格要求规章制度"合法、合理并公示或告知且劳动者无异议",使其成为《劳动合同法》实施后未经民主程序的规章制度仍可作为裁判依据的例外前提,使民主程序实际成为非强制必经程序,其背后严格遵从的就是资方单决之"个体自治"的价值逻辑。[④] "广东意见"被其他六省(市)高级人民法院效仿和采纳。[⑤] 最高人民法院曾在2012年《关于审理劳动

[①] 朱军:《论我国劳动规章制度的法律性质——"性质二分说"的提出与证成》,载《清华法学》2017年第3期。

[②] 《劳动合同法》颁布后,制定或修正地方劳动合同法的省份对规章制度的规定应与《劳动合同法》保持一致。

[③] 《劳动合同法》颁行前后,总计23个省、自治区和直辖市出台或修订了《企业民主管理条例》和《职工代表大会条例》,除国有、集体及其控股企业,其他企业均单独制定规章制度。

[④] 例如,深圳市中级人民法院《关于审理劳动争议案件的裁判指引》(2015年9月2日)第73条中的"如果平等协商无法达成一致,最后决定权在用人单位",则明确无疑地道出了这重价值判断。

[⑤] 继广东之后,浙江、北京、江苏、湖南、河北、安徽六省(市)高级人民法院依次作出类似指导意见。

争议案件适用法律若干问题的解释(四)(征求意见稿)》第7条第1款中试图落实民主程序,将"经民主程序"视为规章制度作为审理依据的前提,且对此未设任何例外,但该条最终被彻底删除。这一插曲也侧面印证了最高人民法院对《劳动合同法》第4条的尊重。综上,《劳动合同法》虽包含职工参与的要素,但仍由资方决定是否采纳职工意见;且《劳动合同法》无任何制度保障地听取职工意见并不影响"资方单决",所以,其最终将规章制度设计为个体自治价值取向下的劳动条件调整机制。因此,《劳动合同法》第4条的民主程序不应干扰规章制度性质的认定,"资方单决"的规章制度已经被打上了个体自治的烙印,而绝非前述征求意见稿中"劳资共决"下的集体自治产物。

(三)职工民主管理事项属于集体自治性质

根据《企业民主管理规定》(总工发〔2012〕12号)第3条的规定,职工代表大会是职工行使民主管理权力的机构,是企业民主管理的基本形式。企业应当按照合法、有序、公开、公正的原则,建立以职工代表大会为基本形式的民主管理制度,实行厂务公开,推行民主管理。而"职工代表大会依法行使审议建议、审议通过、审查监督、民主选举、民主评议等职权"。[①]《企业民主管理规定》第二章第一节"职工代表大会组织制度和职权"中,也对职工代表大会的职权作出了相同规定。所以,职工代表大会依法审议通过的事项就是职工民主管理事项,而职工民主管理事项是职工代表大会的单方行为,并不需要得到用人单位的同意,故其审议通过行为是自治行为,且职工代表大会是劳动者的集体自治组织,所以,职工民主管理事项属于集体自治性质。

实践中有一个误区,认为"职工代表大会"仅国企"独有",与民企无关,此观念不对。目前,职工代表大会的适用范围已经扩展到了各种企业。因为《公司法》第17条第2款规定:"公司依照宪法和有关法律的规定,建立健全以职工代表大会为基本形式的民主管理制度,通过职工代表大会或者其他形式,实行民主管理。"所以,只要企业成立了本单位的职工代表大会,均可以审议通过关于职工民主管理的事项。

三、个体自治、集体自治与国家强制三者之间的效力关系

《企业民主管理规定》第21条规定:"职工代表大会在其职权范围内依法审议通过的决议和事项具有约束力,非经职工代表大会同意不得变更或撤销。企业应当提请职工代表大会审议、通过、决定的事项,未按照法定程序审议、通过或者决定的无效。"由此可知,职工代表大会在其职权范围内审议通过的事项或

---

① 《上海市职工代表大会条例》(2017年修正)第9条。

决议,用人单位和劳动者均应当遵守执行,因为该事项或决议对用人单位和劳动者具有约束力。所以,当相互联系的个体自治行为与集体自治行为发生冲突时,集体自治行为的效力要高于个体自治行为。例如,《上海市职工代表大会条例》①第34条规定:"职工代表大会在其职权范围内审议通过的事项对本单位以及全体职工具有约束力,未经职工代表大会重新审议通过不得变更。"当然,职工代表大会超越其职权范围审核通过的事项或决议,并不具有普遍约束效力,这一点民营企业应当引起注意。

国家强制,是指通过劳动法律的形式制定和保障其实施的、在整个国家范围内必须遵守的行为规范。所以,包括用人单位和劳动者在内的主体都应当遵照执行。例如,劳动基准就是国家法律(劳动法)规定的最低劳动标准,具有强制执行效力。从规范位阶角度来看,国家强制规范的位阶自然要高于集体自治的位阶。所以,国家强制的效力要高于集体自治的效力,集体自治的效力要高于个体自治的效力。当这三者发生冲突时,国家强制的效力最高,应当优先适用,集体自治效力次之,而个体自治的效力最低。所以,裁审实践中,人民法院或劳动仲裁机构在适用法律时,应当根据以上效力层次的高低,来选择适用的规范依据。

四、劳动合同、集体合同和劳动规章制度之间的效力关系

(一)劳动规章制度效力一般最低

在劳动合同、集体合同和劳动规章制度之间,劳动规章制度的效力一般来讲是最低的。原因有四:(1)劳动规章制度在性质上属于个体自治规范,是用人单位单方行为决定的。雇主指挥权赋予了雇主单方决定劳动关系内容的权利。过大的指挥权将会给劳动者带来过重的法律负担。所以,在位阶上,雇主指挥权是效力最低的协调劳动关系的手段。②(2)劳动合同、集体合同是双方对权利义务协商一致的结果,是用人单位对特定劳动者作出的特别承诺,该特别承诺的效力一般要高于规章制度之一般规定。(3)用人单位签订劳动合同、集体合同的合意行为,也可理解为其对规章制度的部分放弃,或在特殊情形下对合同相对方特定劳动者的豁免。(4)劳动规章制度的个体自治性质,决定了其类似于格式条款,在上述三者发生冲突时,根据法理一般应当优先适用非格式条

---

① 《上海市职工代表大会条例》的性质属于地方性法规,其第34条并不违反《立法法》的规定。如果其性质属于部门规章或地方政府规章,则第34条之规定就违反了《立法法》中规章"不得设定减损公民、法人和其他组织权利或者增加其义务的规范"的规定。

② 沈建峰:《个人自治、国家强制与集体自治在劳动关系协调中的互动——基于对德国劳动关系协调机制的梳理》,载《中国人力资源开发》2015年第9期。

款,即劳动合同或集体合同。

但是,有两个例外需要注意:(1)如果集体合同或劳动规章制度更加"有利于劳动者",则应当适用集体合同或劳动规章制度来处理劳动争议,因为这是劳动法之倾斜保护劳动者原则的精神体现,也是企业在个体自治中对劳动者所作的承诺。(2)如果劳动规章制度按职工民主管理事项经过法定程序上升为集体自治规范,则该规章制度的性质就发生了质的变化,其具有高于劳动合同和集体合同的绝对效力。

(二)劳动合同效力一般高于集体合同、劳动规章制度

最高人民法院《关于审理劳动争议案件适用法律问题的解释(一)》第50条第2款规定:"用人单位制定的内部规章制度与集体合同或者劳动合同约定的内容不一致,劳动者请求优先适用合同约定的,人民法院应予支持。"据此,在劳动者选择优先适用劳动合同的情况下,劳动合同效力大于集体合同、规章制度的效力,即劳动合同在三者之中一般处于最高效力等级。所以,我们得出一个结论,一般情况下,劳动合同的效力大于集体合同、规章制度的效力,但集体合同、规章制度更加"有利于劳动者"时,可以适用集体合同约定或规章制度规定。关于上述结论,也有部分省市有类似规定可以印证其合理性和妥当性。例如,《江苏省劳动合同条例》(2013年修订)第22条第1款第1~2项规定,"用人单位和劳动者对劳动报酬、劳动条件等没有约定或者约定不明确的,双方可以协商;协商不成的,按照下列规定确定:(一)实际劳动报酬和劳动条件高于用人单位规章制度及集体合同规定标准的,按照实际履行的内容确定;(二)实际履行的内容低于用人单位规章制度或者集体合同规定标准的,按照其中有利于劳动者的最高标准确定"。

(三)三者的一般效力排序

严格来讲,不同主体之间的协议或合同,其相互之间是不存在效力高低之分的,即合同之间均为平等关系。但相同或不完全相同主体之间的合同除外,如新合同与旧合同、主合同与从合同。在劳动法领域中,依据最高人民法院关于劳动合同与集体合同效力之相关规定,结合以上最低效力和最高效力之分析,我们认为三者的一般效力排序(从高到低)为:劳动合同,集体合同,规章制度。但是有一个例外,即当集体合同或劳动规章制度更加"有利于劳动者"时,应当适用该集体合同或劳动规章制度。

五、劳动合同、集体合同与职工民主管理审议通过的事项的效力关系

《企业民主管理规定》第21条规定:"职工代表大会在其职权范围内依法审议通过的决议和事项具有约束力,非经职工代表大会同意不得变更或撤销。"

《上海市职工代表大会条例》第 34 条规定:"职工代表大会在其职权范围内审议通过的事项对本单位以及全体职工具有约束力,未经职工代表大会重新审议通过不得变更。"从以上两个规定可知,职工民主管理审议通过的事项在性质上属于集体自治规范,其对用人单位及全体职工具有法律上的约束力,用人单位或劳动者应当遵守并执行。

劳动合同和集体合同是劳资双方协商一致签订的协议,其本身不是集体自治规范,不具有普遍适用性和约束力,局限于签约主体双方。而职工民主管理审议通过的事项,对用人单位及全体员工均具有法律约束力,其效力自然就高于劳资双方协商一致签订的劳动合同和集体合同。

但是,需要我们注意的是,经职工代表大会审议通过的集体合同,其性质属于职工民主管理事项,即集体自治规范,对用人单位和全体职工具有约束力且应当被遵照执行,故其效力高于劳动合同和规章制度。在这种特殊情况下,就要注意区别对待了。一般来说,没有经过职工代表大会审议通过的集体合同,不具有集体自治规范性质,即不具有自治规范效力。

六、本案二审错误适用法律的原因是将职工民主管理事项定性为规章制度

因为规章制度的性质为个体自治,而职工代表大会决议的性质为集体自治,所以,这两者是有明显区别的,效力等级也不相同。本案中,《公司转型发展改革办法》是经过 H 公司职工代表大会审议通过的职工民主管理事项,依据《企业民主管理规定》第 21 条,《上海市职工代表大会条例》第 11 条、第 34 条的规定,该文件在 H 公司内部属于集体自治性规范,对本单位及全体职工具有法律约束力。当本单位内的劳动合同、集体合同与之相冲突时,应当优先适用《公司转型发展改革办法》。即使上述文件产生之初属于劳动规章制度,也会因通过民主管理程序决议而上升为集体自治规范,从而具有了约束劳动者和用人单位的效力。

本案中,造成适用法律错误的原因是二审法院将《公司转型发展改革办法》的性质错误定性为劳动规章制度。原裁决思路为在劳动合同与规章制度冲突时,按劳动合同效力高于规章制度及"有利于劳动者"的规则处理。事实上,H公司属于国有企业,《公司转型发展改革办法》属于《上海市职工代表大会条例》(2017 年修正)第 11 条第 4 项规定的职工民主管理事项,性质上属于集体自治性规范,其效力高于劳动合同,在本案中应当适用《公司转型发展改革办法》来处理双方的劳动权利义务,即该改革办法对包括晏某在内的全体员工均有约束力。晏某理应对其未按照改革办法参加竞聘的后果承担相应的责任。据此,再审法院认为二审法院适用法律有误,并指令二审法院重审。

【案例索引】

上海市闵行区人民法院民事判决书,(2018)沪0112民初3835号。

上海市第一中级人民法院民事判决书,(2018)沪01民终7129号。

上海市高级人民法院民事裁定书,(2019)沪民申1060号。

【执笔人】

北京观韬中茂(上海)律师事务所　胡燕来

第三章 规章制度内容的合法性和合理性

第三章 规章制度内容
合法性和合理性

用人单位规章制度合理性审查原则之拙见

【案例要旨】

　　规章制度在用人单位经营管理中的作用毋庸置疑,它既需体现用人单位的自主经营权,又需体现员工的切身利益,两者之间的冲突靠合法性与合理性来平衡,用人单位规章制度的合法性与合理性是缺一不可的。国家立法层面对用人单位规章制度制定程序的合法性有明文规定,但未涉及合理性审查的判断标准,部分地方性规定中虽对合理性审查原则有所涉及,但也并不完整,仅凭审判人员的经验对合理性作出判断和认定难免具有片面性,会产生"同案不同判"的情形。本文将结合对案例的分析和探讨,就劳动立法中用人单位规章制度的合理性审查原则提出建议。

【案情简介】

　　上诉人(一审原告):华某
　　上诉人(一审被告):J公司

　　2013年5月2日,华某进入J公司工作,双方签订了为期3年的固定期限劳动合同。2016年5月1日,双方续签3年劳动合同,合同期限延长至2019年5月1日。入职后,华某先后担任制造部生产技术课课长、制造部制造课课长、制造部副部长(代理部长)。

　　2014年8月26日,J公司员工万某向华某所在部门的部长发送电子邮件,反映以下情况:华某作为课长在选择废物处理公司时选择了比价高的Z公司,而H公司的价格低于Z公司。J公司收到邮件后就此向华某了解情况,华某解释,未选择H公司的原因是H公司没有处理危险废物的资质,J公司相信了华某的陈述。

　　2018年9月28日,J公司收到一封邮件举报信,主题为"举报KEW课长华某贪污腐败",举报内容包括在废弃物处理公司选择上不选价低的H公司而选价高的Z公司。J公司就该举报信涉及事项启动调查程序,2018年10月29日和12月12日,先后两次向华某调查核实情况。调查中,J公司意外得知H公司具有危险废物处置的资质,初次发证日期为2005年12月5日,故华某2014年陈述的因H公司没有危险废物处理资质而未选H公司的理由不成立。

2018年12月12日,J公司在广泛调查和向华某本人核实情况的基础上对华某出具《训诫书》,其中列举了8条违纪行为及对应的规章制度依据。华某予以签收,但注明"对上述的8点内容本人不认可,属于有意识诬蔑和曲解"。J公司赏罚委员会签署意见:"该员工的违规行为已达26点,达到惩戒解雇的标准5点,根据《劳动合同法》第39条、上述公司《就业规程》相关条款第85条第1款第5项,公司《赏罚规程》及附件《员工处分标准》相关条款,决定对其实施解雇处分。"J公司将对华某实施解除处分的决定通知工会,工会给予书面回复:"对制造课员工华某违反公司相关规章制度的处分决定已知悉。其行为确已符合公司惩戒解雇的标准,同意公司对其实施解雇处分。"

2018年12月12日,J公司出具《解除劳动合同通知书》,认为华某多次违反公司规章制度,根据《劳动合同法》第39条和J公司《就业规程》《赏罚规程》《员工处分标准》相关规定及华某的具体行为,决定对华某作出惩戒解雇处罚。在《解除劳动合同通知书》中,J公司共计列举多项违纪行为,涉及有背任(背信)行为、故意给公司带来经济损失超过30,000元、对员工实施恐吓威胁、未尽职尽责、故意泄露公司秘密、因重大过失给公司造成的经济损失超过30,000元等。华某签收了该通知书,但同时注明"本签收不代表本人对通知书内容的认可"。

因对J公司解除劳动合同决定不服,华某向虎丘区劳动争议仲裁委员会申请仲裁,要求J公司支付违法解除劳动合同的赔偿金249,408元。仲裁过程中,J公司提出反请求,要求华某赔偿J公司损失。2019年6月3日,该仲裁委员会作出裁决,认定J公司解除劳动合同行为合法,但对J公司的赔偿请求未予支持。华某和J公司对仲裁结果均不服,分别向无锡市虎丘区人民法院起诉。

经查,2015年12月9日,J公司召开第一届工会会员代表大会,会议议题包括讨论《就业规程》《赏罚规程》《加班管理规程》《员工处分标准》等公司相关规定,华某作为员工代表参加会议,并在会议签到表上签字。《就业规程》第87条规定:"1.正式员工凡有下列情形之一的,公司视为第26条第1号、第2号规定的情形,可以解除劳动合同。(1)根据公司另行制定的赏罚规程达到解雇程度的……(13)有背任(又称背信)或者盗窃行为的……"《赏罚规程》第6条规定:

"……解雇处分。(3)处分办法。解雇标准为处罚点数5点或者累计5点,处分内容为立即解雇……"

【裁判结论】

一审法院认为,J公司以华某违纪为由解除双方的劳动关系,对此负有举证责任。首先,关于解除劳动合同依据的规章制度合法性问题。J公司提供了会议纪要、会议签到表、发放签收表、公示照片等证据,足以证明规章制度的制定经过了民主程序,并依法向员工进行了公示。华某作为员工代表参加会议,参与了J公司规章制度的讨论、修订,且在以后长期的实施过程中包括华某在内的全体员工未提出异议,故应认定J公司的规章制度符合法律规定,可以作为J公司实施处罚行为的依据。

其次,华某是否存在严重违纪的事实。(1)针对华某是否存在背任(又称背信)行为。根据查明的事实,华某在2013年年底选择危险废物处置业务单位时,明知报价更低且有资质的H公司参与报价,但故意规避比价程序,选择了报价更高的Z公司,剥夺了J公司比价、选择的权利。华某作为J公司的员工,未从公司利益的角度出发,利用公司的信任实施了对公司不利的行为,构成公司规章制度中的"背任(又称背信)行为"。虽然J公司在2014年因员工的举报,向华某确认了签订危险废物处理合同的情况,之后并无明确的处理结果,但根据华某在2018年12月12日被询问的情况,其对于选择与Z公司签订合同的解释是"H没有资质,价格太低不靠谱",之后华某在庭审中又改称选择与Z公司签订合同是集体决定的结果,但是对此未能提供证据证明。因现有证据显示H公司自2005年起就具备危险废弃物处置资质,足以证明华某在2018年接受公司调查时作了虚假陈述,不排除华某在2014年被调查时亦作了虚假陈述,且华某也无证据证明J公司在2014年已经对于该事件有了决定性的结论,故J公司根据新的调查结果认定华某存在违纪行为并无不当。根据J公司提供的发票等证据,能够认定华某的该违纪行为给J公司造成了间接经济损失。(2)关于华某是否存在"故意泄露公司秘密"行为。根据查明的事实及双方当事人的陈述,华某的确存在将J公司与F公司签订的合同、J公司的报价单通过邮件发送给L公司员工的事实,因在华某发送邮件之时,J公司与F公司约定的合同履行期限尚未届满,并且业务单位报价的高低是影响J公司选择决定的因素之一,在此种情况下原有业务单位之前的报价、正在履行的合同内容均具有商业价值,应当属于J公司商业秘密的范畴。华某将这些资料发送给备选业务单位,明显属于泄露公司秘密的行为。因华某存在上述两个违纪行为,根据《员工处分标准》的规定,处罚点数已经超过5分,符合J公司规章制度规定的解除劳动合同的条件,故J公司与华某解除劳动合同并无不当。

最后,J公司在与华某解除劳动合同前已经征询了工会意见,履行了法定程序,该解除程序符合法律规定。故J公司的解除行为符合法律规定,华某要求支付赔偿金的请求无事实和法律依据,依法不予采信。而对J公司的赔偿请求,一审法院认为,虽因华某的违纪行为增加了J公司的经营成本,但并非J公司的直接经济损失,无直接证据证明仓库物品和机油、柴油大量短缺是华某个人行为导致,故不予支持。

二审法院认为,J公司《就业规程》第87条第13点规定,员工有背任(又称背信)行为的,公司可以解除劳动合同。该规章制度已由工会会员代表大会讨论,履行了法律规定的程序,可以作为审理本项争议的依据。华某在经办与Z公司签订协议书过程中,在该协议的"是否附比价表"一栏中未作勾选。华某在公司于2018年12月12日对其询问时,解释未选择H公司的原因是该公司没有危险废弃物处置资质,但是事实上H公司有资质,参与了报价且报价低。因此,华某在协议书上未勾选比价表的情形应当认定为有意隐瞒的背任行为,该行为导致公司无法综合更多的信息对供应商作出选择。因此,J公司依照上述规章制度对华某追责有事实依据,符合法律规定。《员工处分标准》第90条规定,泄露公司机密造成重大损失的,立即解雇。第89条规定,未造成损失或未造成重大损失的,作降薪处理。该规章制度已由工会会员代表大会讨论,履行了法律规定的程序,J公司可以据此管理员工。华某在2014年8月26日向L公司提供J公司的合同作参考时,J公司前期与F公司所签的一般废弃物处理协议还在履行期间,该协议内容对于J公司的竞争对手而言具有商业价值,其他竞争对手知晓该协议的内容不利于维护J公司在选标中的利益。因此,华某向L公司发送邮件、披露公司与F公司签订合同的行为构成泄露公司机密。二审法院对于华某的上诉理由不予采信,对于华某主张的赔偿金不予支持。二审法院作出终审判决:驳回上诉,维持原判。

【评析意见】

本案中,审理法院认为规章制度经过民主程序,并依法向员工进行了公示,在长期实施过程中,全体员工未提出异议,认定J公司规章制度可以作为公司实施处罚行为的依据。对处罚点数超过5分就可以解除劳动合同的合理性,两级法院虽未展开论述,但从一审、二审法院的裁判思路来看,都认可了该规定的合法性与合理性,对此具体分析如下:本案中,J公司共列举了华某8项违纪行为,主张按《员工处分标准》处罚点数已达 26 点,解除劳动合同合法。一审、二审法院对 8 项违纪行为中的 3 项进行了审查,并认定华某存在"背任""泄露公司商业机密"两个违纪行为。其中,一审法院直接依据《员工处分标准》认定华某违纪行为的处罚点数已经超过 5 分,符合 J 公司规章制度规定的解除劳动合同条件。同时,根据一审法院查明的事实,以及依据《就业规程》第 26 条、第 87 条的规定,员工存在背任行为的,J 公司就可以解除劳动合同;但一审法院在已认定华某存在"背任"行为的前提下,还是选择按《员工处分标准》对华某"背任""泄露公司商业机密"两个违纪行为进行评分,再依据《赏罚规程》第 6 条"(3)处分办法"的解雇标准认定解除行为合法。二审法院虽未直接适用"处罚点数 5 点或者累计 5 点"的解雇标准,但同样在明确认定"依据《就业规程》第 87 条第 13 点规定,员工有背任行为的,公司可以解除劳动合同"(5 分)的前提下,又对华某"泄露公司机密"的行为作出了定性,再综合判定 J 公司解除华某劳动合同行为合法(依据《员工处分标准》的规定故意泄露公司机密,处罚点数为 3 分以上)。由此不难看出,二审法院同样认可处罚点数超过 5 分作为解雇标准的合理性。

在实操层面,不少企业(特别是外商投资企业)都采用了与 J 公司类似的管理、处罚规定。比如,在孙某某诉丰田纺织(中国)有限公司劳动合同纠纷案中①,丰田公司制定的《就业规则》第 71 条"惩罚的等级"第 1 款规定"惩罚分为以下 5 等:(1)罚款;(2)警告;(3)降级、减薪;(4)保留观察;(5)开除";第 72 条"惩罚的累积"规定:"1. 被处以数次惩罚时,累计惩罚系数,按照累计后的惩罚系数处以惩罚:(1)罚款 2 分;(2)警告 5 分;(3)降级、减薪 8 分;(4)保留观察 9 分;(5)开除 10 分。"该案中,上海市第一中级人民法院认为,员工在 3 个月内累计发生两次违纪行为,用人单位根据《就业规则》第 72 条的规定,认定员工在 3 年内累计惩罚系数已达 10 分,符合开除的条件。据此,用人单位根据《就业规则》的规定解除与员工的劳动合同并无不妥。

与本案两审法院一样,上海市第一中级人民法院直接依据"3 年内累计惩罚系数已达 10 分"认定符合开除的条件,也未对其合理性进行论述。司法实践中,许多法院与前文所涉两个案例的审理法院一样,并不对规章制度的合理性进行审查、认定,究其原因:一是用人单位的员工未提出作为处罚依据的公司规章制度规定不合理,审理过程也并非必须进行合理性审查;二是对合理性判断没有统一适用的标准,无所适从,仅对规章制度制定程序进行合法性审查则有

----
① 上海市第一中级人民法院民事判决书,(2016)沪 01 民终 2738 号。

法可依。但因用人单位与劳动者是管理与被管理关系,不能排除用人单位规章制度制定程序虽然合法,但规定内容本身具有明显不合理之情形,用人单位自主经营权和劳动者合法权益之间的利益平衡有时难以实现。更有甚者,针对同一个案件,在缺乏合理性审查标准的情况下,依靠法官的自由裁量权形成的两审裁判结果截然相反,如东莞裕盛鞋业有限公司与腾飞劳动合同纠纷案[①]中,对"凡是在厂区吸烟即可解除劳动合同",一审法院认定为处罚过重,不合理;二审法院则认为基于该企业特点,不存在明显不合理的情形。

虽然对于用人单位规章制度合理性的认定很难标准化、具体化,但是如果完全交由审判人员自由裁量,则容易出现"同案不同判"的情形。为避免该种情形,笔者建议可在劳动立法中针对用人单位规章制度的合理性审查作出以下原则性规定:

(1)以管理企业正常生产经营活动为限。用人单位不能将规章制度的内容任意扩大,企业无权对劳动者工作时间、工作地点以外的私人行为设置禁止性、处罚性规定。

(2)结合行业特点和岗位职责综合考量。随着行业分工的不断细化,每个工种都有其自身的职能特点,规章制度是否合理,需结合行业特点和岗位职责来判断。例如,在半导体行业,厂房部分区域对于洁净度的要求非常高,规章制度中会规定,员工穿着不干净的鞋物进入特定区域,将被解除劳动合同。结合员工可能对企业造成的巨大损失,该处罚规定具备合理性,但如果用人单位是商务咨询公司,这样的规定显然属于处罚过重。

(3)以"公序良俗"作为参考标尺。所谓公序良俗,即通常所说的"公共秩序"和"善良风俗",企业在制定规章制度过程中,可以将公序良俗作为参考标尺。

(4)"处罚相当"。可参照刑法"罪责刑相适应原则"来理解,处罚手段应参照违纪员工的主观过错、损害结果进行设定,一旦涉及劳动合同的解除,必须满足一定的前提,即其他手段已经不足以惩戒、劳动合同已经无法继续履行。

(5)"不告不理"。为了保证司法不过分干预企业自主经营,只有在当事人对规章制度合理性提出异议时,审判机关才对规章制度合理性进行审查。

综上,劳动争议案件中,涉及对处罚所依据的用人单位规章制度的合理性认定时,应平衡好用人单位和劳动者之间的利益,既要尊重用人单位的自主经营权,亦要保护好劳动者的合法权益。在劳动立法中有必要针对合理性审查作

---

① 广东省东莞市中级人民法院民事判决书,(2015)东中法民五终字第625号。

出原则性规定,注重个案分析,结合用人单位所在行业、劳动者所在岗位、公序良俗等因素,综合判断用人单位规章制度的合理性,防止出现仅凭审判人员的经验作出认定可能出现的片面化和"同案不同判"现象。

【案例索引】

江苏省无锡市新吴区人民法院民事判决书,(2019)苏0214民初3695号。

江苏省无锡市中级人民法院民事判决书,(2019)苏02民终5024号。

【执笔人】

上海融孚律师事务所　李淑芹　张振鸿

法院是否主动审查合理性与合法性

【案例要旨】

《劳动合同法》赋予了用人单位通过民主程序制定规章制度对员工进行管理的权利，法律仅规定规章制度的制定"应当经职工代表大会或者全体职工讨论，提出方案和意见，与工会或者职工代表平等协商确定"并需"公示，或者告知劳动者"，但从未对其内容作出规定，法院裁判时应当查明事实，按照合法有效的规章制度核查其合理性，并作出裁判。

【案情简介】

上诉人（原审原告）：肖某

上诉人（原审被告）：G公司

肖某于2001年10月25日进入G公司从事营运管理等工作，末次劳动合同为无固定期限劳动合同。自2017年1月起，肖某的月基本工资为15,000元。肖某2015年及2017年的主要工作内容和应执行的主要工作流程包含：经销商合同的管理和监控。

G公司与上海××有限公司（以下简称××公司）于2015年12月签订了期限为2016年1月1日至2018年12月31日的经销合同（电子商务渠道—2016年版），合同约定：G公司授权××公司为在网络销售渠道以电商销售形式经销某品牌350g原味酸奶1X6X6系列产品的独家经销商。G公司每月……对××公司代理"某品牌原味酸奶350g"给予无条件返利，返利金额按照发货实际金额的2%计算。

2016年6月17日，UHT事业部电商大区向网购通路部提交了将××公司返利从2%变更为18%的申请，变更期间为2016年5月至12月，预计固定费用为737万元。

2016年11月15日,肖某作为申请人通过办公自动化(office automation, OA)系统发起与××公司合同补充协议的审批流转单,主要内容描述及附件中的补充协议均显示G公司授权××公司2016年5月21日至12月31日在电子商务渠道开设"某品牌官方旗舰店",G公司支持每月实际终端销售额(不含税)的18%为固定费用。

2016年12月20日,G公司与××公司签订的补充协议显示,G公司授权××公司2016年5月21日至2018年12月31日在电子商务渠道开设"某品牌官方旗舰店",G公司支持每月实际终端销售额(不含税)的18%为固定费用。

2017年3月14日,G公司纪委员工季某与肖某谈话并形成谈话笔录。肖某于谈话笔录中称,协议系G公司的电商大区总经理陈某1起草发给肖某的,签订时也是陈某1那边敲好章后给肖某的,该敲好章的协议与之前交给肖某走OA审核流程的协议内容是否一致,肖某没有仔细看,但走OA审核流程的协议和流转单上行文记载的期限不一致,走OA审核流程的协议时间是2016年5月21日至2018年12月31日,而肖某在发现该期间不一致的情况后问过陈某1,陈某1说主合同是3年,所以补充协议也要签3年。

2017年3月29日,肖某书写《关于若凯合同补充协议事件的思想汇报》,内载:"尊敬的各位领导:由于本人的工作失误,补充协议的日期出现错误,给公司的合同履行和工作秩序带来了一定的不良影响,我对此十分愧疚……出现该失误的主要原因是我本人工作态度不够端正,业务素质不够优秀,责任心有待加强……二、整改措施……首先,我要认真自省自查,深刻反省自身错误……其次,要加强学习进步,不断提高业务能力。作为合同管理人员,法律知识还不够,要想做好本职工作,必须努力加强学习提高,不断充实自己的专业知识……"

2017年4月19日,G公司向肖某出具《转岗通知书》,内载:"……因负责G公司(合同)2016年常温字第××××号与上海××有限公司《补充协议》OA流程审核申报、流转、盖章程序中,未严格审核把关,存在失职行为,导致提交盖章的《补充协议》履约期限与通过OA审核的《补充协议》履约期限不一致,出现'阴阳合同'的重大过错。经决定:给予肖某调整工作岗位、降薪处理。根据《员工奖惩规定》第4.4.2条,员工有下列行为之一的,可以记过处理,其中,第4.4.2.18条为管理不当造成严重影响或经济损失五万元以下的;第4.2.2条规定,记过处理:基本工资降低10%~20%。"

自2017年5月起,G公司按照月基本工资12,000元之标准计发肖某工资。2017年5月26日,肖某要求G公司支付2017年5月工资差额3000元,诉至上海市闵行区劳动人事争议仲裁委员会。

该仲裁委员会对肖某的仲裁请求不予支持。肖某对此不服,遂诉至一审法院。

【裁判结论】

一审法院认为,肖某确实存在一定的工作失职行为,但该行为是否达成了G公司《员工奖惩规定》第4.4.2.18条规定的管理不当造成严重影响或经济损失5万元以下应给予记过处分的程度,并无充分有效之证据予以佐证。即使肖某的行为达到了该条规定的可以给予记过处分的严重程度,《员工奖惩规定》亦规定了记过处理的同时可给予基本工资降低10%~20%的处罚,但劳动报酬属于劳动合同的必备条款,而劳动合同约定的内容只有在用人单位与劳动者协商一致的情况下才可以变更,用人单位不得以单方制定的规章制度来变更劳动合同约定的内容,《员工奖惩规定》中有关记过处分的同时给予降低基本工资的规定有违法律精神,故G公司据此自2017年5月起给予肖某基本工资降薪20%之处罚的行为,显属不当。因此,G公司应支付肖某2017年5月工资差额3000元。

二审法院经审理,另查明:(1)2003年6月13日,G公司召开集体协商会议并形成会议纪要,协商双方为"行政方""工会方",会议经讨论决定将《员工奖惩规定(施行)》和《员工违纪处理规定(施行)》中内容相同部分统一成一个文本,并制定《员工违纪处理细则(施行)》,以便操作执行。会议要求,《员工奖惩规定(施行)》《员工违纪处理规定(施行)》《集体合同》应根据劳动法和工会法及有关法律、法规的规定,由工会方履行民主程序,经工会会员代表大会代表审议通过后,由公司总裁签署生效。G公司《员工奖惩规定》第4.4.2条为"员工有下列行为之一的,可以记过处理",其中,第4.4.2.18条为"管理不当造成严重影响或经济损失五万元以下的";第4.2.2条规定"记过处理:基本工资降低10%~20%"。(2)2017年9月1日,××公司向G公司发出请款函,要求G公司根据双方签订的补充协议支付2017年1月天猫某品牌官方旗舰店销售额18%的固定费用55万余元。(3)另案陈某1被G公司解除劳动合同,陈某1主张违法解除劳动合同赔偿金,一审法院经审理后认定G公司的解除行为合法,驳回了陈某1的诉讼请求。(4)G公司亦向二审法院提交了肖某调岗后同岗位其他员工的薪资表单,肖某工资标准为最高标准。

二审法院最终认为,肖某作为G公司的合同管理人员,在审核电商大区总经理陈某1提交的补充协议时,初审时已发觉了补充协议日期存在问题,但由于其工作疏忽,导致最终提交法务部盖章的补充协议仍与 OA 审批的补充协议的日期不符,影响了公司的正常经营,一审认定肖某存在工作失职的行为,并无不当。《员工奖惩规定(施行)》规定,管理不当造成严重影响或经济损失 5 万元以下的,G 公司可以记过处理,基本工资降低 10%~20%。G 公司与××公司的补充协议的返利期限与审批期限不一致,补充协议明显加重了 G 公司的合同责任。根据 G 公司提交的证据,××公司已依据补充协议向 G 公司主张 2017 年 1 月的返利 55 万余元,证明肖某的失职行为已给 G 公司造成了严重影响,故 G 公司依据《员工奖惩规定(施行)》给予肖某记过处理并降薪 20%,并无不当。

【评析意见】

一、规章制度的法律地位

最高人民法院《关于审理劳动争议案件适用法律问题的解释(一)》第 50 条第 1 款规定:"用人单位根据劳动合同法第四条规定,通过民主程序制定的规章制度,不违反国家法律、行政法规及政策规定,并已向劳动者公示的,可以作为确定双方权利义务的依据。"显然,规章制度系经法律确认的可以作为审判依据的公司内部规定,企业可以依据规章制度对员工进行管理,亦可以依据规章制度对员工作出违纪认定甚至解除劳动合同。

二、规章制度制定的合法性

如前所述,法律赋予了用人单位制定规章制度进行用工管理的权利,但规章制度的规定本身需符合合法性要求。

(一)程序合法

依据《劳动合同法》第 4 条的规定,规章制度的制定应当经职工代表大会或者全体职工讨论,提出方案和意见,与工会或者职工代表平等协商确定并公示,或者告知劳动者。该规定明确了规章制度的有效性要件,即民主程序和公示。

民主程序,系指公司在制定规章制度时,应当召开全体职工大会或职工代表大会,由大会对规章制度内容进行讨论,提出意见,最终经审议后通过。实务中存在大量企业没有举办全体职工大会的条件亦没有职工代表大会,此类企业可以通过将规章制度以邮件的形式发送全员征求意见,此后再与工会协商审议通过的形式完成民主程序制定的过程。

公示,即将经审议通过的规章制度向员工进行告知。公示的形式多种多样:公司内部公告栏张贴、公示网页公告、以邮件的形式发送给员工、员工书面签收。

结合本案,二审法院查明,《员工奖惩规定》经与工会协商确定,显然二审法院对《员工奖惩规定》程序合法性进行了调查。

（二）内容合法

内容合法本身包含多种方面，如是否违反法律强制性和禁止性规范、是否违反其他部门法、是否违反法律原则。

法律强制性规范，指的是必须按照法律规定，不得以当事人意思表示变更或排除适用的规范。譬如，《劳动法》第 26 条规定："有下列情形之一的，用人单位可以解除劳动合同，但是应当提前三十日以书面形式通知劳动者本人……"规章制度中不可以规定提前 10 日、5 日告知。又如，《劳动法》第 44 条规定："有下列情形之一的，用人单位应当按照下列标准支付高于劳动者正常工作时间工资的工资报酬……"规章制度也不可以规定员工加班不支付加班费。

法律禁止性规范，指的是法律明确规定不得为一定行为的法律规范。譬如，《劳动法》第 15 条规定："禁止用人单位招用未满十六周岁的未成年人。"故而，规章制度中对 16 周岁以下的未成年人作出的规定都为内容违法。又如，《劳动合同法》第 9 条规定："用人单位招用劳动者，不得扣押劳动者的居民身份证和其他证件，不得要求劳动者提供担保或者以其他名义向劳动者收取财物。"故规章制度中对于要求员工交付证件原件的内容亦违反法律规定。

是否违反其他部门法，系指规章制度中的内容是否违反了非劳动法相关的其他法律规定。譬如，《民法典》第 1046 条规定："结婚应当男女双方完全自愿，禁止任何一方对另一方加以强迫，禁止任何组织或者个人加以干涉。"规章制度中如"一刀切"地规定禁止办公室恋情，则有违《民法典》规定。当然，对于正当的办公室恋情，可以规定调岗以规避员工相互包庇的行为发生；对于不正当的恋情，则可以规定解除劳动合同，该规定内容便不违反相关规定，且符合公序良俗。

是否违反法律原则，则需要根据法律明文规定的原则性条款及其立法原意进行推演。譬如，规章制度规定用人单位可以对员工进行罚款即违反法律原则。《宪法》第 13 条规定的公民的合法的私有财产不受侵犯，根据《立法法》《行政处罚法》等相关法规可以推演出财产的处罚权只能由法律、法规和规章设定，规章制度本身无法对处罚权进行规定。

综上，规章制度的合法性包含程序合法及内容合法，内容合法本身涵盖的范围较为宽广，用人单位往往因缺乏相应的专业知识，而使规章制度中存在不尽合法的条款，故而需要由法院在审判时作出认定。结合本案，二审法院在对规章制度的认定中不仅考虑了调岗降薪的合法性，亦结合了合理性，作出了确认效力的认定。

三、规章制度内容的合理性

公司在法律中的概念是法律拟制的人,如同每个人的性格不同,各个公司也各有不同的经营范围、不同的企业文化、不同的员工构成,故而每家公司的规章制度都极具企业特色。法院在进行司法裁判时,需要结合案件发生的地域、常识、企业特点、员工岗位、个体本身等作出合理性认定,这一认定本身体现了一定的自由裁量权。

例如,企业规章制度规定偷取其他员工 10 元可以解除劳动合同。我们认为,如果是普通员工,该行为性质的严重性应不足以认定可以解除劳动合同,然而,如果是出纳岗位的员工,因其岗位性质应该对出纳员工的诚信有着更高的要求,故而可以作出解除。

综上,合理性的判断本身应当结合企业文化、企业经营范围、岗位性质、行为性质作出综合认定。本案中,肖某的岗位本身系负责合同管理及监控,其亦发现最终签章的合同期限与系统审批期限不一致,然其未能重新审批,亦未要求修改。显然,作为合同管理及监控人员,其行为性质非常严重,公司对其调岗显然具有合理性。同时,公司给予肖某新岗位的薪资系同岗位其他员工中最高的标准,故而法院最终支持了 G 公司降薪。

综上,法院在适用企业规章制度时,会根据企业特色综合考量员工行为,同时审查该行为性质的恶劣程度,进一步作出认定。

【案例索引】

上海市闵行区人民法院民事判决书,(2017)沪 0112 民初 25399 号。

上海市第一中级人民法院民事判决书,(2018)沪 01 民终 3982 号。

【执笔人】

北京市隆安律师事务所上海分所　刘小根　葛景霞

浅析用人单位规章制度的解释权

——以 A 饭店与朱某、曲某劳动合同纠纷案为例

【案例要旨】

当劳动者发生违反用人单位规章制度的行为时,用人单位有权根据规章制度执行的目的、企业经营的特点以及实际情况对规章制度进行解释。但是这种解释应当具有一定的合理性,不能够违背公平的原则、不能够损害劳动者的合法权益。人民法院有权对用人单位规章制度解释的合理性进行审查。

【案情简介】

上诉人(一审原告):朱某、曲某

被上诉人(一审被告):A 饭店

朱某、曲某分别于 1993 年、1997 年进入 A 饭店工作。2008 年 9 月 30 日,朱某、曲某均与 A 饭店签订无固定期限劳动合同,合同约定曲某担任该饭店的迎宾工作,朱某担任总机接待员。2012 年,A 饭店安保部门员工举报朱某、曲某在 2 月 12 日凌晨 2 点前后进入饭店厨房偷拿物品。后朱某、曲某本人陈述:2012 年 2 月 11 日凌晨,曲某和朱某来到公司行政楼的走廊,曲某给了朱某事先准备好的小孩衣服。曲某得知朱某夜宵没有吃饱,于是到厨房拿了两个苹果给朱某。朱某正好没吃饱,胃有点不舒服,所以就拿着两个苹果去办公室吃了,吃了一个半,还有半个扔了。曲某表示,给小孩拿衣服已经有好几个月了,但是进厨房拿东西是第一次。A 饭店在调查的过程中,发现曲某和朱某没有按照规定走员工通道,而且未经申报擅自将私人物品带入酒店、并将酒店的有关物品带出,在调查过程中缺乏诚信及对酒店的尊重。3 月 15 日,A 饭店员工依据《员工

手册》的内容,以朱某、曲某严重违反纪律为由解除劳动合同。曲某不服,诉至法院。

另外,A饭店职工代表大会审议通过的《员工手册》第八章第3条第2款规定:"有偷窃或者贪污饭店、客人、员工的物品、钱物等行为的,作解除劳动合同辞退处理。"另外,《员工手册》第八章第4条还规定:"私自使用客用设施和物品,吃喝饭店食品饮料的,记违纪记过4分。"

朱某、曲某认为,在凌晨当值期间,因为感到饥饿就进厨房拿了两个苹果充饥,苹果价值较低,所以该行为不构成盗窃,且事后也写了书面材料,表示愿意接受合理处罚。A饭店应当根据《员工手册》第八章第4条的规定,进行记过处分。因此,A饭店直接以曲某偷苹果的行为为由进行辞退处理的做法,明显过重。朱某、曲某要求恢复劳动关系。

A饭店认为,其是一家高级涉外宾馆,参照外资方式进行管理。朱某、曲某作为公司老员工,应熟知饭店各项规章制度和管理要求,但朱某、曲某仍多次发生使用非员工通道、将私人物品带入工作岗位、上班时间离开岗位等情况。此次朱某、曲某在工作时间离开自己的工作岗位,擅自进入厨房重地偷拿物品的行为构成盗窃。A饭店依据的是《员工手册》的内容,而且征得了工会的同意,因此,解除劳动合同的行为符合法律的规定。

【裁判结论】

一审法院认为,A饭店是一家高级涉外宾馆,在国内外享有良好的商业信誉、声誉,为了提高宾馆服务质量、管理水平,聘请国外著名集团公司管理A饭店的经营活动,同时对员工提出更为严格的要求,在人员素养、言谈举止、服饰穿着、服务水准等方面较一般服务单位有着更高的标准。A饭店对员工在经营场所实施的偷窃等行为视为"高压线",实行"零容忍",员工实施偷窃行为,一律视为用人单位单方解除劳动合同的情形,并在《员工手册》中对此行为导致劳动合同解除作出明确规定。朱某、曲某作为A饭店的员工,其进入厨房等禁区偷拿物品的行为,与外来人员闯入厨房作案的行为有着较大的区别,而且偷拿的水果并不是贵重物品。但是在本案中,A饭店并没有以朱某、曲某构成盗窃罪为由或者以其行为违反治安管理为由追究其相应的责任,而是以其违反规章制度为由解除劳动合同。朱某、曲某的行为不仅违反了社会公德,也违反了A饭店的规章制度,对其追究相应的责任是十分必要的。因此,A饭店解除劳动合同的行为是合法的。

朱某、曲某不服原判,提出上诉。员工认为,根据《员工手册》的内容,"偷窃物品"和私自"吃喝饭店食品饮料"的处罚后果是明显不同的。虽然用人单位有制定规章制度的权利,但是用人单位并没有任意解释规章制度的权利。原审判决中认为偷吃苹果的行为构成盗窃而不是私自吃喝食品,属于主观判断,不具备合理性。A饭店认为,经过职工代表大会授权,人事部门拥有解释《员工手册》的权利。因此,私自"吃喝饭店食品饮料",是指餐厅服务员、厨师利用工作便利,私自吃喝饭店食品饮料,如红酒、啤酒等。而"偷窃或者贪污饭店、客人、员工的物品、钱物",指的是秘密窃取他人钱物的行为。这类条款适用于厨师和餐厅服务员的解释并不合理,而且员工本身是因为观念淡薄才进入厨房,并没有窃取的意图。

　　二审法院首先肯定了用人单位对于规章制度具有解释的权利。规章制度究其实质,是用人单位为统一劳动条件而制定的。其形式符合格式条款的特点,即由用人单位事先拟定,将个别劳动合同的共同内容加以体系化、定型化而成,是对劳动过程中职工行为的规范。但是由于行为的多样性,规章制度无法面面俱到,穷尽所有行为规范。因此,劳动者发生违纪行为的,对于规章制度条款的适用,用人单位可以根据制定的目的、适用的对象,结合企业的经营特点、运作规范、实际情况予以解释。

　　与此同时,二审法院还强调,用人单位解释规章制度的时候应当具有一定的合理性,法院在审理案件的过程中应当对合理性进行审查,以达到平衡用人单位生产经营需要与劳动者合法权益保护之间的关系。就本案而言,A饭店对于《员工手册》第八章第2条第4款第2项适用对象解释为,可以利用职务之便控制或接触饭店食品饮料或客房设施及物品的员工,诸如餐厅服务员、厨师、客房服务员;而第八章第3条第2款规定系指秘密窃取他人钱物的行为。朱某、曲某认为,此系用人单位任意解释,《员工手册》的条款应当适用于任何员工。对此,二审法院认为,酒店通过事先制定的规章制度来衡量员工的工作和行为,以期达到酒店统一的服务标准和统一的行为规范。用人单位分层次地界定和规制各种不同形态的惩戒,为诸如可能存有职务便利的员工设定相应条款,更具有合理性。考察A饭店前述争议条款,第八章第2条第4款第2项针对利用自己的职务便利对于业已合法取得或控制的财物予以擅用的员工,而第3条第2款则针对的是以非法占有为目的对于他人的财物予以取得的员工。主观恶性及故意均不同,根据条款所对应的后果亦可见,前者仅作扣分处理,而后者属严重违纪作解除合同辞退处理。A饭店对争议条款的解释合理,符合该酒店作为五星涉外场所对员工的基本要求,二审法院予以确认。

　　劳动者严重违反用人单位的规章制度的,用人单位可以解除劳动合同,是否违纪应当以劳动者本人有义务遵循的劳动纪律及用人单位规章制度为准,违纪是否严重,一般应当以劳动法律、法规所规定的限度和用人单位内部规章制度关于严重违纪行为的具体规定作为衡量标准。朱某自 1997 年开始在 A 饭店工作,已达 15 年之久,曲某自 1993 年开始在 A 饭店工作,达 19 年之久。二人均系 A 饭店的老员工,理当恪守《员工手册》的相关规定,率先示范,但其无视相关规定,随意使用非员工通道,疏于律己,尤其于深夜进入厨房擅取食品一节,故意程度严重。试想,若 A 饭店恣意纵容与厨房工作无涉人员任意进出厨房,且无论进出人员是否持有健康证,其食品安全如何保障,五星饭店之名誉如何维系均成空谈。朱某、曲某又称其并无窃取之意,根据本案现有的事实及查明的证据可见,苹果显然非朱某、曲某所有,取得的地点亦非其工作岗位或与之有工作联络的任意地点,而是在门口悬有警示标志的厨房内取得。对此,二审法院认为,物品贵贱、违纪程度的轻重并不改变行为本身的性质。A 饭店系五星级,其为提升品质、提高管理水平制定严格的规章制度属于依法行使管理权。A 饭店根据朱某、曲某之表现,决定解除与其签订的劳动合同,于法无悖,应予支持。

【评析意见】

《劳动合同法》第 4 条第 1 款规定:"用人单位应当依法建立和完善劳动规章制度,保障劳动者享有劳动权利、履行劳动义务。"最高人民法院《关于审理劳动争议案件适用法律若干问题的解释》(已失效)第 19 条规定:"用人单位根据《劳动法》第四条之规定,通过民主程序制定的规章制度,不违反国家法律、行政法规及政策规定,并已向劳动者公示的,可以作为人民法院审理劳动争议案件的依据。"《民法典》实施之后,最高人民法院进行司法解释清理,废止了该解释。但最高人民法院《关于审理劳动争议案件适用法律问题的解释(一)》(法释〔2020〕26 号)第 50 条第 1 款几乎原文照抄了该规定:"用人单位根据劳动合同法第四条规定,通过民主程序制定的规章制度,不违反国家法律、行政法规及政策规定,并已向劳动者公示的,可以作为确定双方权利义务的依据。"

实践中,越来越多的用人单位开始重视规章制度的作用,也会根据经营管理的需要适时制定和发布相应的规章制度规范企业内部的劳动人事管理。本案中,虽然朱某、曲某两名员工对 A 饭店《员工手册》存疑,但法院认为 A 饭店所制定之规章制度,在制定过程中邀请职工代表或工会代表参加,通过民主协商充分听取了劳动者的利益诉求,特别是在制定像解雇这种事关劳动者切身利益的重大条款时,广泛征求意见后经职工代表大会讨论,其程序合法。A 饭店在与员工签订劳动合同时将《员工手册》作为劳动合同附件向劳动者告知,朱某、曲某予以签收确认,可作为本案处理之依据。

但即便是合法有效的规章制度,其内容可能还存在不同的理解,在适用时也会存在争议。以下重点分析规章制度的解释权。

一、规章制度解释权归属辨析

用人单位是否享有规章制度的最终解释权,一般存在两种观点。一种观点认为,规章制度是由用人单位制定的,根据"法官不能做自己的裁判者"的原则,用人单位不能够自己来解释规章制度。① 但是另一种观点认为,如果用人单位没有权利对自己依法制定的规章制度进行解释,那么用人单位的规章制度就会流于形式而失去意义。②

笔者认为,合法制定的用人单位规章制度具有"软法"的性质。劳动者除了要遵守国家法律法规和劳动合同的相关规定,同样也应当遵守规章制度的有关规定。国务院《规章制定程序条例》第 33 条第 1~2 款规定:"规章解释权属于规章制定机关。规章有下列情形之一的,由制定机关解释:(一)规章的规定需要进一步明确具体含义的;(二)规章制定后出现新的情况,需要明确适用规章依据的。"无论是国家的法律法规还是用人单位的规章制度,归根结底是对客观行为的一种抽象性的高度概括,因此不可能尽善尽美。文字不能够包罗万象,而且不同的人对文字有不同的理解,用人单位作为规章制度的制定者,在适用规章制度的过程中,对其进行一定的解释,不仅是合理的,而且是必要的。

但是,用人单位毕竟不是立法部门。这种解释不能够超出合理性和必要性的范围,如果对于规章制度解释的合理性和必要性存在分歧,则应当由司法机关进行最终的判断。只有这样,才能够保障用人单位规章制度的正常实施,同时可以最大限度避免因用人单位滥用解释权而导致劳动者权益受损。

二、格式条款与规章制度合理性解释的判定

前述法释〔2020〕26 号文发布实施之后,最高人民法院的法官对几个问题进行了解读。③ 对于劳动法律与民法关系问题,他们认为,劳动法律属于社会法范畴,有其特有理念和规则,民法则属于私法范畴,民法与劳动法律对同一问题有不同规定时,应当适用劳动法律有关规定。但是劳动法律没有规定时,《民法典》仍有适用余地,劳动法律中的部分概念、规则,如主体资格、民事行为能力

---

① 王超:《论企业规章制度的适当性》,安徽大学 2016 年硕士学位论文,第 28 页。
② 陈伟忠:《法院对用人单位规章制度合理性审查合法吗》,载《中国劳动》2012 年第 8 期。
③ 刘敏、于蒙、危浪平:《〈关于审理劳动争议案件适用法律问题的解释(一)〉几个重点问题的理解与适用》,载《人民司法》2021 年第 7 期。

等,仍然要以民法典规定为基础;劳动关系相关规定或者约定不得违背《民法典》强制性规定等。

关于规章制度解释问题,若《劳动合同法》等法律规定中没有明确的规定,则可以参考适用《民法典》的有关的规定。笔者认为,用人单位的规章制度属于重复使用的规定,可以参考《民法典》第496条"格式条款是为了重复使用而预先拟定,并在订立合同时未与对方协商的条款"的规定。根据《民法典》第498条的规定,对格式条款的理解发生争议的,应当按照通常理解予以解释。对格式条款有两种以上解释的,应当作出不利于提供格式条款一方的解释。本案中,法院认为,规章制度究其实质,是用人单位为统一劳动条件而制定。其形式符合格式条款的特点,即由用人单位事先拟定,将个别劳动合同的共同内容,加以体系化、定型化而成,是对劳动过程中职工行为的规范。但是由于行为的多样性,规章制度无法面面俱到,穷尽所有行为规范。因此,劳动者发生违纪行为的,对于规章制度条款的适用,用人单位可以根据制定的目的,适用的对象结合企业的经营特点、运作规范、实际情况予以解释。

在实践中,如果用人单位的规章制度含混不清,具有较大解释空间,法院一般会采取有利于员工的解释。因此,当用人单位的规章制度出现歧义或者存在较大解释余地的时候,一般会根据格式条款的解释原则以及劳动者倾斜保护的原则,作出对劳动者有利的解释。

但是,前述解释方法应当建立在文义解释不清晰的前提之上。例如,在佛山市(2016)粤06民终7915号判决书中,S公司和员工梁某就《员工手册》中的"一年内"的理解产生了分歧。S公司认为,"一年内"指的是12个月,即可以跨年度计算;但是员工梁某认为,"一年内"应当理解为一个自然年度内,不能够跨年度计算。S公司未能够证明其解释的合理性,因此法院最终作出了对公司不利的解释,即认为"一年内"指的是一个自然年度内,不能够跨年度计算。

反观本案,A饭店的《员工手册》第八章第3条第2款规定:"有偷窃或贪污饭店、客人、员工的物品、钱物等行为的,作解除劳动合同辞退处理。"第八章第4条规定:"私自使用客用设施和物品,吃喝饭店食品饮料的,记违纪过失4分。"从文义解释的角度来看,"偷窃"原本就具有"秘密窃取"的含义,而且是否构成"偷窃行为"与对象物的价值没有关系。从概念的内涵上来讲,"偷窃行为"的内涵要大于"私自使用"的内涵,"偷窃行为"包括了"私自使用",但是主观恶性更强,客观危害性更大。

需要注意的是,在实践中对规章制度解释的合理性承担责任的是用人单位,而不是劳动者。"谁主张,谁举证"是一般的举证原则,但是根据最高人民法院《关于审理劳动争议案件适用法律问题的解释(一)》第44条的规定,因用人单位作出的开除、除名、辞退、解除劳动合同、减少劳动报酬、计算劳动者工作年限等决定而发生的劳动争议,用人单位负举证责任。因此,用人单位应当充分说明自己的解释是合理的。

三、对用人单位的启示

首先,很多用人单位在制定规章制度的时候,往往为了便利而对一些表述进行模糊化的处理。这看似增加了解释的空间,为制度的适用留了更多的余地,但是用人单位在解释规章制度的时候需要承担举证责任。模糊的表达方式容易使司法部门依据劳动者倾斜保护的原则作出对用人单位不利的解释。例如,"情节严重""影响恶劣"这样抽象的词汇,很难有一个具体的判断标准。因此,用人单位在制定规章制度的时候,应当尽量采取可以量化、有明确判断标准的用语,明确什么样的情况属于"情节严重"、什么样的情况属于"影响恶劣"。

其次,用人单位在制定规章制度的时候,应当注意规章制度整体的逻辑性,避免前后矛盾的表述,在必要时,要对一些容易引起歧义的词汇进行专门的定义。如果对同一个行为有不同的规定,法院可能会按照有利于劳动者的方向进行解释。同时,生活中很多常见的用语往往有着不同的含义。例如,前文所述的"一年内"既可以表示自然年度,也可以表示跨年度的12个月。又如,"损失"既可以理解为直接损失,也可以理解为包含间接损失在内的所有损失。因此,为了避免文义解释的歧义,用人单位应当在规章制度中对这些词汇进行明确的定义。

最后,规章制度及其解释的合理性的判断标准并不是千篇一律、一成不变的。不同的行业、不同的经营模式,对于员工的要求会不一样。用人单位在对规章制度进行解释的时候,应当结合自身的经营现状和发展需求对合理性进行充分的举证说明。

【案例索引】

上海市黄浦区人民法院民事判决书,(2012)沪二中民三(民)终字第1298号。

上海市第二中级人民法院民事判决书,(2012)沪二中民三(民)终字第1307号。

【执笔人】

上海里格律师事务所 曾立圻 郭鹏

用人单位无权任意对规章制度条文的含义作扩大解释

【案例要旨】

用人单位规章制度是用人单位内部制定的具有约束力的规范性文件,其性质是介于规则和法律规范之间的一种过渡形态。当规章制度与事实情况并不完全符合时,用人单位若任意对规章制度作扩大解释,将面临不被认可的法律风险。

【案情简介】

上诉人(一审原告):中兴投资(中国)有限公司

被上诉人(一审被告):吕某某

吕某某于1999年2月进入中兴投资(中国)有限公司(以下简称中兴公司)工作,自2009年4月起担任行政部资讯处主管(襄理级),双方于2011年2月1日签订自当日起的无固定期限劳动合同。

2015年3月31日,中兴公司颁布任免函,内载:"免去吕某某女士行销部电商网购处主管(经理级)职务,并且不再负责上分/兴宜线上行销业务工作。安排吕某某女士至行销部电商网购处业务员岗位工作,薪资按新岗位薪资标准核发。"2015年4月13日、5月13日,吕某某先后向中兴公司发函,表示拒绝中兴公司在未与其协商一致的情况下单方面对其免职调岗的行为。2015年5月18日,吕某某再次向中兴公司提出签呈,要求中兴公司依据《2014年度行销体系分公司主管年薪考核办法》补发工资、年薪及年终奖等。

2015年5月29日,中兴公司向吕某某发出书面通知,内载:"鉴于公司目前无合适工作安排予您,公司决定于2015年6月1日起安排您包含您全部的调休和本年度可利用的年休假在内的休假和放班……放班期间每周一8:30,请您来公司参加业务学习、培训。请务必准时参加,此将纳入考勤记录。公司一旦有合适的工作安排予您,将第一时间通知您,届时请您及时报到、复工。"

2015年6月4日,吕某某向上海市劳动人事争议仲裁委员会申请仲裁,要求自2015年4月1日起恢复其行销部电商网购处主管的工作岗位及工资待遇,中兴公司支付其2014年度主管年薪差额、2015年4月至6月的工资差额等。上海市劳动人事争议仲裁委员会于同年8月20日作出沪劳人仲(2015)办字第671号裁决书,裁令中兴公司支付吕某某2015年4月至6月的工资差额12,813元,对吕某某其余请求未予支持。双方均不服仲裁裁决,先后诉至闵行区人民法院。闵行区人民法院于2016年3月21日作出(2015)闵民一(民)初字第19812号民事判决书,认定中兴公司关于吕某某不胜任工作的观点缺乏依据,同时,中兴公司未与吕某某就变更工资报酬协商一致,故吕某某要求中兴公司按原工资标准支付2015年4月至6月的工资差额,有依据,遂判决中兴公司支付吕某某工资差额13,428元,对吕某某要求恢复行销部电商网购处主管工作岗位之诉请未予处理,驳回吕某某其余诉讼请求。双方均不服一审判决,遂上诉至上海市第一中级人民法院,该法院于2016年7月29日作出(2016)沪01民终5669号民事判决书,查明:"……该公司对此表示,人员迁调表真实性无异议,这张表格在人事档案中,是人事做台账的依据,80%是按月发放,20%是依据《行销体系考核奖励办法(分公司主管年薪)》进行考核后发放。该公司同时表示,该表格在人事档案中,只有人事主管才有权限,个人无法取得,对吕某某取得该表格的方法有异议。吕某某对此表示,该表格是在人事档案中取得,其没有权限打开人事系统,为了诉讼找人事部门取得,但不是从人事部门的工作人员处打开,是从其他人员处打开,目前不方便说明具体人员……"法院认定"中兴公司所提供的吕某某2014年7月30日自制的工作任务,即2014年电商网购处(线上)预算目录以及对应的年终财务数据尚不足以证明吕某某不能胜任主管工作,在中兴公司无证据证明与吕某某约定或者该公司规定胜任主管工作的考核标准的前提下,原审法院根据查明的事实依法所作的判决正确",最终作出驳回上诉,维持原判的终审判决。

2016年5月11日,中兴公司向吕某某发出养老金等缴费基数异议回复及岗位意见征求书,内载:"你落款2016年5月4日的'要求中兴投资(中国)有限公司以10,435元为基数缴纳本人2016年4月起养老金、失业金、医疗保险金'来函收悉,特回复:公司系按上海市社会保险费征缴实施办法规定缴纳养老金等,并无不当。另,公司拟重新安排你的工作岗位。鉴于你自1999年2月入职公司,已17年有余,熟悉公司的组织结构以及各个部门、各个工作岗位。现征求你的意见,请你根据自己的工作意愿,自荐工作时间、工作场所不需要使用电脑,并且不接触公司经营数据的工作岗位。公司将参考你的自荐,结合岗位人员配置状况,征求该岗位管理责任人的意见,以期工作岗位安排符合你的意愿。特别提示的是薪随岗变。薪资将按公司对该工作岗位核定的薪资标准发放。请你在2016年5月16日前向公司人事部门梁某递交书面自荐工作岗位意见书。"

2016年5月13日,吕某某向中兴公司发出回复,内载:"……电脑是本人的办公工具,公司经营数据收集与分析是本人的岗位职责及日常工作。现贵司函文中对本人自荐岗位要求为'工作时间、工作场所不需要使用电脑,并且不接触公司经营数据',与本人专业技能、个人能力及在贵司的工作经历完全不符,无合理性。本人认为无论根据劳动合同约定、法律规定,或本人的实际工作表现和工作能力,贵司都应恢复本人电商网购处主管一职。并且,工资薪酬的变更应以双方协商一致为前提,贵司无权以任何理由单方面降低本人的工资薪酬……"

2016年6月30日,中兴公司向吕某某发出通知,内载:"鉴于你以不当方式获取公司计算机信息数据的行为,亦系侵占公物、不诚实的行为,另又有以不当获取的公司信息数据谋求利益之念,此既有违公司《人事管理办法》相关规定,亦有违职业道德,致公司已无法与你继续履行《劳动合同》,公司决定于2016年6月30日与你终止劳动关系。因你的过错行为而解除《劳动合同》,公司可以不经预告,不支付经济补偿金……"

2016年8月1日,吕某某向上海市劳动人事争议仲裁委员会申请仲裁,要求中兴公司支付2015年7月1日至2016年6月30日的工资差额及违法解除劳动合同的赔偿金。该仲裁委员会于同年9月29日作出沪劳人仲(2016)办字第1212号裁决书,裁令中兴公司支付吕某某2015年7月1日至2016年6月30日的工资差额86,437元、违法解除劳动合同赔偿金356,709元。中兴公司不服该裁决,遂诉至法院,请求判决其不支付上述裁决款项。

【裁判结论】

(略去关于工资差额部分内容)

一审法院认为,关于赔偿金,2016年6月30日,中兴公司以吕某某"以不当方式获取公司计算机信息数据的行为,亦系侵占公物、不诚实的行为,另又有以不当获取的公司信息数据谋求利益之念"为由,解除与吕某某的劳动关系,然中兴公司未提供足具证明力的证据证明吕某某存在以不当方式获取公司计算机信息数据的行为。中兴公司主张吕某某于(2016)沪01民终5669号案件审理中自认登录人事档案信息系统,然吕某某称人员迁调表"是在人事档案中取得,其没有权限打开人事系统,为了诉讼找人事部门取得,但不是从人事部门的工作人员处打开,是从其他人员处打开",中兴公司亦未提供证据证明该表是吕某某以不当方式获取的公司计算机信息数据。此外,"以不当方式获取公司计算机信息数据的行为"亦不属中兴公司《人事管理办法》中规定的"挪用或侵占公款或公物,有具体事证者"及"各种不诚实的行为,诸如伪造修改公司之任何记录或报告,或故意修改或伪造个人资料者"之情形。因此,中兴公司解除与吕某某的劳动关系有违《劳动合同法》的规定,故中兴公司应向吕某某支付违法解除劳动合同的赔偿金。综上,中兴公司要求不支付吕某某违法解除劳动合同赔偿金356,709元之请求,不予支持。

二审法院认为,用人单位解除劳动合同的,应当由用人单位举证证明解除决定的合法性。本案中,上诉人中兴公司系以被上诉人吕某某"以不当方式获取公司计算机信息数据"及"又有以不当获取的公司信息数据谋求利益之念"为由,解除与吕某某的劳动关系。对此,中兴公司提供的证据不足以证明其公司主张的吕某某"侵入"公司计算机系统的行为,吕某某持有相关资料不足以证明其系"以不当方式获取"的"公司计算机信息数据",中兴公司亦未能证明吕某某"以不当获取的公司信息数据谋求利益",且中兴公司所主张的吕某某的行为与其解除劳动合同所依据的规定亦不能一一对应。故原审法院认定中兴公司解除吕某某劳动合同的行为构成违法解除,并无不当,应支付违法解除劳动合同赔偿金。

二审法院最终维持了原判决。

【评析意见】

本文仅就规章制度的具体适用方法与原则等法律问题进行分析与探讨。

一、用人单位规章制度的性质

《劳动合同法》第4条使用例证的方式对单位的规章制度的相关内容作了规定,但是这些内容的拟定并不够完善,只是罗列了一些较为常见且常用的部分。因此,学界对于规章制度的性质还存在较大争议:

(一)契约说

契约说认为,用人单位规章制度的制定以及变更是由用人单位的单方意志主导,在经过劳动者同意后,方可构成双方签订的劳动合同内容的一部分,从而具有法定的约束效力,并规范双方主体的行为。规章制度属于劳动合同的初始形式。根据该主张,劳动者对规章制度内容的同意是规章制度内容具有约束力的一大前提。但现实情况是,劳动者进入用人单位之前,对规章制度大多体现为概括性同意,并未因其具体的不同意而不具有约束力。① 有学者还主张用人单位规章制度符合民法上格式合同的特征。

(二)法律规范说

法律规范说认为,用人单位规章制度具有行为规范的作用,将规章制度看作企业内部的"立法行为",从而对劳动者具有一定的强制性和约束性。同时认为,劳动者应当毫无例外地遵守规章制度的约束,至于其是否知悉或了解规章制度的内容,在所不问。

(三)事实说

事实说认为,用人单位规章制度不具有任何法规地位,只是存在于生活中的一种客观现象。用人单位的规章制度可以看成作为具有类似债权人地位的用人单位"指示"具有类似债务人地位的劳动者履行劳务之债的义务,最多只有事实上意思通知的效果。在有团体协约情形下,其地位更低,大致低于或等于安全守则。②

(四)其他学说

除了上述学说,还存在二分说与集体合意说两种观点。前者认为用人单位规章制度既有劳资双方合意达成生效部分,又有用人单位单方规定或变更就生效的部分构成。后者顾名思义,主张是基于劳动者的集体意思表示一致而产生法律约束力。③

笔者认为,从客观现实出发,在规章制度的制定上,用人单位显然具有更大的权力。劳动关系中的管理与被管理的特性决定了劳动关系并非普通的完全平等的民事法律关系。用人单位制定规章制度的目的是更好地开展经营管理活动,其制定是依据法律所赋予的权利,其性质是介于一般的活动规则与具有国家强制力的法律规范之间的一种规范形态。用人单位制定规章制度时,并不需要完全做到劳资双方意思表示一致,当然也不是完全不考虑这两方主体意思的合意,而是在合法基础上的一种既非充分自治又非充分他治的状态。对规章制度制定时的法治化思路应是:在明确用人单位享有规章制度的制定权的背景

---

① 杨继春:《企业劳动规章制度的性质与劳动者违纪惩处》,载《法学杂志》2003 年第 5 期。
② 高圣平:《用人单位劳动规章制度的性质辨析——兼评〈劳动合同法(草案)〉的相关条款》,载《法学》2006 年第 10 期。
③ 杨继春:《企业劳动规章制度的性质与劳动者违纪惩处》,载《法学杂志》2003 年第 5 期。

下,通过让劳动者能够充分参与、发表意见、投票表决等形式对该权力加以限制,防止用人单位权力的滥用。

二、适用规章制度的方法和原则

用人单位在制定规章制度时,由于能力和技术水平的限制,有可能出现疏漏。另外,在解释和适用规章制度时,方法的不当也可能导致错误适用的情况。在该案例中,我们可以看出中兴公司与吕某某在本次纠纷之前已经经历过一次一裁两审的劳动纠纷,并且在那次纠纷中,中兴公司的主张没有得到法院的支持,这也许就是出现本次纠纷的深层原因。在该案中,中兴公司解除劳动合同的理由是吕某某"以不当方式获取公司计算机信息数据的行为,亦系侵占公物、不诚实的行为,另又有以不当获取的公司信息数据谋求利益之念"。同时引用的规章制度是《中兴投资(中国)有限公司人事管理办法》(草案)(2007年12月版)第65条的规定:"员工有下列情况之一者,公司得不经预告,予以除名:……2.挪用或侵占公款或公物,有具体事证者;3.各种不诚实的行为,诸如伪造修改公司之任何记录或报告,或故意修改或伪造个人资料者……"对比中兴公司的开除决定与规章制度的内容,可以发现,规章制度并未将"以不当方式获取公司计算机信息数据"的行为定性为"挪用或侵占公款或公物"。从文义解释的角度理解,明显无法将"以不当方式获取公司计算机信息数据"解释为"挪用或侵占公款或公物",也不能解释为"伪造修改公司之任何记录或报告"等。中兴公司任意扩大解释了规章制度中挪用或侵占公款或公物的含义,并且这种解释明显超出了普通人的常规理解,该扩大解释没有被法院接受。

另外,对于中兴公司作出解除劳动合同决定所依据的具体事实,中兴公司的陈述是:"关于解除通知中载明的'以不当方式获取公司计算机信息数据的行为',是指被吕某某持有其公司相关经营数据、财务数据的截屏、一份签呈以及人员迁调表;不当方式指的是吕某某持有这些数据,其中经营数据等吕某某在其公司任职期间是有权访问的,但卸职后没有访问权限了,签呈主要是年终数据统计,是一份作废的资料,吕某某持有这些材料未说明来源,人员迁调表吕某某在另案中说明了来源,但是其无权访问人事系统;关于'以不正当方式获取'的行为,证据就是上述材料本身。"而吕某某对于如何获取相关数据均作出了合理的解释。中兴公司将吕某某持有相关资料作为证明其系"以不当方式获取"的"公司计算机信息数据"这一主张亦未能被法院接受。

综上所述,用人单位在适用规章制度时应当遵循较为严格的文义解释,当规章制度与实际情况不能完全相符时,对规章制度的解释和适用应当遵守一般人的常规理解,不能为了达到处分员工的目的而强行地、不合理地适用规章制度。

【案例索引】

上海市闵行区人民法院民事判决书,(2016)沪 0112 民初 30022 号。

上海市第一中级人民法院民事判决书,(2017)沪 01 民终 4948 号。

【执笔人】

北京大成(上海)律师事务所　崔小晓

用人单位可否依据规章制度
对严重违纪员工罚款

【案例要旨】

用人单位规章制度中虽规定劳动者旷工应扣工资并罚款,但法院在审理中认为该规定不具有合理性;用人单位已就旷工与劳动者解除劳动合同的,再对其进行罚款,属重复处罚,对用人单位要求劳动者支付罚款的请求不予支持。

【案情简介】

上诉人(一审被告):朱某

被上诉人(一审原告):信托公司

朱某于2013年12月23日入职信托公司,任北京业务中心财富管理部理财经理,双方签订的最后一份劳动合同约定的合同有效期间为2017年1月1日至2021年12月31日。朱某每月收入构成为底薪5850元、饭贴600元及奖金(销售提成)。信托公司已向朱某发放2017年奖金(销售提成)166,200元。

2016年12月28日,信托公司在办公自动化(office automation,OA)系统中发布《公司制度汇编》(其中包括《公司人力资源管理制度》)。《公司人力资源管理制度》第34条规定:"员工每旷工一天,扣罚当天工资、罚款200元……有下列情况之一者,按旷工处理。1.代他人或委托他人刷卡的……"2017年1月5日,朱某在OA系统中阅读上述制度汇编。信托公司《薪酬管理实施细则》第20条第3项"旷工"中规定:"凡有旷工行为的员工。扣罚全年的浮动工资、双薪、不计发奖金。"

信托公司对朱某实行指纹考勤。2018年5月8日、5月10日、5月11日、5月14日、5月25日、6月7日、6月8日、6月12日,朱某未出勤,同事张某代其考勤。2018年5月7日、5月23日、6月1日、6月6日、6月15日、6月19日、6月20日,朱某代张某考勤。

2018年6月26日,朱某向信托公司提交说明,上载:"2018年端午节之后,同事张某回老家办事,拜托我给她打个卡,上周五6月22日和6月26日早班卡代打,指纹膜放在其他同事的桌子上。本人指纹膜虽在5月底做出但一直没用,每天正常出勤,其他人指纹膜在4月前后制作。"当日,信托公司人力资源部总经理乔某与朱某进行谈话,朱某承认当日打卡2次。2018年6月28日,乔某与员工张某进行谈话,张某在谈话中承认该月初朱某帮其打卡,另称4月朱某可能也有帮其打卡。

2018年6月29日,信托公司口头通知朱某解约,解约理由为朱某旷工。双方的劳动合同于2018年6月30日解除。

【裁判结论】

关于本案的争议焦点之一,用人单位是否可根据规章制度进行包括罚款在内的惩戒,一审法院经审理认为,当事人对自己提出的诉讼请求所依据的事实或者反驳对方诉讼请求所依据的事实,应当提供证据加以证明,当事人未能提供证据或者证据不足以证明其事实主张的,由负有举证证明责任的当事人承担不利的后果。根据信托公司所述,其第1项诉请中的赔偿工资损失系其认为朱某旷工致使其多发放朱某78天工资。信托公司就此提交的考勤记录、监控视频、说明、谈话录音等可以相互印证,证实朱某存在自行制作指纹膜、2018年5月至6月未出勤由他人代考勤8次及代他人考勤7次的情况,朱某虽对考勤记录不认可,认为存在修改可能,但考勤记录系经公证,朱某亦未提交证据证明考勤记录存在修改,故对朱某的主张一审法院不予采信,认定朱某2018年5月及6月存在旷工行为。基于信托公司未能提供2018年5月之前的监控视频,亦未能提供其他有效证据,故现有证据尚不足以证实朱某2018年5月之前存在旷工行为,故信托公司要求朱某赔偿2017年1月至2018年4月的工资收入,缺乏事实依据,一审法院不予采信。关于2018年5月及6月的旷工天数,该期间朱某未出勤由他人代考勤8次,该8天(其中5月5天、6月3天)可以认定为旷工。至于朱某代他人考勤7次,尽管信托公司《公司人力资源管理制度》规定代他人打卡按旷工处理,朱某亦已阅读该制度,但旷工系指无故缺勤,员工正常出勤提供劳动即应获得相应的劳动报酬,仅因代打卡即按旷工处理并不支付工资属处罚过重,亦剥夺了员工获得劳动报酬的权利,故信托公司认定朱某该7天属旷工并要求赔偿损失,一审法院不予采信。尽管信托公司系全额发放朱某5

月工资,朱某该月5天旷工不应发放工资,但在扣除该5天工资及社保、公积金后的金额未达到本市最低工资标准,故信托公司仍应补足至2420元,超过该部分发放的金额应为信托公司的工资损失,基于朱某该月实得工资金额为2648.96元,故信托公司的工资损失为228.96元,朱某应予赔偿。尽管朱某2018年6月有3天旷工,但朱某该月实得工资金额并未达到本市最低工资标准,两者之间差额高于朱某3天工资金额,故该月信托公司不存在工资损失。关于罚款,上述管理制度中虽规定旷工扣罚当天工资并罚款200元,但该规定同样不合理,属处罚过重,况且信托公司已就旷工与朱某解除劳动合同,再对朱某进行罚款,系属重复处罚,故对信托公司要求朱某支付罚款,一审法院不予支持。综上,朱某需赔偿信托公司工资损失228.96元,无须向信托公司支付罚款。

朱某不服一审判决,提起上诉。

二审法院经审理认为,劳动者的合法权益受法律保护。严重违反用人单位的规章制度的,用人单位可以解除劳动合同。当事人对自己提出的诉讼请求所依据的事实或者反驳对方诉讼请求所依据的事实,应当提供证据加以证明,但法律另有规定的除外。在作出判决前,当事人未能提供证据或者证据不足以证明其事实主张的,由负有举证证明责任的当事人承担不利的后果。信托公司将包括《公司人力资源管理制度》在内的《公司制度汇编》通过OA系统发布,朱某已经阅读,应视为知晓了信托公司的考勤制度。一审审理中,信托公司提供了考勤记录、监控视频、说明、谈话录音等证据,证明朱某存在自行制作指纹膜、代他人考勤、未出勤等情况。信托公司以旷工为由解除与朱某之间的劳动合同,于法有据。现一审法院根据朱某的实际旷工情况,确定朱某需赔偿信托公司的工资损失并无不当之处,二审法院依法予以维持。朱某的上诉理由不能成立,其上诉请求二审法院不予支持。

【评析意见】

本案的要点在于用人单位可否依据规章制度对严重违纪员工罚款。

一、用人单位可否进行罚款

惩戒处分,是指用人单位为保障自身生产经营活动的顺利进行而对劳动者违反规章制度、劳动纪律的行为进行的制裁。根据相关法律规定,用人单位具有包括解除劳动合同在内的惩戒权,但是用人单位是否有权对违纪员工进行罚款,法律并无明文规定,司法实践中也存在颇多争议。

现已失效的《企业职工奖惩条例》认可罚款。其第12条规定:"对职工的行政处分分为:警告,记过,记大过,降级,撤职,留用察看,开除。在给予上述行政处分的同时,可以给予一次性罚款。"第 16 条规定:"对职工罚款的金额由企业决定,一般不要超过本人月标准工资的百分之二十。"第 19 条规定:"给予职工行政处分和经济处罚,必须弄清事实,取得证据,经过一定会议讨论,征求工会意见,允许受处分者本人进行申辩,慎重决定。"该条例被废止后,企业的"罚款"行为常常不被法院认可。例如,在北京安控科技股份有限公司与郑某某劳动争议案[1]中,用人单位根据规章制度中有关"罚款"的规定对劳动者实施了"罚款",劳动者不服,法院最后支持了劳动者的主张。法官认为"就罚款行为本身,通常系司法、行政等部门依法进行的一项惩戒行为。用人单位对劳动者具备用工自主管理权,但应限于合法合理的范畴内,现行法律法规并未赋予用人单位对劳动者的罚款权⋯⋯"。在某些案件中,也有法官并没有直接否认"罚款"的合法性。在重庆雷士照明有限公司与王某某劳动争议案[2]中,法官认为,"在1982 年国务院颁布的《企业职工奖惩条例》中曾经规定用人单位享有给予职工经济处罚的权利,但是在该条例废止后《劳动法》和《劳动合同法》并没有明确用人单位能否对劳动者进行罚款"。该判决似乎并不直接禁止用人单位对劳动者实施"罚款"。

实际上,"罚款"在劳动人事管理中并不罕见,因此,其是否可以作为惩戒措施值得研究。如果单从字面理解,"罚款"与《行政处罚法》所规定的作为行政处罚种类的"罚款"并无二致,但用人单位不是有权实施"罚款"的行政机关,由此看来,"罚款"并不合法。但撇开字面的理解,许多用人单位虽然制定了名为"罚款"的处分措施,但其实质是"扣薪"处分。实务中,大部分所谓"罚款"都是从劳动者工资中加以扣除,并不是要求劳动者另行缴纳所谓的"罚款"。因此,企业所谓的"罚款"行为实为"扣薪"行为,不必完全拘泥于其字面意思而进行一概禁止。"扣薪"作为惩戒措施有其合理性和便利性。理由在于:第一,扣薪符合劳动报酬的基本逻辑。工资是劳动者付出劳动的交换对价,用人单位有支付劳动报酬的义务。当劳动者违反劳动纪律或规章制度,没有按要求提供劳动时,用人单位自然可以根据劳动者提供劳动的情况,减少其对价。因此,扣薪符合劳动报酬的基本逻辑,与《劳动法》的原则并行不悖。第二,扣薪是一种比较柔性而务实的惩戒措施。扣薪因其实质地减少了员工的收入,相比"警告"等行为,使员工遭受了直接的物质影响,更有利于督促劳动者履行劳动纪律、规章制度和劳动合同义务。同时,扣薪也是比较柔性的惩戒措施,相比调岗、降薪和辞

---

[1] 北京市海淀区人民法院民事判决书,(2015)海民初字第 05564 号。
[2] 重庆市万州区人民法院民事判决书,(2015)万法民初字第 01265 号。

退,扣薪对劳动关系的和谐存续影响较小。第三,扣薪通常规则明确,容易量化,便于实施。因此,扣薪对于那些轻度、中度违反劳动纪律或规章制度的行为是一种较简便、直接的惩戒手段,可以平衡员工和用人单位的利益。因此,司法实践中对于用人单位实行的"罚款"不应简单地给予否定,如果名为"罚款"实为"扣薪",则应予以保留。特别是在历史上,《企业职工奖惩条例》曾认可"罚款",许多单位的规章制度中也一直沿用,未完全禁止"罚款"。"一刀切"式的禁用"罚款"对用人单位和员工未必有利,笔者认为保留扣薪式的罚款有其必要性。

二、用人单位的罚款惩戒的边界

获得工资属于劳动者的基本权利,不少国家的劳动法都对工资提供了特殊保障,加上"扣薪"主要依据用人单位单方制定规则加以实施,因此,有必要对扣薪的数额和所占比例进行限制,明确用人单位罚款惩戒的边界。比如,日本《劳动基准法》第91条规定了减薪的限度,即进行减薪制裁时,一次减薪的数额不能超过日平均工资的半额,减薪的总数额不能超过一个工资支付周期的工资总额的1/10。意大利法律的规定更加严格,用人单位对员工的罚款不得超过4小时的工资。本案中,法院虽未援引任何法条,但在判词中认为,用人单位实施惩戒后的工资不应低于最低工资标准,并认为超过最低工资的金额才是信托公司的工资损失,不失为一种对劳动者工资进行特殊保障的裁判思路。

三、司法实践中的困境和建议

本案中,虽然法院支持了信托公司以扣薪的方式对旷工的劳动者进行惩戒,却未支持用人单位对劳动者其他违规违纪行为(如代打卡)的惩戒;此外,无论员工是否出勤提供劳动,法院仅认定最低工资以上的部分为可扣减的工资,极大限制了用人单位惩戒的力度;并且,法院认为扣薪(或称罚款)不应与辞退并行,既扣薪又辞退属于重复惩罚。可见,现行司法实践中,用人单位以扣薪方式对员工进行惩戒仍存在诸多挑战和困境。通过讨论本案判决,笔者认为,用人单位当然有权扣减旷工员工的工资,并且不应限于最低工资以上的部分;合法有效的规章制度规定的扣薪(或称罚款)规定不应一概否定,如代打卡这类严重违反诚信原则的行为,应加大惩戒力度。扣薪与辞退并不是非此即彼的关系,需根据惩戒事由进行分别评价。

首先,工资是员工付出劳动的交换对价,员工旷工时未提供劳动,因此无权获得工资,用人单位当然可以扣减工资。同理,《最低工资规定》第3条第1款规定,最低工资标准,是指劳动者在法定工作时间或依法签订的劳动合同约定的工作时间内提供了正常劳动的前提下,用人单位依法应支付的最低劳动报酬。本案中，朱某出现多次旷工的行为，即未提供正常劳动，不符合支付最低工资的前提条件，故信托公司可不按照最低工资标准支付工资，法院判决不应以最低工资作为扣减工资的底线。

其次，用人单位根据《劳动法》第4条之规定，通过民主程序制定的规章制度，不违反国家法律、行政法规及政策规定，并已向劳动者公示的，可以作为人民法院审理劳动争议案件的依据。本案中，信托公司将包括《公司人力资源管理制度》在内的《公司制度汇编》通过OA系统发布，朱某已经阅读，应视为知晓了信托公司的考勤制度。一审审理中，信托公司提供了考勤记录、监控视频、说明、谈话录音等证据，证明朱某存在自行制作指纹膜、代他人考勤7次、未出勤等情况。信托公司《公司人力资源管理制度》规定，代他人打卡按旷工处理，应予扣减工资。笔者认为，信托公司规章制度措辞确有值得商榷之处，旷工与违规（代打卡）确有不同之处，将二者等同处置有欠妥之处，应当予以纠正。但是，值得强调的是，纯粹地探讨本案中的朱某的代打卡行为时，笔者认为该行为属严重违反诚实信用原则的行为，应当予以严惩。

最后，辞退与扣薪（或称罚款）是否可以同时适用，在实践中确实存在争议。辞退作为劳动关系中所能对劳动者采取的最严厉的惩戒措施，其惩戒力度高于其他手段。但对二者进行比较时也需明确扣薪的前提是违规惩戒（如代打卡）还是赔偿单位损失。《工资支付暂行规定》第16条规定："因劳动者本人原因给用人单位造成经济损失的，用人单位可按照劳动合同的约定要求其赔偿经济损失。经济损失的赔偿，可从劳动者本人的工资中扣除。但每月扣除的部分不得超过劳动者当月工资的20%。若扣除后的剩余工资部分低于当地月最低工资标准，则按最低工资标准支付。"据此，用人单位可以采取扣薪的措施要求劳动者赔偿经济损失，且该请求权不应因劳动关系的终结而丧失。

总而言之，作为律师深刻雕琢案件细节，技术讨论争议焦点应是本职工作，但当面对司法实践的窘境和挑战时，需做到因势利导，启发裁判，通过浅显易懂的语言传递严谨的逻辑和充分的论证，争取一个较好的结果。

【案例索引】

上海市黄浦区人民法院民事判决书，(2018)沪0101民初17671号。

上海市第二中级人民法院民事判决书，(2019)沪02民终7873号。

【执笔人】

上海德禾翰通律师事务所　董传羽

规章制度规定叠加累进处罚之效力

【案例要旨】

　　规章制度是用人单位管理和维持正常经营秩序的手段,在用人单位的规章制度中,关于劳动纪律以及劳动者违反劳动纪律时所适用之处罚的内容的重要性显然是不言而喻的,而在这部分内容中,有为数不少的用人单位会选择在将劳动者的违纪行为按严重程度规定适用不同轻重层级的处罚措施的同时,对叠加累进处罚也进行规定。

　　实践中,对违纪处罚的叠加累进可能只发生单重的叠加累进,但也可能发生多重的叠加累进。举例来说,假设某用人单位的规章制度规定的违纪行为处罚层级体系由轻到重依次是口头警告、书面警告、最终警告、解聘,且规定有叠加累进处罚的条款;又假设当前劳动者在有效期内的书面警告已经是由劳动者此前的两个口头警告层级的违纪行为被叠加累进而得,那么,一旦这名劳动者又发生新书面警告层级的违纪行为,则将被叠加累进为最终警告。这样一来,该劳动者最早发生的口头警告层级的违纪行为实质上发生了多重叠加累进。

　　问题就在于,既然规章制度规定叠加累进处罚很可能导致劳动者因某一个违纪行为遭遇单重甚至多重叠加累进处罚,那么,规章制度规定叠加累进处罚是合法有效的吗?是否涉嫌重复处罚劳动者?这种累进处罚是否要限制在一定的期间内行使?这也是本文案例讨论的要旨。

【案情简介】

　　上诉人(一审被告):W 公司
　　被上诉人(一审原告):崔某

　　崔某于 2009 年 5 月进入 W 公司熟食部工作,2013 年 5 月 15 日,双方签订无固定期限劳动合同,2015 年 4 月,崔某被调整为面包房主管,2015 年 7 月 3

日,崔某被调整到熟食部并降职为普通员工。崔某在职期间的工作班次有三种,分别为早班4:30~13:15、中班10:00~18:45、晚班13:45~22:30。

2014年崔某发生违纪行为8次,分别为:(1)3月17日,W公司以崔某在盘点中造成漏盘为由对崔某作出"口头指导"的工作表现指导;(2)4月21日,W公司以崔某在检查中少盛吃盒1个为由对崔某作出"口头指导"的工作表现指导;(3)6月25日,W公司以崔某未按排班表上班、未参加培训及电话未接造成工作不能有效进展为由对崔某作出"口头指导"的工作表现指导;(4)8月29日,W公司以崔某8月26日及28日未严格按照单位流程执行生产计划制度为由对崔某作出工作表现指导;(5)9月10日,W公司以崔某刷卡时未做好唱收唱付为由对崔某作出"口头指导"的工作表现指导;(6)10月15日,W公司以崔某未正确执行单位政策,检查结果黄灯为由对崔某作出"口头指导"的工作表现指导;(7)11月16日,W公司以崔某未及时跟进本部门工作用具,导致无法完成指令以及未及时跟踪自用品,致使单位损失为由对崔某作出"书面警告"的警告通知书;(8)12月24日,W公司以崔某无法对盘点数据异常作出合理解释以及未按单位要求订货导致节庆期间无货销售为由对崔某作出"口头警告"的警告通知书。崔某对这8次违纪行为的工作表现指导和警告通知书均签字予以确认。

2015年3月23日,W公司以崔某未按单位要求对入库商品粘贴标签为由对崔某作出"最终警告"的警告通知书(该警告通知书下方标注:给予口头警告,累计为最终警告);4月6日,W公司以崔某作为主管在绩效改进计划60天内未达标为由对崔某作出"书面警告"的警告通知书。崔某对这2次违纪行为的警告通知书均签字予以确认。

2015年6月2日,W公司以六一儿童节蛋糕销售为零、面包陈列不符合要求且未整改、5月销售未达标等理由对崔某作出"口头警告"的警告通知书。崔某对该警告通知书未予签字确认。

2015年7月22日,W公司以崔某7月10日、11日、16日未按单位安排班次要求上班,且擅自进入系统更改7月13日的排班班次为由对崔某作出"书面警告"的警告通知书。同日,W公司对崔某作出3份"解聘"的警告通知书,理由分别为:(1)根据公司《奖惩政策》,崔某当日生效的"书面警告"与4月6日作出的"书面警告"升级为一份"最终警告",此"最终警告"与3月23日已生效的一份"最终警告"升级为"解聘";(2)7月6日至16日,崔某消极怠工,未能完成工作任务,且经教育仍拒不改正;(3)2015年7月9日17:36~18:15、7月10日17:31~18:35及7月14日17:21~17:42,崔某存在工作时间脱岗、"盗用公司时间"的行为。崔某对上述警告通知书未予签字确认。

2015年7月22日,W公司就拟解除崔某的劳动合同向公司工会征询意见,当日,工会回复同意解除;W公司向崔某发放解除劳动合同关系通知,载明:鉴于崔某在合同履行期间存在多次警告记录和违反公司规章制度的行为:(1)2015年4月6日已生效的一份书面警告,2015年7月22日已再次生效一份书面警告,两份书面警告升级为一份最终警告;2015年3月23日已生效一份最终警告,两份最终警告升级为解聘。(2)消极怠工、不完成工作任务,经员工主管教育后仍不改正。(3)2015年7月9日、10日、14日有"盗用公司时间"的行为。故根据公司《奖惩政策》"5.纪律处分的层级和适用原则""6.纪律处分有效期""8.4立即解聘"的相关条款以及《诚信确认书》中关于立即解聘的条款,经慎重考虑,决定解除劳动关系。

2015年7月23日崔某离职,后申请仲裁,仲裁委员会于2015年9月18日以未在法定时限内审理终结为由作出终止审理裁决,崔某起诉到法院。

庭审中,崔某主张W公司违法解除应支付赔偿金;W公司主张解除劳动合同合法,解除理由为:(1)崔某消极怠工,不完成工作任务,经员工主管教育后仍不改正;(2)2015年7月9日、10日、14日有"盗用公司时间"的行为;(3)2015年4月6日与7月22日两份生效书面警告升级为最终警告后,2015年3月23日生效的最终警告升级为解聘。

W公司提供的《奖惩政策》第5.2条规定了纪律处分的适用原则:"在纪律处分有效期内,如果员工再次发生与前次纪律处分层级相同的违纪行为,则本次纪律处分直接升级为下一个更高层级的纪律处分。"

【裁判结论】

一审法院认为,第一,W公司主张崔某"消极怠工,不完成工作任务,经员工主管教育后仍不改正"未提供证据予以证实,崔某也不认可,故不采纳;第二,W公司主张崔某"脱岗盗用公司时间",但W公司作为用人单位应在安排员工工作时间时充分考虑合理性,包含给予充分的用餐及休息时间,崔某8小时45分钟的工作时间相对较长且集中,工作时间跨越午间及晚间用餐休息时间,7月9日及14日W公司主张的脱岗时间并不超过45分钟,崔某利用用餐时间进行适当休息符合客观规律,并无不当;即便7月10日脱岗时间达到1小时零4分,W公司也应在教育的基础上给予适当处分,直接定性为恶意"盗用公司时间"给予解聘处分缺乏合理性,不予采纳;第三,W公司主张合并升级警告处分,但从《奖惩政策》字面理解,升级处分应被限制于本次纪律处分之中,不能得出可随时合并升级、合并结果仍可再行叠加等扩大解释,鉴于规章制度应作出有利于劳动者的解释,W 公司将警告无原则叠加是加重了纪律层级,为一事多罚,在无明确约定的情形下不具有合理性,不予采纳。一审法院判决:W 公司于本判决生效后 10 日内支付崔某违法解除劳动合同赔偿金。

二审法院认为,W 公司是按照公司的相关规章制度和崔某解除劳动关系的,所以判断是否违法解除的依据是"公司的规章制度是否合理;如果合理,崔某的行为是否违反相关规章制度"。第一,W 公司主张崔某脱岗的时间系在三天的用餐时间前后,用人单位应当保证劳动者有适当、合理的用餐时间,W 公司认可的用餐时间是 45 分钟,从具体的时间看,崔某在其中两天用餐时间未超过 45 分钟,一天系 64 分钟,情节并非很严重,虽然 W 公司认为如果实际用餐时间短则刷了用餐结束卡后应当进入工作状态,但对 45 分钟用餐时间范围内进入工作状态的时间段并不支付加班工资,因此对 W 公司的主张不予支持。第二,W 公司对消极怠工的陈述过于笼统,提供的证据未明确记载崔某认可其消极怠工,因此对 W 公司的主张不予支持。第三,崔某陈述其调班经过相关领导认可,从常理分析,"调班"如果未经协调,势必影响其他正常班次员工的工作,但是无证据显示其他员工存有异议,即使 W 公司对调班批准权有明确的规定,也不能排除在实际操作过程中存在合理变通、习惯等做法,因此,对 W 公司的主张不予支持。二审法院判决:驳回上诉,维持原判。

【评析意见】

用人单位在规章制度中规定的叠加累进处罚条款这一内容,属于用人单位对劳动者采取惩戒措施的具体适用范畴。一般认为,在惩戒措施的具体适用上,用人单位应遵守惩戒相当、一事不再罚等原则,而采取惩戒措施的目的则在于纠正劳动者的违纪行为,以保证用人单位的生产经营秩序。[①]

本文从用人单位在规章制度中规定叠加累进处罚这一内容是否违背用人单位对劳动者采取惩戒措施的具体适用原则的角度展开讨论。

一、规定叠加累进处罚是否违背惩戒相当原则

惩戒相当,即指用人单位在规章制度中规定的劳动纪律以及劳动者违反劳动纪律时相应的惩戒制度应具备阶梯性,违纪行为性质的严重程度与所采取的惩戒措施的严厉程度的设置应当公允,对劳动者的微小过错采取解雇等极为严厉的惩戒是不应当被允许的。

---

① 丁建安:《企业劳动规章制度研究》,中国政法大学出版社 2014 年版,第 161 页。

其实,叠加累进处罚本身就是惩戒制度阶梯性的具体体现,对于仅有一次微小过错违纪的劳动者所适用的处罚层级和对于有多次微小违纪屡教不改的劳动者所适用的处罚,其层级当然应当有所区别。对于多次违纪屡教不改的劳动者适用处罚层级阶梯性叠加累进显然是公平且合理的,这种规定解决了现实生活中经常出现的大错不犯、小错不断的这类员工的处理问题,是符合公司行使正当管理权要求的,且并没有违反法律的规定。否则,用人单位对此类员工未采取必要的处理手段,必然对公司的经营管理秩序产生重大影响,不利于公司的经营管理。

二、规定叠加累进处罚是否违背一事不再罚原则

一事不再罚,是指对劳动者所犯的某一违纪行为进行处罚后又再次对该违纪行为作出处罚。例如,劳动者周一上班没按规定戴安全帽,用人单位当天向其送达了一个口头警告处罚,如果用人单位在周四对该劳动者周一上班没按规定戴安全帽的行为又送达了一个书面警告处罚,那么周四的处罚就违背了一事不再罚原则。但是,如果该劳动者周四上班又未按规定戴安全帽,用人单位根据规章制度规定的处罚规则叠加累进对其作出一个书面警告处罚,就不是一个重复处罚,而是一个叠加累进处罚。

叠加累进处罚并不是对劳动者曾经所犯违纪行为的再次处罚,而是对劳动者当前新犯违纪行为的加重处罚,是用人单位在规章制度已经事先明确告知情况下所作的递进升级处罚。屡教不改体现了劳动者主观上的恶意,递进升级处罚是对于屡教不改的员工的一种有效的惩戒措施。我国刑法中也规定有累犯应当从重处罚的制度,其同样是针对又犯新罪的递进升级处罚机制。

三、规定叠加累进处罚是否违背时效原则

这里的时效并不是指仲裁时效或诉讼时效,而是指用人单位行使处罚权的合理期间及该处罚的有效期间。本文所称的时效原则包含两个方面:一是用人单位在发现劳动者的违纪行为后应当在合理期限内对劳动者进行处罚,否则就丧失了惩戒权;二是用人单位对劳动者所作的处罚本身应有合理的期限,即叠加累进处罚适用时必然涉及的叠加累进期间的问题。

举例来说,假设用人单位规定劳动者发生第三次书面警告层级的违纪行为将升级处罚为解聘,但又没有规定书面警告的有效时间期限,那么一名劳动者在用人单位工作10年期间累计3次书面警告与另一名劳动者在用人单位工作1年期间累计3次书面警告可能面临一样的解聘处罚。这显然是不公平的,因为无论是从劳动者的主观恶意还是从给用人单位的正常经营管理造成的客观影响上看,两者的严重程度都是完全不同的。

因此,叠加累进处罚如果没有合理的时间区间作为前提,将会违背时效原则。那么,叠加累进处罚的适用时间区间如何设置才合理呢?我们认为设置为连续 12 个月内较为合理。另外,司法实践中有些地区规定了严重违纪解除权的行使期限。例如,浙江省规定,用人单位在知道或应当知道劳动者严重违纪行为起 5 个月内应当行使解除权,这些也需要根据用人单位所在地区的情况予以查明。

我们认为,只要用人单位在规章制度中规定叠加累进处罚以及具体适用时的目的不是故意去更严厉地处罚劳动者,那么,作为管理制度中的一种警示机制,可以使曾有过违纪行为的劳动者在主观方面不再轻易违反劳动纪律,从而起到维护用人单位正常经营管理秩序的作用。

最高人民法院《关于审理劳动争议案件适用法律问题的解释(一)》第 50 条规定:"用人单位根据劳动合同法第四条规定,通过民主程序制定的规章制度,不违反国家法律、行政法规及政策规定,并已向劳动者公示的,可以作为确定双方权利义务的依据。"但在司法实践中,用人单位的规章制度即使通过民主程序制定,司法机关对于规章制度内容的合法性和合理性还是会进行一定的审查,这也是为了防止用人单位通过合法的民主程序来制定过于苛刻的规章制度,从而侵害劳动者的合法权益。因此,如果用人单位在规章制度中规定叠加处罚的惩戒适用条款并因此发生劳动争议案件,用人单位对劳动者采取的叠加处罚到底是否合法合理,司法机关会根据具体的案情结合规章制度中叠加累进处罚的条款内容、适用条款是否违反惩戒相当原则等方面作出相应的认定。

【案例索引】

江苏省镇江经济开发区人民法院民事判决书,(2015)镇经丁民初字第 0251 号。

江苏省镇江市中级人民法院民事判决书,(2016)苏 11 民终 1568 号。

【执笔人】

上海通乾律师事务所　　武慧琳　　朱慧

就餐、休息时间是否属于工作时间

【案例要旨】

　　立法未明确界定就餐及工间休息时间为工作时间,但用人单位规章制度明确了具体工作时间,并规定就餐及工间休息不计入加班时间,在就餐及工间休息时间外,用人单位已给予了员工必要的解决生理需要及适当恢复体力的时间,就餐及工间休息时间允许自由支配,其间从事与工作、生产无关的活动,不应视为工作时间,且劳动者多年未就此提出异议,事隔多年后才提出异议,显有违诚实信用原则。

【案情简介】

　　上诉人(原审原告):李某
　　被上诉人(原审被告):S公司

　　2006年2月13日,李某入职S公司。2015年2月26日,双方协商解除劳动关系,并约定除协议签订前已提起的仲裁或诉讼请求外,双方不存在其他任何争议。在职期间,李某一直是轮班制员工,离职前从事设备维护工作。
　　2014年8月27日,李某等88名员工作为申请人向苏州市某区劳动争议仲裁委申请仲裁,要求裁决:(1)被申请人支付平时加班工资差额共计6,395,450元(以平均工资作为加班工资计发基数,1.66小时/天×15天/月×已服务月数×1.5倍,以15天/月估算。100分钟折算为1.66小时)。(2)被申请人支付双休日加班工资差额共计2,039,269元(以平均工资作为加班工资计发基数,1.66小时/天×15天/月×已服务月数×2倍,以15天/月估算)。(3)被申请人支付节假日加班工资差额共计297,365元(以平均工资作为加班工资计发基数,1.66小时/天×5天/年×已服务年数×3倍,以5天/年估算)。后于10月28日变更仲裁请求为:(1)平时加班工资差额6,418,832.33元;(2)双休日加班2,852,814.37元;(3)节假日加班313,686.7元。2015年1月12日,苏州市某区劳动争议仲裁委作出苏虎劳仲案字(2014)第517号仲裁裁决书,裁决:对申请人的仲裁请求不予支持。李某等对此不服,故诉至法院。

据悉,S公司于2004年7月1日修订的S公司《勤务规定》第3.0条规定:"出勤体制分为常白班和轮班制两种,常白班原则上只上白班、上五休二,而轮班制原则上实施三班二运转、上四休二的体制。"第3.1条规定:"常白班:8:30~17:30。用餐休息时间:午餐为12:00~12:40,共40分;晚餐为17:30~18:00,共30分(加班的情况下)。休息时间:前半:10:00~10:10,共10分;后半:15:00~15:10,共10分。实际工作时间为8小时。"第3.2条规定:"轮班制白班:8:30~20:40。用餐休息时间:午餐50分钟、晚餐30分钟(第一批:11:30~12:20、17:30~18:00;第二批:12:20~13:10、18:00~18:30)。休息时间:前半10分钟、后半10分钟(第一批:10:00~10:10、15:00~15:10;第二批:10:10~10:20、15:10~15:20)。轮班制夜班:20:30~8:40。用餐休息时间:夜餐50分钟、早餐30分钟(第一批:23:30~00:20、05:30~06:00;第二批:00:20~01:10、06:00~06:30)。休息时间:前半10分钟、后半10分钟(第一批:22:00~22:10、03:00~03:10;第二批:22:10~22:20、03:10~03:20)。"第4.2条规定:"超出8小时/天的工作时间部分,作为加班进行工资支付。运用方法:当月轮班出勤天数×2.5小时×1.5倍;休息日出勤时,实际工作时间×2.0倍;若出勤当天为法定节假日,实际工作时间×3.0倍。"

S公司于新员工入职时即告知上述规定,李某也自入职起即按上述规定时间上班并计算加班时间。为充分保障员工就餐及休息,公司实行分批轮流就餐及休息,并专门配有餐厅、休息室及吸烟室,员工在就餐时间和工间休息时间可至上述场合就餐及休息,并自由支配时间,在此期间不用照看机器设备。另外,在现场工作时,也允许满足上厕所、喝水这样的生理需求。

此外,S公司2007年版、2012年版《员工守则》均规定:"员工如有加班的必要,需在开始之前经公司书面确认同意,否则不视为加班。"为此,S公司专门制作《加班申请表》,具体列明:"部门、加班日期、申请者;员工工号、姓名、工作内容;预定加班起止时间,合计时间;实际加班起止时间,合计时间。"上述《加班申请表》中还明确注明:"合计加班时间扣除用餐、休息时间。"

轮班制员工平时的2.5小时加班是不需要填写上述申请单的,2.5小时以外及休息日安排加班是需要申请的。员工平日填写《加班申请表》时也均将用餐时间、工间休息时间予以扣除。

S公司每月向李某发放薪资单,薪资单中明确列明应出勤/实出勤天数、

1.5倍加班时数、2.0倍加班时数、3.0倍加班时数、基本工资、平时加班工资金额、假日加班工资金额、节假日加班工资金额等。2007年版、2012年版《员工守则》同时规定:"员工领取薪资明细表时需仔细确认,如有疑问应在1个月内及时通过部门向总务人事课报告确认。"

【裁判结论】

一审法院认为,本案中,双方争议的就餐时间及工间休息时间未被立法明确界定为工作时间,S公司通过制定勤务规定的方式,明确具体工作时间,并规定就餐及工间休息不计入加班时间,上述制度在《劳动合同法》施行前已实施,至今已实施多年,内容未违反法律、行政法规等强制性规定,也不存在明显不合理的情形,对其合法性一审法院予以支持。

二审法院认为,本案争议焦点为劳动者就餐时间及工间休息时间是否应视为工作时间并应发放加班费。对此,二审法院认为:

首先,S公司的《勤务规定》于2004年7月1日修订实施,实施时间早于《劳动合同法》的施行时间,且内容没有违反法律、行政法规的强制性规定,也不存在明显不合理的情形,上诉人在入职时S公司亦向其告知该规定,故该规定对上诉人具有约束力,可作为双方解决劳动争议的依据。

其次,《勤务规定》明确规定了S公司实行的工作时间、就餐时间、工间休息时间、实际工作时间、加班时间等事项,员工按照上述规定时间上班并计算加班时间。S公司提供的员工休息时车间现场录像、员工离开公司的记录及录像、员工在休息室休息的照片等证据,可以证实员工在就餐及工间休息期间可至公司专门配备的餐厅、休息室及吸烟室就餐及休息,并自由支配时间,并不需要照看机器等设备。并且,员工工作时,可以根据生理需要上厕所、喝水等。故二审法院认为,S公司在就餐及工间休息时间外已给予了员工必要的解决生理需要及适当恢复体力的时间,而就餐时间及工间休息时间允许自由支配,可从事与工作、生产无关的活动,不应视为工作时间。

最后,上诉人自入职以来,均按照S公司规定的作息时间工作,在S公司向其发放的薪资单上亦明确载明了各类型的加班时数及加班工资,其理应完全知晓加班工资及加班时间的具体计算方式,其若对此有异议,也应按照《员工守则》之规定在1个月内及时向有关部门反映,但其未提出异议已达多年,应视为对该制度的认可,并愿遵照执行。现上诉人在事隔多年后才就此提出异议,显有违诚实信用原则。

【评析意见】

本文将对员工就餐、休息时间是否属于工作时间、能否计入加班费等法律问题作相关探讨与评析。

一、工作时间的本质

工作时间纳入法律调整范围是世界工人运动的成功,也是社会文明发展进步的象征。我国学者对时间概念的界定大致存在四种主要意见:(1)工作时间是指劳动者为履行劳动义务,在法定限度内应当从事劳动或工作的时间。[1] (2)工作时间是职工根据法律的规定,在用人单位中用于完成本职工作的时间。[2] (3)工作时间是指依国家法律规定劳动者在一昼夜或一周内用于完成本职工作的时间。[3] (4)工作时间是指依法律规定的劳动者在一昼夜或一周内从事生产或工作的时间,即劳动者每天应工作的时间。[4] 上述表述各有不同,但内涵却基本一致。即使没有法律的明确规定,我们也能从其本质上把握劳动者工作时间的尺度。就劳动者的身份而言,时间可以分为工作时间和休息时间,两者相互挤压,一旦工作时间变长,相对应劳动者休息时间则变短。在工作时间的界定方面,用人单位占据支配性的雇主地位,劳动者接受用人单位的指示,在用人单位的管理或支配下从事工作或与工作相关的行为活动的时间,便是工作时间。[5]

二、工作时间认定的一般标准

从工作时间本质的分析来看,工作时间主要可以从三个方面来判断。

(一)目的性

本质上来说,用人单位雇用劳动者的目的就是为用人单位创造利益,也是为此,用人单位提供劳动条件并向劳动者支付工资。总的来说,劳动者是否处于工作时间,主要在于劳动者的行为和目的是否给用人单位带来收益。

(二)关联性

关联性主要体现在:劳动者行为活动与工作内容相关。

工作内容在劳动合同中是必备条款,是用人单位雇用劳动者并支付工资的根本目的。虽然实际上缺乏工作内容条款的劳动合同并不必然导致劳动合同

---

[1] 王全兴:《劳动法》,法律出版社2008年版,第269页。
[2] 黎建飞编著:《劳动法和社会保障法》,中国人民大学出版社2007年版,第153页。
[3] 郭捷主编:《劳动法学》,中国政法大学出版社2007年版,第189页。
[4] 关怀主编:《劳动法》,中国人民大学出版社2001年版,第181页。
[5] 沈同仙:《工作时间认定标准探析》,载《法学》2011年第5期。

无效,实际用工的时候也会有工作岗位的变更,但劳动者的工作岗位和工作内容在一定时期内具有稳定性。因此,劳动者的工作活动要与工作内容相一致。

（三）支配性

这种支配来自用人单位对工作地点、工作内容的控制。休息时间与工作时间的界定就在于劳动者对时间是否具有自主支配性。符合目的性和关联性的活动也必须同时具备受控性的要求。这就表明不在用人单位支配下的加班行为不属于工作和加班行为。再者,劳动者接受用人单位的指示从事偏离正常岗位的工作,或者从事不似工作的活动,这种程度的工作偏离缘于用人单位对劳动者工作的支配。它可以向劳动者下达与本职工作无关的命令,但只要在正常合法范围内,劳动者接受指令从事相应的活动就可以被视为工作行为。

三、关于就餐、休息时间是否属于工作时间

由于缺乏法律明确规定,定义本质终究无法完全对应纷繁复杂的表象。实践中,往往有用人单位虽明确劳动者就餐、休息时间不计入工作时间,但实际上却随意占用,导致劳动者与用人单位对于休息时间与工作时间的界定往往存在不一致,难以认定。员工就餐、休息的时间究竟是否属于工作时间,具体可以从以下三个方面进行评判。

（一）是否违反法律强制性规定

根据我国国务院《关于职工工作时间的规定》第3条的规定,职工每日工作8小时、每周工作40小时。用人单位根据生产经营需要安排员工的工作时间,如果不违反劳动法关于工作时间的强制性规定,告知员工后,可以根据单位实际经营情况安排。因此,在不违反法律规定的前提下,用人单位对劳动者工作时间的安排可以适当根据生产经营要求灵活安排劳动者休息、就餐时间是否仍旧需要随时待命,是否计入工作时间,是否支付工资甚至加班工资。

（二）是否对劳动者进行书面告知

我国《劳动合同法》第4条第2款规定:"用人单位在制定、修改或者决定有关劳动报酬、工作时间、休息休假、劳动安全卫生、保险福利、职工培训、劳动纪律以及劳动定额管理等直接涉及劳动者切身利益的规章制度或者重大事项时,应当经职工代表大会或者全体职工讨论,提出方案和意见,与工会或者职工代表平等协商确定。"

据此,用人单位应按民主程序制定有关工作时间的相关制度,并将直接涉及劳动者切身利益的规章制度和重大事项决定公示,或者告知劳动者。如果用人单位规章制度明确就餐、休息时间不计入工作时间,则该段时间就属于劳动者自行安排的时间,单位不得安排工作,随意占用。

（三）是否排除单位的支配与控制

用人单位明确不计入工作时间的就餐、休息时间应当是摆脱工作时间所要求的支配因素,是纯粹的生理需求活动。需要注意的是:既然用人单位规章制度明确规定并告知员工,就餐、休息时间不计入工作时间,那么,此段时间员工能够完全地自由支配、自由活动,而不是处于工作待命状态,或是被临时安排工作任务等。如果用人单位明确告知员工,午餐时间不计入工作时间,但实际却任意占用员工就餐、休息时间,让员工处于工作待命状态或实际工作状态,那么,就餐、休息时间应当认定为工作时间。

时间是人类发展的空间,工作时间是,休息时间也是。然而,资本的经常趋向是要极力把工作日延长到体力可能达到的极限,这样劳动所创造的利润也同样不断增长。但是一味追求工作时间的扩张,是对劳动者身心健康甚至是未来的侵蚀,也不利于经济的长远发展。因此,用人单位不仅要规定劳动者就餐、休息的时间,还应当尊重劳动者自由支配就餐、休息时间的权利,保障劳动者人权,维护劳动者的尊严。

【案例索引】

苏州市虎丘区劳动人事争议仲裁委员会仲裁裁决书,苏虎劳仲案字(2014)第 517 号。

江苏省苏州市虎丘区人民法院民事判决书,(2015)虎民初字第 1795 号。

江苏省苏州市中级人民法院民事判决书,(2016)苏 05 民终 9047 号。

【执笔人】

上海融孚律师事务所　李淑芹　李媛媛

规章制度中用人单位关于
病假复查之权利辨析

【案例要旨】

出于防止员工"泡病假"等因素考量,用人单位往往会在规章制度之中规定"公司有权要求员工前往指定医院复诊"之条款。用人单位是否具备病假复查权、劳动者的就医自主权有无被侵犯,在实践中往往会出现同案不同判的结果。归根结底,规章制度中的病假复查权需要建立在有效、公平、合理、便利的基础上,并且在实际执行中把握合理限度。

【案情简介】

上诉人(一审原告):徐某

被上诉人(一审被告):D公司

2008年6月16日,徐某入职D公司,双方签订的最近一期劳动合同为自2014年7月16日起的无固定期限劳动合同,徐某实行标准工时工作制,并约定D公司的《员工手册》及所有规章制度为合同附件,徐某已知悉同意遵守。《员工手册》第五章考勤管理制度中5.2.3.3规定:"公司有权要求员工前往公司指定医院复诊。任何病假均应在系统中提交申请,并须按流程获得审批。还应同时提供有关病假证明文件,并递交人力部门审核,不能按时提供证明或证明不符合5.2.3.2中相关条款说明的,将按事假处理。"第十二章违纪管理规定,"35. 无正当理由拒不提供必要个人信息或提供虚假薪资资料;36. 无正当理由拒绝公司要求其前往指定医院检查或复查",给予书面警告处分。"63. 自收到第一次书面警告后,有效期内收到第二次书面警告的",给予解除劳动合同处分。"未按规定提供假期证明或提供虚假的假期证明",视为旷工。徐某签收该

《员工手册》确认书,且该《员工手册》已经民主程序制定。

2017年5月24日徐某进行剖宫产手术。2017年11月15日,D公司向徐某发送回岗通知书,通知产假到期尽快回岗,并要求将此前未到岗期间的请假手续补齐。2017年11月23日,D公司因徐某2017年11月20日休假回岗后未按公司规定提供假期补充文件给人事部审核,给予徐某书面警告处分。

2017年11月22日,徐某向D公司请病假,病假证明显示徐某右肘腕腱鞘炎,建议休息一周。11月23日,D公司工作人员告知徐某需于11月24日上午至苏大附一院复诊,提交复诊资料以便公司审核请假;11月24日下午,D公司再次通知徐某当日下午至苏大附一院复诊,徐某未回复。2017年11月27日,D公司向徐某发出劳动合同解除通知书,以徐某2017年11月24日无正当理由拒绝公司要求至指定医院复检,给予一次书面警告处分,结合2017年11月23日给予过一次书面警告处分,徐某构成严重违纪,故解除劳动合同。

徐某于劳动争议发生后法定期限内申诉至劳动争议仲裁委员会,要求D公司支付违法解除劳动合同赔偿金104,956元。后仲裁委员会裁决不予支持徐某的仲裁请求。徐某不服仲裁裁决,遂于法定期限内诉至一审法院。

【裁判结论】

一审法院认为,就2017年11月23日的书面警告处分,D公司已通知徐某补充产假到期后至未上班期间的请假凭证,但徐某未按规定提供假期证明,依据《员工手册》的规定视为旷工,故D公司据此给予原告书面警告处分,事实依据充分。就徐某2017年11月24日的行为,徐某签收的《员工手册》中明确规定D公司有权要求员工至指定医院检查或复查,徐某知晓该规定,且D公司多次通知原告至指定医院复查,并安排两次复查时间,而徐某均拒绝前往,已违反《员工手册》的规定。D公司据此给予第二次书面警告处分,依据充分。另外,就解除依据,《员工手册》中均明确规定收到二次书面警告处分,可以解除劳动合同,故D公司据此解除与徐某的劳动合同,依据充分,且徐某的上述行为严重违反劳动纪律。综上,徐某主张被告违法解除劳动合同的赔偿金,缺乏事实依据,一审法院不予支持。

二审法院认为,D公司的《员工手册》中明确规定公司有权要求员工至指定医院检查或复查,根据D公司提供的微信、电话录音,D公司确曾多次通知徐某至指定医院复查,并安排两次复查时间,而徐某均无故未能前往。D公司作为用人单位,依法享有用工自主管理权,其依照企业管理规则审核员工的病假单,要求员工至指定医院复查,并未侵犯劳动者的就医自主权。因此,认定D公司给予徐某书面警告处分的事实依据充分。徐某主张违法解除劳动合同缺乏事实和法律依据,最终维持了一审判决。

【评析意见】

在用人单位的日常管理中,劳动者"泡病假"的情况时有发生。为了保障用人单位的合法权益,不少用人单位采取的策略之一就是在规章制度中规定劳动者必须前往指定医院复查,由指定医院开具病假证明方可确认劳动者病假的有效性,未到指定医院复查且未出勤的一律按旷工处理。那么,用人单位能否要求劳动者到指定医院复查呢?实践中存在两种观点:

第一种观点认为,用人单位依法享有用工自主管理权,在用人单位有合理怀疑的基础之上,可以指定劳动者至某一医院复查,劳动者应当配合。本文中的案例即如此。

第二种观点认为,即使用人单位怀疑劳动者提供的病假单的真实性,但疾病是否真实,是否应当给予病休是由医院及医生作出的判断,用人单位不具备判断病假的能力。因此,用人单位不得指定劳动者至指定医院进行复查,否则就是剥夺了劳动者的就医自主权。

以上两种观点从某种程度上讲,均有其道理。具体到不同的个案中,还需结合案件本身事实以及规章制度制定的程序合法、内容合法等因素进行考量。本文仅讨论规章制度的内容合法性,即用人单位在规章制度中设置指定医院复查制度的有效性问题。

一、指定医院复查制度的设定前提

最高人民法院《关于审理劳动争议案件适用法律问题的解释(一)》第50条第1款规定:"用人单位根据劳动合同法第四条规定,通过民主程序制定的规章制度,不违反国家法律、行政法规及政策规定,并已向劳动者公示的,可以作为确定双方权利义务的依据。"据此规定,用人单位在规章制度中规定员工在一定条件下须到指定医院复查,在满足上述条款所规定之所有内容及程序要求(民主流程、签收程序)的情况下,与现行法律的强制性规定并不当然冲突,并不能简单地认为,劳动者到指定医院复查就等同于剥夺了其就医的自主选择权。因此,若规章制度已顺利通过民主程序并向劳动者公示告知,指定医院复查制度并非当然无效。

二、指定医院复查制度的内容合理

鉴于实践中确实存在个别医务人员基于人情关系开具虚假或不合理的病假证明的情况,用人单位应该享有对员工的病假证明进行复核审查的权利。这是在保障员工身体健康权前提下，用人单位行使用工管理自主权的要求。然而，就制度内容而言，必须以不违反公平性、合理性及便利性为设定原则。

1. 公平性。当前医疗保险制度的要求是合理分流病人。医疗机构根据其功能、设施和技术力量的不同被分成了不同级别，既有提供专科、疑难病症治疗的省级医院，也有提供多发病、常见病治疗的社区医院。无论是所谓的"大"医院还是"小"医院，其提供的相应诊疗建议都具有一定的专业性。如果用人单位在规章制度中要求劳动者病假复查一律去省级医院就诊，那么该项要求会被认为缺乏公平性。用人单位应当视劳动者的具体病情、病史等情况不同，而选择与劳动者原就诊医院相比更具有权威专业性的医院或者程度相当的医院进行复查，以体现复查的必要性和复查意义。

2. 合理性。法律并没有要求劳动者必须提供哪类医院的病假证明才能请病假。理论上，劳动者只要有充分的证据(如医院病假单)证明其确实患病，应当享有休病假的权利，用人单位在未取得相反证据推翻劳动者所提供诊断证明情况下就应该允许劳动者休病假。因此，在无任何可疑事由产生之前，用人单位无条件要求劳动者前往指定医院复查缺乏前提和基础。与之相反，若劳动者提供的病假单本身存在瑕疵，或者劳动者已连续或累计休病假达到一定期限，再或者，劳动者的疾病并非突发且之前毫无预兆，用人单位具有合理怀疑的充分理由，则此时要求劳动者进行复查的合理性相应会提高。

3. 便利性。复查是在劳动者已就诊过一次的情况下而进行的再次检查，因此，应当由用人单位承担由此增加的劳动者交通成本或医疗费用，除非复查结果推翻了之前的病假单所示结果。同时，用人单位指定的医院需能够基本满足劳动者不同层次的就医需求，从一般疾病或特殊疾病、急诊或门诊、医院级别等方面划定一个范围，给予劳动者限定的选择权和就诊的可行性，而不是指定到具体某一所医院。

三、建议给予劳动者一定的宽限期

若用人单位希望将"病假单复查"权利落实在制度及日常管理中，除保证制度内容设定的公平性、合理性及便利性，制度本身通过民主流程，让劳动者清晰知晓制度内容外，执行过程中的"宽容"会进一步提升合理性的认定。例如，规章制度事先约定"指定医院复查"的权利，劳动者知晓并同意遵守，但若劳动者一旦拒绝"复查"要求，用人单位就径直以严重违反规章制度为由解除其劳动合同，难免会被认为惩罚过当。反之，若用人单位再次给予劳动者一次复查机会及宽限的期限，即能在一定程度上加强用人单位处罚的合理性。

综上，鉴于目前司法实践中并无对"用人单位是否有权要求员工进行病假复查"这一问题的统一观点,用人单位在通过法律制度维护自主管理权的同时,应当深入理解和落实"指定医院复查"背后对于公平性、合理性及便利性等设定原则的要求及把握,并通过执行过程中的柔性处理,再次强化公司在劳动关系处理过程中的合理性及合法性,从而在合规管理与维护企业自主权中做好平衡。

【案例索引】

江苏省苏州工业园区人民法院民事判决书,(2018)苏 0591 民初 4137 号。
江苏省苏州市中级人民法院民事判决书,(2018)苏 05 民终 9415 号。

【执笔人】

上海江三角律师事务所　屈晓蓉　蔡瑛

违反非本职岗位规定也属可解除劳动合同的违章行为

【案例要旨】

劳动者基于劳动关系享有公租房待遇时,单位关于公租房的管理规定和员工所作的承诺,虽与本职岗位无关,但违反前述管理规定和承诺时,仍可视为对单位规章制度的违反,单位以员工违反规章制度为由解除双方劳动关系的行为应予支持。

【案情简介】

上诉人(原审原告):S医院

上诉人(原审第三人):W人力资源公司

被上诉人(原审被告):陈某

陈某于2009年8月3日与W人力资源公司签订《劳动合同书》,被派遣至S医院担任护理岗位工作。合同到期后,双方经过多次续签,于2017年9月1日签订最后一份劳动合同。该合同约定:合同期限为自2017年9月1日至2022年8月31日终止;乙方(陈某)同意被派遣到S医院担任护理岗位工作。为提供更好的条件以利于工作,S医院给陈某提供租赁公租房的福利。

2018年8月2日,陈某出具《承诺书》承诺:"本人承租F小区公租房两年租赁期内不退房,租赁公租房期间不转租转借房屋(备注:同住人员是指父母、配偶、子女,若为其他表亲朋友等,则为转租转借)。如有转租转借行为,本人自愿退出所承租公租房并接受处罚。"

2018年9月5日,陈某作为承租人与出租人S医院签订《公共租赁住房租赁合同》。该合同约定,陈某承租北京市F小区某号房屋,该房屋建筑面积53.9

平方米,房屋租金标准31元/建筑平方米每月,陈某将房屋分租、转租、转借他人的,承租人有权单方解除合同并收回房屋。

2018年9月28日晚,F小区项目处在例行巡查中发现陈某所承租的房屋出现转租、转借情形。

9月29日,北京市保障性住房建设投资中心公租房管理服务中心约谈陈某,并填写了《重点租户入户调查表》,具体问题为"租户转租所承租公租房,最晚于10月23日办理退租",陈某在租户签字处签字。

9月30日,F小区项目处与S医院召开会议,主题为"关于转租行为租户与S医院对接人讨论会",要求单位针对此事进行查处,配合项目处清退该名违规租户。

10月16日,S医院房管科作出《处理意见函》,内容为:"对陈某的错误行为做全院通报批评;依据为我院与住户签订的《公租房租赁合同》第十条第八款,处罚5000元;永久取消陈某申请公租房资格。"

10月17日,S医院对W人力资源公司作出《关于依法退回劳务派遣人员陈某的通知》,主要内容为单位自2018年10月31日起不再使用W人力资源公司派遣的陈某在单位工作,并将劳务派遣人员陈某依法退回单位。

10月22日,陈某填写《北京市公共租赁住房退出申请书》,表示"由于交通不便,不再承租上述房屋",并办理了退租手续。

10月23日,W人力资源公司对陈某作出《解除劳动合同通知书》,主要内容为:"因你于2018年9月5日获得公共租赁住房后擅自转租他人,已严重违反用工单位及北京市住建委的相关规章制度,并给用工单位造成重大损失及严重不良影响,依据《劳动合同法》第三十九条、《劳动合同书》第二十条、第二十二条、第二十四条、第二十九条之规定,现决定自2018年10月31日起解除劳动合同。"解除合同时,陈某处于孕期。

《劳动合同书》相关条款约定内容如下:

第20条约定:"乙方应认真阅读和学习甲方(W人力资源公司)及派遣单位制定的各项规章制度及员工手册,以保证及时了解掌握各项信息。在履行本合同期间,甲方可以对员工手册及其他各项规章制度合理进行修订,或者制定新的规章制度;如果原规章制度与甲方新的制度不一致,乙方同意按照甲方新的规章制度执行。"

第22条约定:"乙方违反规章制度和劳动纪律,甲方可依据被派遣单位及甲方的管理规定,对乙方进行相关处理;给甲方及被派遣单位造成损失的,乙方须按具体损害程度进行相应的经济补偿,直至解除本合同。"

第24条约定:"乙方在被派遣工作岗位未经批准擅自离岗或遭到有效投诉,影响被派遣单位工作秩序或造成不良影响,且经认定过错方确属乙方,则视为乙方严重违反劳动纪律及规章制度,甲方有权与其解除或终止劳动合同。"

第29条约定:"乙方有下列情况之一,甲方可以解除本合同:……(二)严重违反甲方或被派遣单位劳动纪律和规章制度的;(三)严重失职、营私舞弊,给甲方或者被派遣单位利益造成重大损失的……"

陈某劳动关系解除纠纷遂进入仲裁和诉讼。陈某认为自己处于孕期,单位系违法解除,应承担违法解除的赔偿责任;单位认为陈某违反单位公租房管理制度,属于合同中违反单位规章制度的约定情形,因违纪解除,单位无须承担赔偿责任。

【裁判结论】

仲裁裁决认为,W人力资源公司支付陈某违法解除劳动合同赔偿金232,517.25元,S医院对此承担连带赔偿责任,驳回陈某的其他仲裁请求。

一审法院判决认为,W人力资源公司作为劳务派遣单位应当履行用人单位对劳动者的义务。被派遣劳动者有《劳动合同法》第39条和第40条第1项、第2项规定情形的,用工单位可以将劳动者退回劳务派遣单位,劳务派遣单位可以与劳动者解除劳动合同。

本案中,陈某的转租行为虽违反了其与S医院签订的《公共租赁住房租赁合同》及北京市关于公共租赁住房的管理规定,但上述违约行为并不属于陈某在劳动过程中违反用工单位劳动纪律的范畴,与陈某提供劳动的本职岗位无关。针对陈某违反租赁合同的违约行为,其已承担相应的违约责任。S医院主张其营私舞弊给单位造成经济损失一节依据不足,法院不予采信。

针对劳务派遣员工,S医院并未列举证明何种情况可以退回用人单位,其主张陈某违反单位的规章制度属于《劳动合同书》第六部分劳动纪律章节,其所涉及的规章制度必然与劳动纪律相关,现S医院以陈某违反单位公租房管理制度为由作出退回用人单位的决定确有不妥,S医院主张陈某因此给单位造成重大损失及严重不良影响亦未向法院提供任何证据,法院对此无法确认。

因用人单位作出的开除、除名、辞退、解除劳动合同、减少劳动报酬、计算劳动者工作年限等决定而发生的劳动争议,用人单位负举证责任。W人力资源公司作为用人单位未能就陈某的转租行为已构成解除双方劳动合同的条件提供证据予以证明,对此应承担不利后果。

故W人力资源公司与S医院解除劳动合同的行为构成违法解除,W人力资源公司应支付违法解除劳动合同赔偿金。用人单位违反《劳动合同法》的规定解除或者终止劳动合同的,应当依照《劳动合同法》规定的经济补偿标准的2倍向劳动者支付赔偿金。S医院作为用工单位对此应承担连带赔偿责任。

故一审法院判决:(1)判决生效后7日内,W人力资源公司支付陈某违法解除劳动合同赔偿金232,517.25元;(2)S医院对第一项判决内容承担连带赔偿责任;(3)驳回S医院的诉讼请求。

二审法院则认为,陈某与W人力资源公司签订的《劳动合同书》第29条约定,乙方(陈某)有严重违反甲方或被派遣单位劳动纪律和规章制度的情况,甲方(W人力资源公司)可以解除本合同。

根据查明的事实,本案中的所涉公租房是由政府提供政策支持,面向中低收入住房困难家庭等群体出租的保障性住房,不允许承租家庭违规对外转租、转借。S医院作为用工单位,陈某基于为该医院提供劳动的事实而获得向S医院申请公租房的资格。陈某与S医院先行签订《承诺书》对公租房不得转租转借的事项予以重点强调,此后又签订《公共租赁住房租赁合同》。

陈某作为承租人以及S医院的被派遣人员,理应知晓转租转借属违规行为,其应当遵守S医院对公租房的管理,按照《公共租赁住房租赁合同》的约定以及所作承诺,严格约束自身行为,确保公共资源被公平善用。

但陈某在承租房屋不久即被查实存在转租转借情形,导致S医院的该套公租房被退回,给S医院造成损失和不良影响,陈某应对其行为以及造成的后果负有相应的责任。S医院根据陈某的行为及后果对其予以退工处理,事由正当。W人力资源公司基于上述事实以及双方《劳动合同书》的约定与陈某解除劳动合同亦属合法。

一审法院认定违法解除,存在错误,二审法院予以纠正。故S医院无须就其退工行为承担责任。

W人力资源公司虽系合法解除,但仲裁裁决W人力资源公司支付违法解除劳动合同赔偿金后,该公司未在法定期限内起诉,视为同意仲裁裁决。故对其上诉不支付违法解除赔偿金的上诉请求不予支持。

【评析意见】

二审改判援引本案中双方《劳动合同书》第29条"严重违反甲方或被派遣单位劳动纪律和规章制度"的内容,显然是将《承诺书》、《公共租赁住房租赁合同》和北京市公租房管理规定认定为S医院的规章制度。这与我们通常所说的用人单位规章制度显然存在差异。

一、《承诺书》和《公共租赁住房租赁合同》不属于 S 医院的规章制度

企业规章制度,是指企业为了维护正常的生产经营秩序,合法有效地管理员工,在企业内部实施的规范员工工作行为及保障员工权益的各种准则。规章制度的有效性,是劳动争议案件中用人单位是否可以适用的前提。

《劳动合同法》第 4 条第 2～3 款规定:"用人单位在制定、修改或者决定有关劳动报酬、工作时间、休息休假、劳动安全卫生、保险福利、职工培训、劳动纪律以及劳动定额管理等直接涉及劳动者切身利益的规章制度或者重大事项时,应当经职工代表大会或者全体职工讨论,提出方案和意见,与工会或者职工代表平等协商确定。用人单位应当将直接涉及劳动者切身利益的规章制度和重大事项决定公示,或者告知劳动者。"

从这个角度而言,一份有效的用人单位规章制度,必须满足内容的合法性、程序的民主性、文本的公示性三项前提。而本案中的《承诺书》、《公共租赁住房租赁合同》以及北京市公租房管理规定均为 S 医院与陈某公租房租赁合同的组成。鉴于租赁合同的相对性,即便《承诺书》和《公共租赁住房租赁合同》为格式范本,其本质仍不应是用人单位的规章制度。我们从判决说理部分并未看到《承诺书》和《公共租赁住房租赁合同》曾经经职工代表大会或全体职工讨论,也未看到《承诺书》和《公共租赁住房租赁合同》的文本曾经公示。所以从程序性出发,《承诺书》和《公共租赁住房租赁合同》不符合《劳动合同法》第 4 条对用人单位规章制度有效性的规定。

二、北京市公租房相关的管理规定是地方政府所颁布行政规章

本案中多次提及的北京市公租房管理规定,主要指《北京市公共租赁住房管理办法》,该办法显然系北京市政府颁布施行的行政规章。适用于北京市行政区域内公共租赁住房的建设、分配、管理。其适用对象绝非仅为 S 医院。故行政机关颁布施行的行政规章也绝非用人单位的规章制度。

单位自行制定的公租房的管理规定,只要符合《劳动法》《劳动合同法》的相关规定,笔者认为即应属于用人单位规章制度。

三、转租行为侵犯诚信原则

笔者认为,陈某明知公租房不能转租,仍在承租后转租,造成 S 医院丧失该房屋的租赁权利,给 S 医院和其他员工带来了损失,其行为违反的不是用人单位规章制度,而是《公共租赁住房租赁合同》的约定。陈某侵犯的是诚信原则、契约精神,转租公租房从中渔利的行为更符合"营私舞弊"的定义,援引该条款作为合法解除的依据似更恰当。

四、连带责任的主体，即使终审判决推翻原仲裁裁决，放弃诉讼的一方仍应按仲裁裁决履行支付义务

W 人力资源公司因未提起诉讼，虽然二审判定解除合法，然该判决并不对 W 人力资源公司产生效力，W 人力资源公司仍应按仲裁裁决内容履行支付义务。

【案例索引】

北京市西城区人民法院民事判决书，(2019)京 0102 民初 8881 号。

北京市第二中级人民法院民事判决书，(2020)京 02 民终 1846 号。

【执笔人】

上海市致真律师事务所　马家冕

从一起案件看集团规章制度的效力和违纪解聘的合理时限

【案例要旨】

在劳动者签字同意遵守的情况下,下属公司可适用上级集团公司制定的规章制度,劳动者以该规章制度制定程序未经民主程序以及主体不适格抗辩的,不予支持;用人单位发现劳动者多年前的违纪行为并依据违纪行为发生时的规章制度解聘的,应认定为没有超出合理时限,劳动者提出时效或时限抗辩的,不予支持。

【案情简介】

上诉人(一审原告):虞某

被上诉人(一审被告):GL重庆公司

GL上海公司与GL重庆公司均为GL集团下属全资子公司。

2012年6月4日,虞某到GL上海公司工作,工作岗位为销售工程师。

2012年6月7日,虞某签收《GL集团员工手册》《GL集团行为准则》,并签署《承认书》,表示:"我已阅读并理解上述《GL集团行为准则》,我确认我与GL集团任何客户或供应商以及其他有任何关系的实体没有任何直接或间接的利害关系,如果发生任何变化影响到我声明的真实性,我将立即通知董事长。"

《GL集团员工手册》载明:"欢迎加入GL公司,GL公司是指员工就职的GL集团下属公司;对于员工的C类过错或过失,公司将按违纪解除劳动合同处理。"该员工手册附件一"员工违纪行为"规定C类过错或过失包括:严重违反《GL集团行为准则》;违反其在劳动合同项下的竞业限制义务或承诺;欺瞒或意图欺瞒公司；以任何形式在公司以外任何其他第三方任职或为其工作或兼职的，无论是否收受报酬。《GL集团行为准则》规定："任何雇员或直系亲属在任何竞争对手或与GL有重大业务关系的公司中拥有利益，就违反了此政策。任何可能与本行为准则发生冲突的利益，必须经董事长书面批准。具体包括：拥有与GL竞争的任何公司或GL主要客户或供应商的所有权或重大经济利益；使董事、经理、雇员降低其对于GL忠诚度或诚信度的情况。"

2014年9月2日，GL重庆公司成立。经营范围为研发、制造、装配、加工各类水泵及水泵零配件、水泵系统和水泵系统控制设备、污水泵、水处理设备，销售本公司所生产的产品并提供相关的技术咨询等。

2014年11月1日，GL上海公司、GL重庆公司、虞某三方签订《变更协议》，约定：GL重庆公司取代GL上海公司成为劳动合同的一方，GL上海公司退出劳动合同，GL重庆公司将承继劳动合同项下雇主的全部权利和责任。虞某于2014年11月1日转至GL重庆公司成为该司员工。

2015年6月4日，GL重庆公司（甲方）与虞某（乙方）签订劳动合同，约定虞某任销售工程师。该合同第6条约定，本合同期内乙方应严格遵守甲方劳动纪律、商业操守和各项规章制度（包括但不限于《GL集团员工手册》和《GL集团行为准则》等）；第12条约定，乙方确认甲方已向乙方提供《GL集团员工手册》《GL集团行为准则》，双方在此确认前述规章制度是对本合同的有效补充，对双方具有法律约束力。

2013年11月5日，张某作为股东设立重庆YR公司（以下简称YR公司）。随后YR公司先后成为GL上海公司和GL重庆公司的经销商，张某作为YR公司销售代表多次与虞某进行对接。

2014年11月24日，虞某与张某作为股东共同设立重庆DM公司（以下简称DM公司）。该公司经营范围包括销售、维修、安装空调、水泵、热水器等。2017年5月24日，DM公司注销。

2019年2月，GL重庆公司接到举报：虞某与经销商共同设立DM公司，DM公司经营范围与GL重庆公司有竞业关系；张某在两家公司都有任职，两家公司联系方式也相同；虞某以上行为未向GL重庆公司报告，构成隐瞒。

2019年3月5日，GL重庆公司以虞某上述行为构成《GL集团员工手册》规定的C类违纪行为为由，解除与虞某的劳动合同。随后，虞某提起诉讼，要求GL重庆公司支付违法解除劳动合同的赔偿金256,452元。

【裁判结论】

争议焦点 1：关联公司的规章制度能否适用于本案？

虞某认为，其签收的是虞某在 GL 上海公司任职期间的员工手册，并非 GL 重庆公司的员工手册，其没见过 GL 重庆公司的员工手册；员工手册没有经过民主程序制定，不能作为本案依据；GL 重庆公司作为具有优势地位的用人单位一方，将上述规章制度强行作为劳动合同的补充，侵害了劳动者的合法权益。综上，GL 重庆公司解除劳动合同没有规章制度依据，构成违法解除。

公司则认为，GL 集团注册地在北京，是 GL 重庆公司、GL 上海公司的唯一股东，GL 集团下属公司均适用同一份员工手册。虞某在多份劳动合同中均承认收到并同意遵守员工手册和行为准则，劳动合同书也约定以上制度是对劳动合同的补充，在虞某已签字同意遵守的情况下，员工手册和行为准则不仅是规章制度，也是劳动合同条款的一部分，合同签署即有效。因此，员工手册和行为准则的民主性不应该在本案中加以审查。

法院认为，首先，虞某签收《GL 集团员工手册》《GL 集团行为准则》，并签署《承认书》，承诺阅读并理解《GL 集团行为准则》，之后，GL 重庆公司承继 GL 上海公司的全部权利，故虞某在 GL 重庆公司工作期间仍应受前述《承认书》的约束，接受《GL 集团行为准则》的规范。其次，虞某与 GL 重庆公司签订的劳动合同书中明确约定 GL 重庆公司已向虞某提供《GL 集团员工手册》《GL 集团行为准则》等规章制度，且双方确认前述规章制度是对本合同的有效补充，对双方具有法律约束力。最后，《GL 集团员工手册》也明确规定适用于所有与 GL 集团下属公司签订劳动合同员工及被劳务派遣公司派遣到本公司工作的人员。综上，虞某已知晓《GL 集团员工手册》《GL 集团行为准则》，并已承诺会严格遵守。虞某主张《GL 集团员工手册》《GL 集团行为准则》不应适用的抗辩意见缺乏事实依据且有违诚信，不成立。

争议焦点 2：本人对竞业公司仅出资，未参与经营，是否可以免责？

虞某认为，竞业公司 DM 公司系张某使用虞某的身份证注册成立的，虞某不知情，当时是张某提出要注册公司，虞某是销售经理，与经销商有往来，直至 2017 年虞某知晓该情况后要求张某在 2017 年 5 月注销了 DM 公司；该公司与 GL 重庆公司没有业务往来，也没有开展过任何业务；GL 重庆公司与 YR 公司的项目销售合同系经领导认可后签署履行的，GL 重庆公司也未举证因履行该销售合同遭受损失。而公司规章制度中的 C 类过失行为强调的是员工在第三方处任职、兼职为其工作，虞某只是在 DM 公司履行了出资义务，没有担任任何职务。故虞某应该免责。

对虞某的上述辩解,法院认为:

首先,虞某在职期间与 GL 重庆公司经销商 YR 公司的控股股东共同设立 DM 公司,此情况必然导致虞某将 YR 公司的利益置于 GL 重庆公司之上,利用知晓的 GL 重庆公司底价压低交易价格,损害 GL 重庆公司的利益。YR 公司成为 GL 重庆公司的经销商,虞某与张某分别代表卖方 GL 重庆公司和买方 YR 公司签订了多份项目销售合同,已违反《GL 集团行为准则》中的利益冲突规定。另外,虞某未及时将其存在利益冲突的情形报管理层和董事长书面批准,违反了《GL 集团员工手册》不得"欺瞒或意图欺瞒公司"的规定。

其次,虞某作为股东设立的 DM 公司营业范围包括销售水泵,与 GL 重庆公司的营业范围存在重叠,即 DM 公司与 GL 重庆公司业务存在竞争关系。虞某虽辩称 DM 公司从未经营,但并未举示证据予以证明,且即使属实,虞某设立公司具有竞业的可能性,也违反了在职期间的竞业限制义务。

综上,虞某主张免责的理由不成立。

争议焦点 3:处罚时效是否已过?

虞某认为,其上述行为即使构成违纪,但该违纪行为已经于 2017 年 5 月 24 日随着竞业公司 DM 公司的注销而结束,GL 重庆公司在 2019 年 3 月将已结束的违纪行为作为解除劳动合同的依据,时限过长,不应被支持。

法院认为,虞某确实存在违反劳动合同和规章制度的行为,虽然 DM 公司已于 2017 年 5 月 24 日注销,但 GL 重庆公司对虞某的违纪违规行为并非必然知晓,虞某也未举证证明 GL 重庆公司早已知晓并谅解其行为,故 GL 重庆公司于 2019 年 3 月解除双方劳动关系符合合同约定,亦不违反法律规定。

法院最终认定,虞某在未通知相关领导,也未经相关领导批准的情况下,与 GL 重庆公司经销商的控股股东共同设立竞业公司,违反了劳动合同的约定和《GL 集团员工手册》的规定,GL 重庆公司在得知违纪事实后解除双方劳动合同关系,符合《劳动合同法》第 39 条的规定,虞某主张 GL 重庆公司支付违法解除劳动合同的赔偿金缺乏事实和法律依据,法院不予支持,判决:驳回原告虞某的诉讼请求。

【评析意见】

本案涉及的三个争议焦点,均是用人单位单方解雇中经常会遇到的富有挑战性的问题,笔者赞成本案的裁判观点,并选取部分争议焦点分析如下:

一、劳动者已经签字同意遵守用人单位规章制度的，劳动争议处理机构不应再审查规章制度的民主性

《劳动合同法》第 16 条第 1 款规定："劳动合同由用人单位与劳动者协商一致，并经用人单位与劳动者在劳动合同文本上签字或者盖章生效。"因此，如果用人单位规章制度是劳动合同的附件，则转化为劳动合同的一部分，一旦劳动者签署，即表明其同意遵守，无须审查其制定过程的民主性。《劳动合同法》第 4 条主要适用于公司单方面公布实施而员工没有签收表示同意遵守的情形。在员工已经承诺同意遵守的情况下，规章制度已经不仅仅是规章制度，而转化为劳动合同条款的一部分，双方一旦签署即应有效。

对此，2015 年 1 月 20 日公布施行的安徽省高级人民法院《关于审理劳动争议案件若干问题的指导意见》亦持此观点，该指导意见第 5 条规定："用人单位在与劳动者签订的书面劳动合同中，已明确告知劳动者存在某种特定规章制度，该特定规章制度属于劳动合同内容，人民法院应根据《劳动合同法》关于劳动合同效力的规定审查其效力。"

需要特别指出的是，在上述情形下，即使无须审查规章制度的民主性，但规章制度内容的合法性仍需审查。劳动者同意遵守的规章制度内容有《劳动合同法》第 26 条规定的情形之一的，相应的部分应无效。

二、用人单位发现员工三年前的违纪行为，是否还有权处罚

这主要涉及用人单位对劳动者违纪行为处罚的合理时效或时限问题。目前，法律层面没有统一规定。

1. 1982 年 4 月 10 日公布并施行的国务院《企业职工奖惩条例》第 20 条规定："审批职工处分的时间，从证实职工犯错误之日起，开除处分不得超过五个月，其他处分不得超过三个月。"但该条例已经于 2008 年 1 月 15 日被废止。

2. 部分地区的地方性法规或审判指导意见。

《重庆市职工权益保障条例》（2022 年修正）第 26 条规定："因用人单位作出的解除和终止劳动合同、减少劳动报酬、计算职工工作年限等决定而发生的劳动争议，用人单位负举证责任。用人单位应当从知道或者应当知道职工违反规章制度行为之日起一年内作出处理决定。逾期未处理的，不再追究该违章责任。"

2014 年 4 月 14 日公布并施行的浙江省高级人民法院民事审判第一庭和浙江省劳动人事争议仲裁院《关于审理劳动争议案件若干问题的解答（二）》第 8 条规定："劳动者违反用人单位规章制度，符合用人单位与其解除劳动合同的条件，用人单位一般应在知道或者应当知道之日起 5 个月内行使劳动合同解除权。"

2023 年 8 月 1 日起施行的《天津市贯彻落实劳动合同法若干问题实施细则》第 15 条第 2 款规定:"劳动者有劳动合同法第三十九条第二项、第三项、第四项、第五项、第六项情形之一,用人单位与劳动者解除劳动合同的,应自知道或应当知道劳动者存在上述情形之日起六个月内作出解除劳动合同的决定。"

3. 笔者认为,参考劳动仲裁 1 年的普通时效规定,如果用人单位在发现或应当发现劳动者违纪行为之日起,在 1 年合理时限(部分地区设定了低于 1 年的合理时限应从其规定)内未作出处罚决定,应当视为放弃权利,本身应无争议。但如何判断"知道或应当知道",则存在很大争议。

就本案而言,劳动者在庭审中曾抗辩称国家市场监督管理总局已经开放了"国家企业信用信息公示系统",用人单位可第一时间查询到 DM 公司的股东信息,故用人单位应在 2014 年 11 月 24 日 DM 公司注册后第一时间即"应当知道"虞某担任 DM 公司股东的事实,且 DM 公司已经于 2017 年 5 月 24 日注销。但 GL 重庆公司却迟至 2019 年 3 月才单方解雇,已经超出了解雇的合理时限。

笔者以为,首先,任何一家用人单位都没有义务去不时查询自家员工是否在外设立公司;相反,员工有遵守职业道德、诚实守信等法定或默示义务,不能因为用人单位没有及时查询并发现员工的违纪线索而免除员工的上述义务,否则就本末倒置,变相导致员工违纪行为合法化,有悖诚实信用和公序良俗。其次,"用人单位知道或应当知道"本身属于积极事实,根据"谁主张,谁举证"的证据规则,主张积极事实成立的一方负有举证责任,故劳动者若主张用人单位早就"知道或应当知道"违纪事实,则应由劳动者对此负举证责任更为合理。若劳动者无法举证用人单位"知道或应当知道"已超合理时限,则应推定用人单位的解雇尚在合理时限内。

【案例索引】

重庆市渝北区人民法院民事判决书,(2019)渝 0112 民初 8526 号。

重庆市第一中级人民法院民事判决书,(2019)渝 01 民终 8309 号。

【执笔人】

北京市隆安律师事务所上海分所　李居鹏

规章制度中竞业限制规定的效力简析

【案例要旨】

　　劳动关系中,当事人在签订的劳动合同中约定了《员工手册》作为劳动合同之附件,对劳动关系双方均具有约束力。在双方确认的《员工手册》中载明了竞业限制条款,亦系双方真实意思表示,未违反法律规定,且劳动者在签署后,未在合理期限提出异议的,该约定合法有效。

【案情简介】

　　原告:A 公司
　　被告:张某

　　张某于 2013 年 7 月 2 日入职 A 公司,离职时间为 2015 年 7 月 17 日。张某离职前任外贸业务员一职。最后一份劳动合同约定的合同期限为 2014 年 1 月 7 日至 2015 年 1 月 7 日。A 公司称张某作为公司外贸业务员,属于具有保密义务的其他人员,并提交了劳动合同、张某任职期间与客户的往来邮件等证据予以佐证。

　　A 公司主张在与张某共同签署的《员工手册》中明确约定了相关竞业限制条款,其中载明,张某在解除或者终止劳动合同后 2 年内,不得自己开业生产或者经营同类产品、从事同类业务。A 公司在竞业期内按照离职前 12 个月平均工资的一半按月支付张某补偿金。张某若违反上述约定,应当返还已获得的竞业限制补偿金,并向 A 公司支付违约金 50 万元。

　　A 公司向法院提交的银行转账记录载明,A 公司于 2015 年 9 月 30 日向张某支付人民币 1750 元,备注说明为"竞业限制补偿金"。双方认可张某离职前月固定工资为人民币 3500 元。另外,张某认可其在 2015 年 4 月 16 日于中国香港地区设立 V 公司,据 A 公司提供的该公司成立信息、公司网站业务说明信息及载有张某签名、上述公司签章的货单等证据证明,张某设立上述公司所开展的业务与 A 公司经营业务有重合之处。

A 公司以张某违反竞业限制义务为由,要求:(1)请求张某退还 A 公司支付的竞业限制补偿金人民币 1750 元。(2)请求张某支付 A 公司竞业限制违约金人民币 500,000 元。(3)请求张某承担本案的诉讼费。

【裁判结论】

一审法院认为,张某作为 A 公司外贸业务员,其所接触到的信息是有别于相关公知信息的特殊客户信息,包括客户名册、客户的交易习惯、价格承受能力、需求类型、客户联系方式等,而上述信息的获得亦需要其所有者付出一定的财力以提供支持,故张某所掌握的上述信息应当属于商业秘密,其应当承担相应的保密义务。另 A 公司、张某双方签订的劳动合同亦约定,张某应当保守公司的业务、技术和有关文件的秘密,并不得从事与 A 公司业务相似的第二职业。综上,法院认为张某属于其他负有保密义务的人员。

A 公司、张某双方签订的劳动合同中约定,《员工手册》作为劳动合同之附件,对双方均具有约束力。本案中,对于 A 公司提交的《员工手册》,双方 2014 年 10 月 20 日予以签字签章确认,其中关于竞业限制的条款,系双方真实意思表示,未违反法律规定,且张某在签署后,未在合理期限提出异议,该约定合法有效,对于 A 公司主张双方存在竞业限制约定的主张予以采信,并认定张某确有从事与 A 公司相同或相似业务的违反竞业限制之行为。

A 公司未能就张某的违约行为给其造成的损失举证,上述违约金约定数额过高,法院酌定予以调整,即违约金自张某 2015 年 4 月设立同业公司之日计至 A 公司 2016 年 4 月起诉之日,按照张某月固定工资 3500 元的 2 倍计 12 个月。故判决:张某退还竞业限制补偿金人民币 1750 元给 A 公司,并向 A 公司支付违约金人民币 84,000 元。

【评析意见】

本文就规章制度中规定了竞业限制,其对负有竞业限制义务的劳动者是否具有法律效力问题进行分析与探讨。

一、规章制度的生效要件

根据相关劳动法理论以及关于规章制度的法律法规规定,用人单位制定的规章制度的生效应当满足实体要件和程序要件两方面的要求。

(一)实体要件

1. 制定主体适格

规章制度是用人单位制定的规范劳动过程的行为准则。只有符合一定条件的用人单位的行政管理机构制定出的规章制度才有可能生效。规章制度不是用人单位的任意部门或机构制定后就会成为规章制度。用人单位规章制度的制定主体必须是用人单位最高层级、对用人单位的各个组成部门和全体员工均有权实行全面统一管理的行政部门,在用人单位具有最高的权威性。用人单位内部的组成部门虽然有权参与规章制度的制定,但是其没有制定规章制度的主体资格,更没有权利以用人单位的名义发布规章制度。在没有获得用人单位授权的情况下,即使内部组成部门制定并发布了规章制度,该规章制度也不具有约束力。

2. 内容合法、合理

规章制度的内容首先应当是合法的。用人单位所制定的规章制度的内容必须符合我国法律法规与劳动政策的相关规定。用人单位的规章制度其法律效力源于国家法律,《劳动法》规定用人单位应当依法建立和完善规章制度。用人单位的规章制度更多体现了用人单位的意志,只有用人单位的意志与国家法律法规的相关规定不抵触时,用人单位的规章制度才对劳动者具有约束力。若用人单位的规章制度内容违法,其规章制度的部分内容本身就是无效的。实践中,我国对于劳动管理的若干方面是通过制定国家劳动政策的方式进行的,对劳动关系的调整起到非常重要的作用。因此,用人单位规章制度的内容不仅要符合我国法律法规的规定,还要符合我国的劳动政策。

另外,规章制度的内容应当具有合理性。所谓合理性,即符合大多数人的心理评判的标准,为大多数人所认同和接受,如果为大多数人所不能接受,其就不具备合理性的基础。除了内容为大多数人所接受,规章制度还要符合司法实践中的合理性的判断标准。当然,裁判者在确定其是否具有合理性时,首先会从普通劳动者的角度判断其是否合理;再就是根据司法实践,在自由裁量范围内,根据实际情况对规章制度的内容是否具有合理性作出认定。

(二)程序要件

1. 经过民主协商程序

根据最高人民法院关于劳动争议案件的有关司法解释的规定,用人单位通过民主程序制定的规章制度,不违反国家法律、行政法规及政策规定,并已向劳动者公示的,可以作为人民法院审理劳动争议案件的依据。民主程序的合法规范是保障民主管理制度真实有效的必要前提。民主程序的基本要求是在用人单位制定规章制度的过程中严格按照一定的规则和方式,充分听取工会或职工代表的意见,使规章制度更具广泛的基础。但是,对于采用怎样的民主程序,《劳动合同法》并没有明确规定,但是从立法精神上看,国家希望通过不同的方式使劳动者能充分参与用人单位规章制度的制定,反对用人单位完全单方面制定规章制度。用人单位在制定规章制度时,可采取座谈会、职工代表大会或职工大会等民主管理形式,让员工参与到用人单位规章制度的制定过程中来,广泛听取员工的意见和建议,体现规章制度制定的民主性。

对于用人单位除劳动规章制度之外一般性的规章制度,如用人单位作为进行职能管理的规范,一般无须通过民主程序,只要不违反国家法律、行政法规及政策规定,就是有效的,如财务管理制度。用人单位制定、修改或决定直接涉及劳动者切身利益的规章制度或重大事项,必须履行民主程序,经职工代表大会或全体职工讨论,与工会或职工代表平等协商后确定。比如,关于劳动者的劳动报酬、工作时间、休息休假、劳动安全卫生、保险福利、职工培训、劳动纪律以及劳动定额管理等。此外,在规章制度和重大事项决定实施过程中,工会或职工认为不适当的,有权向用人单位提出,通过协商予以修改完善。那么,针对在《劳动合同法》实施之前,原用人单位的规章制度的制定没有经过民主协商程序,其效力如何呢？根据司法实践,在《劳动合同法》实施前,原用人单位的规章制度的制定虽然没有经过民主协商程序,但只要规章制度的内容不违反国家法律、行政法规及政策规定并向劳动者告知或公示的,依然可以作为用人单位用工管理和人民法院审理劳动争议案件的依据。比如,北京市、浙江省的地方性政策文件就有类似规定。

2. 已向劳动者公示或告知

自劳动者进入用人单位就职时起,用人单位就应当向劳动者告知劳动过程中应遵守的基本劳动纪律,通俗地讲就是劳动者在劳动过程中哪些可以做、哪些不可以做以及将产生哪些后果等。这些最基本的内容是用人单位规章制度的一部分。在用人单位没有告知劳动者的情况下,劳动者除遵守国家的法律法规规定外,对于用人单位内部的管理制度没有遵守的义务。因为劳动者对用人单位的规定一无所知,劳动者不知道该遵守什么。作为一个独立经营的经济组织,没有规则,其管理肯定会陷入混乱状态。因此,用人单位将规章制度向劳动者进行公示或告知是非常重要的,它不仅具有管理层面的意义,也具有法律层面的意义。

二、竞业限制的概念与表现

（一）竞业限制的概念

竞业限制是一种限制性规定，是指用人单位与负有竞业禁止义务的劳动者在劳动合同或独立协议中约定的，劳动者在劳动合同期限届满或解除后的一定期限内，不得到与本单位生产同类产品或经营同类业务的有竞争关系的其他单位工作，劳动者本人也不得生产或经营与本单位有竞争关系的同类产品或业务。竞业限制的本质在一定程度上是对劳动者择业权的限制，其目的是保护用人单位的商业秘密。在劳动者的择业权受到限制的情况下，为了平衡劳动者与用人单位之间的利益，法律规定劳动者在竞业限制期限内，由用人单位向劳动者支付相应的经济补偿金，对劳动者因择业限制而造成的经济损失进行补偿。[①]

（二）竞业限制的表现

竞业限制表现为：(1)约定性。竞业限制条款属于劳动合同中的约定事项，用人单位与劳动者在订立了竞业限制条款的情况下，劳动者才负有竞业限制所约定的法律义务；没有竞业限制条款的，劳动者不受竞业限制规定的限制。(2)同业性。负有竞业禁止义务的劳动者不得到与本单位生产同类产品或经营同类业务的有竞争关系的其他单位工作，劳动者本人也不得从事生产或经营与本单位有竞争关系的同类产品或业务。(3)限制性。负有竞业禁止义务的劳动者受到与用人单位约定的竞业限制的范围、地域和期限的限制，但以上约定不得违反法律、法规的规定。比如，用人单位与劳动者约定的竞业限制期限不得超过法律规定的期限。(4)补偿性。用人单位与负有竞业限制义务的劳动者之间的劳动合同解除或终止后，在竞业限制期限内，须按月向劳动者支付经济补偿金。

三、竞业限制属于劳动合同的约定条款

根据《劳动合同法》第23条第2款的规定，对负有保密义务的劳动者，用人单位可以在劳动合同或者保密协议中与劳动者约定竞业限制条款。第24条第1款规定："竞业限制的人员限于用人单位的高级管理人员、高级技术人员和其他负有保密义务的人员。竞业限制的范围、地域、期限由用人单位与劳动者约定，竞业限制的约定不得违反法律、法规的规定。"从以上规定可知，竞业限制义务的产生基础是用人单位与劳动者在法律规定的范围内对竞业限制的有关事项作出的约定。双方对此进行约定是竞业限制义务在用人单位与劳动者之间产生法律效力的依据。用人单位可以与负有竞业禁止义务的劳动者通过劳

---

① 刘斌：《劳动法律专题精解与实务指引》，中国法制出版社2013年版，第214页。

合同或独立协议的方式对劳动者在劳动合同期限届满或解除后的一定期限内，不得到与本单位生产同类产品或经营同类业务的有竞争关系的其他单位工作，以及劳动者本人也不得生产或经营与本单位有竞争关系的同类产品或业务的有关事项进行约定。竞业限制条款的内容主要包括竞业限制的范围、地域、期限、经济补偿金数额、违约金数额等。以上条款的具体内容由用人单位与劳动者在平等自愿的基础上，协商一致后约定。如果用人单位与劳动者之间未对竞业限制进行约定，那么双方不产生竞业限制义务。

四、规章制度中的竞业限制规定的效力分析

根据最高人民法院关于劳动争议案件的有关司法解释的规定，用人单位通过民主程序制定的规章制度，不违反国家法律、行政法规及政策规定，并已向劳动者公示的，可以作为人民法院审理劳动争议案件的依据。用人单位依法制定的规章制度中对竞业限制作出了规定，其对负有竞业限制义务的劳动者是否产生相应的法律效力呢？

有观点认为，竞业限制既然属于约定义务，只要能够认定规章制度中的竞业限制规定同时属于用人单位与劳动者之间的约定，对属于竞业限制义务范围的劳动者就应当受到竞业限制的约束。本案中，法院基于双方签订的劳动合同中约定了《员工手册》作为劳动合同的附件，该《员工手册》中又对竞业限制作出了规定，且劳动者未在合理期限内提出异议，故对双方均具有约束力，该约定合法有效。笔者认为，用人单位依法制定的规章制度虽对竞业限制作出了规定，但规定内容仅概括地规定负有竞业限制义务的劳动者应负有竞业限制义务，且在没有相应证据证明该部分内容系与属于竞业限制义务范围的劳动者进行约定的情况下，该规定对属于竞业限制义务范围的劳动者不产生相应效力。

另有观点认为，根据《劳动合同法》第23条的规定，只有用人单位在劳动合同或者竞业限制协议中与属于竞业限制义务范围的劳动者约定了竞业限制条款，才产生竞业限制义务，竞业限制条款并不属于用人单位规章制度规定的范围。即使用人单位的规章制度中对此作出了规定，也是无效的。比如，北京市第一中级人民法院于2019年发布的涉竞业限制劳动争议十大典型案例中的观点认为，《员工手册》中关于竞业限制的规定不等同于竞业限制约定。用人单位支付给劳动者竞业限制补偿的前提是双方有竞业限制的约定。《员工手册》中关于竞业限制的规定不是用人单位要求劳动者履行竞业限制义务的约定，不能作为劳动者要求用人单位支付竞业限制补偿的依据。

从上述分析可知，用人单位在规章制度中关于竞业限制内容的效力问题，在司法实践中，尚无统一的确定的认定标准，需结合具体案件情况作出相应分析判断。对于用人单位而言,若要求属于竞业限制义务范围的劳动者承担竞业限制义务,应与劳动者依法签订竞业限制协议,尽量避免仅在企业规章制度中进行规定而未在劳动合同中约定的情况出现;对于劳动者而言,若与用人单位对竞业限制事项达成了一致,应通过书面形式明确双方的权利义务,依法维护自身合法权益。

【案例索引】

广东省深圳市宝安区人民法院民事判决书,(2016)粤0306民初7756号。

【执笔人】

上海普世万联律师事务所 刘斌

绩效考核指标并非用人单位单方说了算

【案例要旨】

用人单位可以根据经营生产的需要来设定绩效考核制度,这属于企业经营自主权的体现,但绩效考核方式、指标等属于涉及劳动者切身利益的重大事项,其设定与修改应当经过职工代表大会或者全体职工讨论,提出方案和意见,与工会或者职工代表平等协商确定,而不能单方自行决定,用人单位单方的制定或修改会被裁审部门认定无效。

【案情简介】

上诉人(一审原告):李某某
被上诉人(一审被告):江苏某电子公司

李某某于2009年8月19日入职江苏一家电子公司,担任工艺工程师,双方签署了多份书面劳动合同,最后一份为自2015年9月1日起的无固定限期劳动合同。李某某的工资由固定工资每月15,000元另加年底奖金构成。其离职前12个月平均工资为19,794.33元。

李某某入职时还签署了一份《员工行为管理条例》,该条例约定:未经批准,擅自离岗60分钟以上的,视为当日1次旷工,属于中度违纪;拒绝服从上级人员作业的工作指示、安排或要求(可能造成安全事故的错误指示、安排或要求除外),属于中度违纪;上下班无故迟到、早退、擅自离岗(30分钟内),半年内累计达到6次或累计达到120分钟,属于严重违纪。员工如有中度违纪行为,公司一般予以书面警告之处分;个人档案内存在两次书面警告记录或两次可以累积为书面警告的情形,属于严重违纪。员工如有严重违纪行为,公司可以立即解除劳动合同。

2018年12月28日,李某某家里有事,正好遇上公司年底盘点,工厂停止生产；另外，12月15日晚仓库发生大火，安监局要求公司15日内进行整改，导致当天办公室只有两个人，李某某于是直接回家了。事后在考勤系统里申请补假被公司拒绝。

2019年1月7日，公司向李某某出具《员工违纪处分决定书》，给予李某某书面警告处分。违纪事由：该员工未经主管同意其请假于2018年12月28日14:00前后擅自离厂未归，违反《员工行为管理条例》中严重违纪条款，鉴于首次，从轻处理，按照书面警告处分。

2018年12月5日，培训经理向包括李某某在内的全体员工发送邮件，通知2019年度的绩效目标和发展目标设定已经开始，要求员工及主管/经理合作制定目标，并要求员工通过登录公司办公系统完成绩效目标及发展计划设定；12月21日，培训经理提醒员工12月31日前尽快完成绩效目标和发展计划的设定；12月24日，李某某主管向未设定的员工发送邮件，提醒只剩下一周；12月29日，李某某主管单独向李某某发送邮件提醒李某某只剩下他一人，要求尽快设定；12月30日，再次发邮件提醒只剩下最后一天；2019年1月2日，李某某主管要求李某某务必在1月7日前完成，当天及后续几天李某某邮件回复，认为其2018年度的绩效评审不客观，要求提供相关的数据，并对主管完全失去信任；1月7日李某某主管回复称2019年度的绩效设定与2018年度的无关，要求1月8日务必完成设定。李某某认为其目标不合理，最终并未设定。

2019年1月15日，公司再次向李某某出具《员工违纪处分决定书》，给予李某某书面警告处分。违纪事由：不服从主管安排，没有按要求日期完成2019年度绩效设定，违反《员工行为管理条例》中拒绝服从上级人员作业的工作指示、安排或要求。2019年1月17日，公司以李某某存在两次书面警告为由与其解除劳动合同。

2019年3月8日李某某申请劳动仲裁，要求公司支付违法解除赔偿金38万元。

仲裁庭审中，双方确认李某某所在的部门2018年度全体人员绩效目标中的总体设备效率设定为85%，实际完成平均为78.88%，李某某2018年完成为79.07%，考评结果为最差的B3等级。公司要求李某某所在部门2019年度绩效目标中的总体设备效率设定为90%，并要求李某某自行到系统上设定，李某某认为是不可能完成的任务，所以拒绝设定。

【裁判结论】

　　一审法院认为,根据法律规定,用人单位在制定、修改或者决定有关劳动报酬等直接涉及劳动者切身利益的规章制度或者重大事项时,应当经职工代表大会或者全体职工讨论,提出方案和意见,与工会或者职工代表平等协商确定。被告(江苏某电子公司)将绩效考核中总体设备效率指标从2018年度的85%提高至2019年度的90%,该指标的变化直接影响员工的2019年年终奖,涉及原告(李某某)等劳动者的切身利益,被告应当对其提高总体设备效率指标的合理性进行说明并履行相应的民主程序。且被告的培训经理在邮件中也特别提出要求员工及主管/经理合作制定相应绩效目标等,但根据其他邮件反映内容,仅体现原告的上级主管催促原告自行完成绩效考核的设定,并未反映部门员工讨论通过总体设备效率指标提升方案的证据,故被告自行提升考核指标的行为缺乏正当性与合理性。故原告在收到上级要求设定绩效考核目录的通知后未予设定,具有一定的合理性,被告认定原告未按照要求设定绩效考核目标的行为属于违反《员工行为管理条例》规定的情形并予以书面警告处分有所不当。综上,被告根据管理条例的规定以两次书面警告处分为由解除与原告的劳动合同条件不能成立,属于违法解除,应当支付赔偿金,仲裁认定的赔偿金376,092.27元符合法律规定,一审法院予以确认。

　　二审法院认为,在被上诉人(李某某)否认的情况下,依据上诉人(江苏某电子公司)的陈述和往来邮件的内容,不能证明上诉人2019年度的绩效考核已经民主程序制定。用人单位在制定、修改或者决定有关劳动报酬、工作时间、休息休假、劳动安全卫生、保险福利、职工培训、劳动纪律以及劳动定额管理等涉及劳动者切身利益的规章制度或者重大事项时,应当经过民主程序确定。2019年度的绩效考核的内容涉及劳动者切身利益,应当经民主程序制定。上诉人经民主程序制定不违反国家法律、行政法规及政策规定的绩效考核指标,并向劳动者公示后,即可以作为人民法院审理劳动争议案件的依据。上诉人将被上诉人没有按要求日期完成2019年度绩效设定的行为,认定为《员工行为管理条例》中规定的拒绝服从上级人员作业的工作指示、安排或要求的情形不合理,一审认定上诉人该次给予被上诉人书面警告处分不当。上诉人根据规章制度的规定,以两次书面警告处分造成严重违纪即解除与被上诉人的劳动合同违反法律规定,应向被上诉人支付赔偿金。一审以被上诉人离职前12个月的平均工资和工作年限,确定上诉人应向被上诉人支付的赔偿金金额并无不当。上诉人的上诉理由无事实和法律依据,不能成立,二审法院不予采纳。一审判决认定事实清楚,所作判决并无不当,应予维持。

【评析意见】

本案主要涉及绩效考核指标的提高由用人单位单方说了算,还是应当经职工代表大会或者全体职工讨论,提出方案和意见,与工会或者职工代表平等协商确定。

一、用人单位绩效考核指标的设定、提高影响到劳动者的劳动报酬,属于涉及劳动者切身利益的重大事项

在劳动合同履行过程中,对于劳动者来说,劳动报酬、工作时间、休息休假、劳动安全卫生、保险福利、职工培训、劳动纪律以及劳动定额管理等属于直接涉及劳动者切身利益的重大事项。

绩效考核制度作为用人单位一种管理工具,其设立的目的在于通过对劳动者的激励,实现用人单位的目标,挖掘问题,促进成长,达到用人单位和劳动者共赢的效果。为了实现这一目的,用人单位通常将绩效考核结果直接与劳动者招聘、晋升、培训以及工资调整和奖惩挂钩。因此,绩效考核指标属于涉及劳动者切身利益的重大事项。

本案中,公司一方明确,绩效考核结果会影响李某某年终奖励以及职务的晋升,公司单方将绩效考核指标提高,必然导致李某某获得年终奖的难度增加,年终奖金额减少,而劳动报酬显然属于涉及劳动者切身利益的重大事项之一。

二、用人单位对涉及劳动者切身利益的规章制度或者重大事项进行修改时应当经过民主程序,并对劳动者进行公示和告知,否则对劳动者不具有约束力

劳动合同关系中,用人单位往往处于优势地位,在建立和完善劳动规章制度时,将自己的意志完全体现在其中,而作为弱势一方的劳动者个体没有对等的谈判能力,并不能完全体现自己的真实意思表示。所以,劳动法律、法规对于涉及劳动者切身利益的规章制度或者重大事项进行制定或修改时,在程序上作出了特别的要求,即需要由用人单位与全体职工或者职工代表进行讨论,协商确定,从而维持劳资双方的利益平衡。

《劳动合同法》第 4 条规定:"用人单位应当依法建立和完善劳动规章制度,保障劳动者享有劳动权利、履行劳动义务。用人单位在制定、修改或者决定有关劳动报酬、工作时间、休息休假、劳动安全卫生、保险福利、职工培训、劳动纪律以及劳动定额管理等直接涉及劳动者切身利益的规章制度或者重大事项时,应当经职工代表大会或者全体职工讨论,提出方案和意见,与工会或者职工代表平等协商确定。在规章制度和重大事项决定实施过程中,工会或者职工认为不适当的,有权向用人单位提出,通过协商予以修改完善。用人单位应当将直接涉及劳动者切身利益的规章制度和重大事项决定公示,或者告知劳动者。"

本案中,公司在对2019年度绩效考核指标进行设定时,并未按照其邮件中声称的让李某某与其主管/经理合作制定相应绩效目标,而是由公司预设,并且要求全体劳动者按照公司设定的目标在系统内填写,并未与李某某在内的全体职工或者职工代表大会进行讨论,提出方案和意见,更未与工会或者职工代表进行协商确定。因此,李某某拒绝按照公司事先定好的指标进行填写,具有合法性和正当性。

三、用人单位规章制度的制定或修改除应当具有合法性,还应当具有合理性

劳动法属于公法,并不同于一般的民商法律关系中完全遵循双方意思自治的原则,用人单位经过民主程序制定或修改的规章制度除了内容合法、程序合法,还应当具有一定的合理性。尽管通过民主程序方式来制定和修改规章制度可以在一定程度上解决劳资双方地位失衡的问题,但用人单位利用强势地位设定完全有利己方的内容仍然不可避免,因此,裁审部门在认定规章制度内容是否对劳动者有约束力时,除对程序是否合法、内容是否合法进行审查外,还会对其内容是否具有合理性进行审查。一些约定的内容,比如迟到一次(非特殊行业)即可解除劳动合同,很有可能会被认为过于严苛,缺乏合理性,如果用人单位据此作出解除,很有可能不会获得裁审部门支持和认可。

本案中,公司要求将包括李某某在内所有员工绩效考核中的总体设备效率指标比上一年进行了较大幅度的提高,但事实上,全体人员2018年度的平均绩效远低于年初公司设定的目标,可知公司设定的2018年度绩效考核目标过高,公司在未对绩效考核指标作出合理解释说明的情况下,单方将绩效考核中的总体设备效率指标再次进行大幅度提高,明显缺乏合理性。

总之,公司提高2019年度绩效考核指标会影响李某某的年终奖金以及职位的晋升,属于涉及劳动者切身利益的重大事项的修改,应当通过职工代表大会或者职工代表讨论,提出方案或意见,经与工会或者职工代表平等协商后确定,公司单方面的提高绩效考核中的指标并不合法。另外,在全体人员未完成2018年公司设定的绩效考核目标的情况下,单方将考核指标进行大幅度提高,也不具合理性。李某某拒绝按照公司的要求在系统内设定绩效目标的行为具有正当性,公司认定李某某拒绝设定绩效考核目标属于严重违纪并给予书面警告并不合法。"李某某累计获得两次书面警告"并不成立,所以用人单位辞退李

某某是违法的。

四、用人单位违法解除劳动合同的，劳动者要求违法解除的赔偿金合法有据

我国《劳动合同法》对用人单位的解除权进行了严格的限制，用人单位的解除必须依照法律规定执行。如果用人单位的解除没有事实或者法律依据，属于违法解除。对于用人单位违法解除的，需要作出惩罚。《劳动合同法》第48条规定："用人单位违反本法规定解除或者终止劳动合同，劳动者要求继续履行劳动合同的，用人单位应当继续履行；劳动者不要求继续履行劳动合同或者劳动合同已经不能继续履行的，用人单位应当依照本法第八十七条规定支付赔偿金。"

本案中，由于公司以李某某拒绝按照公司的要求设定2019年度绩效考核指标属于严重违纪给予书面警告被认定为既不合法也不合理，"李某某累计获得两次书面警告"自然无法成立，公司的解除没有事实和法律依据。最终，一审、二审法院认定公司的解除属于违法解除，并判决公司支付李某某违法解除劳动合同赔偿金。

常有用人单位错误地认为，设定绩效考核目标系用人单位经营自主权的体现，完全可以由用人单位根据经营生产需要自行决定，而无须与劳动者进行协商。但事实上，因为绩效考核目标往往直接影响劳动者的劳动报酬、职务晋升、职业培训，涉及劳动者切身利益，所以用人单位在绩效考核目标进行制定或者修改时，一定要经过民主程序，并进行公示和告知，同时还要具有一定的合理性，否则均有可能被认定为无效。

【案例索引】

江苏省苏州工业园区人民法院民事判决书，(2019)苏0591民初5634号。

江苏省苏州市中级人民法院民事判决书，(2020)苏05民终2046号。

【执笔人】

上海七方律师事务所　谢亦团

用人单位规章制度的合理性审查依据

【案例要旨】

因用人单位作出的开除、除名、辞退、解除劳动合同、减少劳动报酬、计算劳动者工作年限等决定而发生争议的,应由用人单位证明其决定的合法性。劳动者是否构成严重违纪,不能单看行为本身,除了参照用人单位的规章制度外,还应结合用人单位行业特点、劳动者岗位等行为环境因素进行综合考量。

【案情简介】

上诉人(一审原告):殷某

被上诉人(一审被告):A公司

殷某于2015年4月24日进入A公司担任专车司机,双方签订劳动合同,期限至2018年4月30日,并将《神州专车驾驶员管理手册》作为合同附件。殷某入职当日签收该份管理手册,并承诺自觉遵守和履行上述规定的相关责任和义务。

《神州专车驾驶员管理手册》中规定:不服从公司管理、业务安排及调派的,违反服务标准、管理规定,造成客户终止合同或业务流失的,造成严重客户投诉,影响企业声誉的,可以解除劳务用工关系;出现有效客户投诉的,每个投诉罚款人民币(以下币种均为人民币)500元。

殷某于2015年5月21日在A公司的《服务质量保证承诺书》上签字。《服务质量保证承诺书》中记载的培训课程注意事项为:服务满意度评分经此次培训之后,要有明显提升,一周为限(周平均满意度评分不得低于4.9分);满意度评分低于4分,且客户有评语注明司机自身问题情况,此司机如出现相同问题被客户投诉,此投诉不予申诉,按公司规定罚款;司机因服务满意度评分不符合要求而进公司参加专项培训两次以上,则视为"不符合公司岗位需求",直接劝退。2015 年 7 月 23 日殷某在《员工培训反馈单》上签字。

殷某于 2015 年 7 月 15 日、7 月 17 日、8 月 1 日分别遭到客户投诉，A 公司依据规章制度分别扣除 2015 年 7 月工资 1000 元、8 月工资 500 元，共计 1500 元。同年 8 月 14 日，A 公司书面通知殷某，因其不遵守公司规章制度多次与客户发生纠纷，导致客户投诉，影响了公司声誉，遂决定与其解除劳动关系，生效日期为 2015 年 8 月 13 日。

2015 年 9 月 28 日，殷某提起仲裁，认为客户投诉内容并非真实，且 3 次投诉并未达到严重违纪程度，要求 A 公司支付违法解除劳动合同赔偿金以及扣除的工资差额，仲裁委员会对殷某的请求不予支持。殷某不服裁决，遂提起诉讼。

【裁判结论】

一审法院认为，严重违反用人单位规章制度的，用人单位可以解除劳动关系。原告作为专车驾驶员，应当对客户提供比普通驾驶员更为优质的服务，但其在职期间却遭客户多次投诉，被告对原告进行培训后服务质量亦无改善，仍遭客户多次投诉，被告依据规章制度对原告处以每次 500 元罚款并解除劳动关系并无不当。

二审法院认为，综观本案，主要存在以下争议焦点：(1) 殷某是否存在用人单位所述违纪行为；(2) 殷某之行为是否达到解除劳动关系的严重程度。

关于争议一，二审法院认为，首先，根据法律规定，因用人单位作出的开除、除名、辞退、解除劳动合同、减少劳动报酬、计算劳动者工作年限等决定而发生争议的，应由用人单位证明其决定的合法性。本案中，A 公司以殷某违反公司规章制度与客户发生纠纷、导致客户投诉为由解除双方劳动关系，应由 A 公司对殷某存在上述违纪行为承担举证责任。A 公司就其主张提供了相关投诉订单及客户评价页面的网络截图、客户投诉录音及客服与殷某就投诉内容沟通的通话录音等证据，殷某对上述证据的真实性均不予认可，认为电子证据和录音均极易伪造，不能达到 A 公司的证明目的。对此，二审法院认为，A 公司通过当庭演示的方法向法庭全面展示了其相关电子数据的取得过程，并通过实际约车向法院呈现了神州专车数据平台的工作流程和数据存储过程，二审法院认为 A 公司的上述演示过程已经足以证明其提供的电子数据系相关订单完成后直接形成的原始数据，二审法院对相关证据的真实性予以认定。其次，虽然相关法律规定当劳动关系双方因用人单位作出解除劳动关系的决定而发生争议的，由用人单位承担举证责任，但是并不意味着劳动者无须承担任何举证责任。在用人单位提供的证据使其主张之事实达到高度盖然性的程度时，劳动者除否认用人单位的主张外,还须就其主张承担举证责任。本案中,在 A 公司提供的电子数据、电话录音等证据均可相互印证的情况下,殷某仅以证据形式本身存在的弊端作为否认相关证据真实性的理由,却未能提供证据进一步佐证,二审法院对其主张难以采纳。综上,二审法院认为殷某确实存在因服务瑕疵导致客户多次投诉的违纪行为。

关于争议二,二审法院认为,劳动者是否构成严重违纪,不能单看行为本身,除了参照用人单位的规章制度,还应结合用人单位行业特点、劳动者岗位等行为环境因素进行综合考量。从用人单位规章制度来看,A 公司在《神州专车驾驶员管理手册》中对驾驶员的礼仪和服务提出了较高的要求并作出了详尽规定。此种要求是否具有合理性,要从专车行业的特点进行评判。相较于传统出租车行业,专车服务作为新兴的客运行业,优质的服务是其主要优势与特色,客户用高于出租车的价格选用专车,就是为了获得更为舒适和周到的服务,专车司机也因此获得较高的收益。因此,客户对专车司机提出较高的礼仪和服务要求亦在情理之中。神州专车作为我国目前较为知名的专车服务品牌,基于行业背景和经营需要,为提升品牌竞争力,对驾驶员提出较高的服务要求,并无不妥,以客户的评价反馈作为考量员工工作业绩的重要标准也具有较大的合理性。A 公司在殷某有较多投诉,且有客户多次投诉并对公司品牌产生怀疑的情况下,根据公司规章制度认定殷某的违纪行为达到解除劳动关系的严重程度,并无不妥。

综上所述,原审认定事实清楚,判决并无不当,二审法院予以维持。

【评析意见】

一、规章制度的效力认定

用人单位规章制度是由用人单位根据其自身经营情况在本单位范围内施行的有关劳动生产、经营管理的规则,被称为企业的"内部法律"。《劳动合同法》第 4 条第 1~2 款明确规定:"用人单位应当依法建立和完善劳动规章制度,保障劳动者享有劳动权利、履行劳动义务。用人单位在制定、修改或者决定有关劳动报酬、工作时间、休息休假、劳动安全卫生、保险福利、职工培训、劳动纪律以及劳动定额管理等直接涉及劳动者切身利益的规章制度或者重大事项时,应当经职工代表大会或者全体职工讨论,提出方案和意见,与工会或者职工代表平等协商确定。"第 4 款规定:"用人单位应当将直接涉及劳动者切身利益的规章制度和重大事项决定公示,或者告知劳动者。"

可见,根据我国劳动法律的规定,用人单位制定的劳动规章制度必须符合下列生效要件：制定主体合法，制定程序合法，内容合法，向劳动者公示，其法律效力方为法院所认可。值得注意的是，如果用人单位制定的劳动规章制度内容严重不合理，其法律效力亦有可能得不到法院的认可。

二、规章制度合理性审查的必要性

1994 年《劳动法》第 89 条仅对用人单位规章制度的内容的合法性作出规定，2001 年最高人民法院《关于审理劳动争议案件适用法律若干问题的解释》第 19 条又增加了对规章制度制定及公示的程序性要求（该解释失效后，最高人民法院《关于审理劳动争议案件适用法律问题的解释（一）》也有类似规定）。可见，立法机关对于规章制度审查的范围有逐渐扩大的趋势，2008 年随着《劳动合同法》的施行，在强化了对程序合法性的要求后，规章制度的合理性要求开始进入审判机关的审查范围。

对于规章制度性质的探讨存在多种学说，这里就不一一赘述。但无论是"契约规范说""法律规范说""根据二分说"抑或"集体合议说""劳动力支配说"等观点，始终绕不开的是现阶段用人单位规章制度制定过程中的困境。《劳动合同法》等相关法律法规对于用人单位规章制定仅要求针对"重大事项"与职工或工会等组织"讨论""协商"确定。对规章制度的程序合法性只停留在征求意见层次，并不是要得到职工或工会同意，最终内容实际由用人单位单方决策。另外，我国劳动关系的三方协调机制并不完善，如工会等组织参与度低、控制力弱，因而其无法发挥其应有作用。[①] 因劳动者无法在用人单位规章制度制定过程中发声，在发生争议的情况下司法机关的合理性审查就显得十分必要。此外，《民法典》中人格权编的增补，极大增强了普通劳动者维权意识，所以用人单位规章制度对劳动者人格权的制约必须具有一定的合理性。

本案法官在裁判时也表示，在判断劳动者是否构成违纪及其严重程度时不能以用人单位的规章制度作为唯一标准，更须对其规章制度的合理性进行评判。结合本案不难看出，对于规章制度的审查不仅在于保护劳动者的合法权益，对于用人单位经营权的保护也有裨益。本案中，法官正是考虑到用人单位的行业、劳动者工作岗位的特殊性，认定用人单位的规章制度具有一定合理性，从而判决解除劳动关系合法。本判决不仅体现司法机关对用人单位规章制度合理性审查介入的日常化，更是从侧面打消了不少人对于"合理性审查对用人单位经营权有不利影响"的顾虑。

---

① 常凯：《劳动关系的集体化转型与政府劳工政策的完善》，载《中国社会科学》2013 年第 6 期。

三、规章制度合理性审查的参考因素

规章制度合理性的标准难以具体化,但若如此就将合理性的判断全权交由审判人员的自由心证显然也不合适。一般来说,可以参考以下因素:

(一)规制范围

用人单位规章制度是在本企业内部实施的管理规则,《劳动合同法》第39条第1款第2项规定,劳动者严重违反用人单位的规章制度,用人单位可以解除劳动合同。但用人单位不能对规章制度的内容任意扩大乃至超过劳动者工作和企业管理的范畴。用人单位有权通过制定规章制度进行正常生产经营活动的管理,但劳动者在工作时间、工作地点以外的行为,用人单位无权进行禁止性规定,更不能以此对违反此规定的员工进行惩罚。

劳动关系中,劳动者对用人单位而言虽然具有人身和财产上的从属性,但此从属性仅限于工作领域,用人单位的管理不应涉及私人领域。当然,若劳动者不当行为已经严重影响其履行劳动合同,对用人单位造成较大不利影响,用人单位仍然可以通过规章制度行使内部惩戒。

(二)行业岗位

随着社会的发展,各行业逐渐发展出各自的用工特点及独特的劳动关系体系。处理争议过程中,对规章制度合理性的判断不能仅看条文内容,还应当结合用人单位所处的行业特点、涉争议劳动者的岗位职责综合考量。不同的劳动者同样的违纪行为可能对不同的用人单位产生不同的影响。

几年前上海和平饭店员工偷吃苹果被辞退的案例是最好的说明,作为接待人员的劳动者凌晨偷偷进入饭店厨房偷吃两个苹果,最后法院判决用人单位解除劳动关系合法。同样,以睡觉为例,若一般劳动者上班时间睡觉,尚达不到严重违纪程度;但若该劳动者为"门禁"岗位,睡觉的行为极有可能对单位造成严重损害,在此情况下解除劳动关系显然具有合理性。当然,由于各行业之间有着巨大差异,在发生争议时,应对用人单位的举证责任提出更高要求,使证据能够证明其行业岗位的特殊性及其与解雇行为间的紧密联系。

(三)公序良俗

规章制度的内容设置需要符合公序良俗,尊重社会的公共秩序与公众的道德风俗是规章制度顺利施行的保障。最高人民法院《关于审理劳动争议案件适用法律问题的解释(一)》明确将《民法典》作为审理劳动争议案件的依据,《民法典》第8条规定:"民事主体从事民事活动,不得违反法律,不得违背公序良俗。"例如,某公司规章制度规定禁止办公室恋情,显然违反公序良俗,且侵犯了员工的人格权利。当然,若劳动者行为违反公序良俗,对双方履行劳动合同造

成严重不利影响,即使用人单位规章制度中未明确禁止,单位亦可以据此解除劳动关系。

(四)比例原则

用人单位惩戒权是维持企业正常运作的保障,但用人单位的惩戒措施应当与劳动者的过错行为相适应。参照刑法中的"罪责刑相适应原则",惩戒的措施和手段应当参照劳动者的主观过错、损害后果进行设定,特别是在涉及解雇权行使的情况下,只有在劳动者行为对用人单位造成严重影响,其他手段已经不足以对其进行惩戒,劳动合同已经无法继续履行的情况下,用人单位才可以行使解雇权。

实践中,一些用人单位滥用惩戒权,规章制度中"迟到三天视为严重违纪"等规定显然都是对比例原则的违反,不具有合理性。虽然劳动者有不当行为,但其行为性质远未达到严重违纪的程度,用人单位应当设置不同等级的惩戒方式,如"训诫""口头警告""处分",以上方式都可以达到管理目的。

(五)用人单位举证

用人单位作为规章制度的制定者,亦是解除劳动关系行为的作出者,为避免用人单位利用自身的优势地位,通过制定不合理的规章制度滥用用工管理权,在因用人单位以劳动者违纪为由作出解除劳动关系的决定而发生争议时,应加重用人单位的举证责任。在对规章制度的司法审查过程中,用人单位应当对规章制度的合法性、劳动者行为的严重性以及行业的特殊性承担全面举证责任。

需要注意的是,用人单位证明的劳动者的违纪行为仅能是其作出解除通知时所依据的事实,对于用人单位嗣后发现的劳动者严重违反劳动规章制度的事由,即使用人单位已举证证明确实存在,亦不能成为用人单位解雇行为合法的依据。

四、规章制度合理性审查的法律后果

规章制度被认定为不合法或者不合理情况下,产生同样的法律后果,即"违法解除",故不少人认为审判机关已经通过其实际行动否认了单位规章制度条款的效力。需要注意的是,前述规章制度的合理性审查中已经明确,审判机关对于规章制度的审查不仅局限于条文内容,更要针对具体争议案件,参考劳动者职位特殊性、该行为发生时期等多种因素综合考量,所以,审判结果也仅能适用个别劳动者的争议处理。

【案例索引】

上海市虹口区人民法院民事判决书,(2015)虹民四(民)初字第2043号。

上海市第二中级人民法院民事判决书,(2016)沪02民终1863号。

【执笔人】

上海七方律师事务所　马怡坤

用人单位依据规章制度行使惩戒权，应兼具合法性与合理性

【案例要旨】

用人单位依法制定规章制度并公示或告知劳动者的，对劳动者具有约束力，劳动者应当遵守。用人单位以严重违反规章制度为由解除劳动者劳动合同的，应当综合考量劳动者实施违纪行为的主观过错、违纪事实的程度、造成用人单位损失大小等因素，不能简单机械地理解，在运用规章制度对劳动者进行管理时要兼具合法性与合理性，在诉讼过程中基于相同请求权基础而变更请求并不违反劳动争议仲裁前置的程序性要求。

【案情简介】

上诉人（一审被告）：上海某保安服务有限公司

被上诉人（一审原告）：张某

2005年4月11日，被上诉人进入上诉人处从事技防工作。2012年3月31日，双方订立了一份无固定期限劳动合同。2016年7月17日，被上诉人因左膝关节十字韧带损伤无法正常行走，到其所租房屋附近的周浦医院就诊，并向上诉人履行了相应请病假手续。

2016年8月8日，上诉人向被上诉人发出通知，明确要求其自8月14日起，必须前往上诉人指定的医院——上海市东方医院接受治疗，否则将按旷工处理。被上诉人收到通知后，按照上诉人的要求改由前往上海市东方医院就诊，并采取保守方式治疗。因保守治疗几个月病情未见好转，根据门诊医生建议，被上诉人预约专家就诊。

2017年1月5日，上海市东方医院专家蔡医生对被上诉人的病情进行诊治

后,建议被上诉人休假 1 个月并进行手术治疗,同时告知其如若不能接受手术治疗,医院将不再为其开具病假单。最后一份病假证明时间至 2017 年 2 月 3 日。

2017 年 2 月 3 日至 12 日,蔡医生因出国旅游而停诊。2017 年 2 月 13 日,蔡医生在诊疗过程中建议被上诉人手术,所需费用大约 6 万元。被上诉人当天就至上诉人处告知相关情况,鉴于被上诉人经济困难,向上诉人申请借款,上诉人以无先例为由拒绝。被上诉人选择继续保守治疗。

2017 年 2 月 21 日,上诉人向被上诉人发出《办理请假手续通知书》,要求其及时补交 2017 年 2 月 4 日以后的病假单,并办理好请假手续,否则上诉人将对其自 2017 年 2 月 4 日起至 21 日的缺勤作为旷工处理。2 月 24 日,被上诉人收到《办理请假手续通知书》后再次前往上海市东方医院就诊并申请补开病假单,但未能得到上海市东方医院的许可。当日,被上诉人便及时将医院的拒绝开具病假单的情况告知上诉人,并向上诉人提出了返回工作岗位的请求,但遭到了上诉人的拒绝。

2017 年 3 月 1 日,上诉人以被上诉人违反规章制度,存在旷工长达 20 多天的行为为由,解除了双方的劳动关系。

上诉人《就业规章制度》规定:"员工未办理请假手续的,未依公司规定及时办理补假手续或者补假未被批准的,均视为旷工;员工连续旷工 3 天以上(包括 3 天)或者 1 年(年历)内累计旷工 5 天以上(包括 5 天)的属于严重违纪行为;严重违纪行为的给予辞退处分。"2013 年 10 月 16 日,被上诉人签收上诉人《就业规章制度》。

被上诉人认为上诉人系违法解除劳动合同,于是提起劳动仲裁申请,请求裁决自 2017 年 3 月 1 日起与被上诉人恢复劳动关系,按照每月 5448 元标准支付被上诉人 2017 年 3 月 1 日起至仲裁裁决之日止的工资。2017 年 4 月 12 日,劳动人事争议仲裁委员会作出裁决,对被上诉人的其余请求未予支持。被上诉人不服裁决,向法院提起诉讼。在一审法院庭审中,被上诉人将诉讼请求变更为要求上诉人支付违法解除劳动合同的赔偿金 130,752 元。

在一审法院审理过程中,法官前往上海市东方医院对蔡医生进行调查,蔡医生确认于 2017 年 1 月 5 日与被上诉人预约 2017 年 2 月 16 日住院接受手术治疗,并同意为被上诉人补开之前的病假证明;但之后被上诉人以经济困难为由,未按期住院进行手术。

【裁判结论】

一审法院认为,上诉人(一审被告)制定的《就业规章制度》的相关规定不违反我国法律、行政法规的规定,应属合法有效。被上诉人在已经阅读并签收的情况下,理应严格遵守。被上诉人2017年2月3日之后没有向上诉人出具病假证明且未上班提供劳动,2017年3月1日,上诉人以此为由认定被上诉人严重违纪而解除双方的劳动合同,其行为本无可厚非。但是,被上诉人虽然只向上诉人提交至2017年2月3日的病假证明,但2月13日被上诉人告知上诉人医生不给开病假证明的原因是医生建议手术,并告知手术后可以补开病假证明,同时被上诉人希望上诉人能够借钱治病,如实在不能提供帮助,请求回岗位工作;之后被上诉人又于2月24日至上海市东方医院就诊,但医院没有为被上诉人开具病假证明,当天被上诉人将该情况告知上诉人。结合上海市东方医院蔡医生在法院所述的意见可知,被上诉人主观上因经济困难导致未住院接受手术治疗,客观上医院认为被上诉人不配合治疗而不再向被上诉人开具病假证明,这两者是被上诉人自2017年2月4日后没有向上诉人提交病假证明的主要原因。上诉人对被上诉人患病不能正常提供劳动是明知的,且被上诉人先后两次向上诉人说明治疗情况、沟通病假事宜,并请求上诉人给予经济帮助或返岗工作,实际被上诉人已经向上诉人申请休病假,上诉人再以被上诉人自2017年2月4日后未提交病假证明为由,认定被上诉人旷工行为构成严重违纪而作出的解除决定,事实依据不足,其解除行为违法,判决上诉人应支付被上诉人违法解除劳动合同赔偿金105,922.80元。

二审法院认为,虽然被上诉人未能按照上诉人规章制度的要求向上诉人就其申请的病假提供2017年2月3日之后的医院病假证明,但根据查明的事实,系上诉人指定就诊医院,且被上诉人未能提供相关期间的医院病假证明等多种因素造成,而被上诉人亦于2017年2月13日及同月24日与上诉人就相关事宜进行沟通,上诉人对被上诉人患病之事实是清楚的,且结合被上诉人被建议手术治疗的病症情况等因素综合考量,难以认定被上诉人存在拒不按照上诉人规章制度申请病假的主观恶意。在此情况下,上诉人以旷工为由,解除与被上诉人之间的劳动合同,过于严苛。一审法院认定上诉人解除违法并无不当。据此,驳回上诉,维持原判。

【评析意见】

本案的争议焦点为上诉人的规章制度对被上诉人是否有约束力,被上诉人是否存在严重违反规章制度的情形,上诉人在法院一审期间变更诉讼请求是否违反仲裁前置程序要求等几个方面。

一、用人单位依法制定的规章制度,对劳动者具有约束力,劳动者应当严格遵守

《劳动合同法》第4条规定:"用人单位应当依法建立和完善劳动规章制度,保障劳动者享有劳动权利、履行劳动义务。用人单位在制定、修改或者决定有关劳动报酬、工作时间、休息休假、劳动安全卫生、保险福利、职工培训、劳动纪律以及劳动定额管理等直接涉及劳动者切身利益的规章制度或者重大事项时,应当经职工代表大会或者全体职工讨论,提出方案和意见,与工会或者职工代表平等协商确定。在规章制度和重大事项决定实施过程中,工会或者职工认为不适当的,有权向用人单位提出,通过协商予以修改完善。用人单位应当将直接涉及劳动者切身利益的规章制度和重大事项决定公示,或者告知劳动者。"

最高人民法院《关于审理劳动争议案件适用法律问题的解释(一)》第50条第1款规定,用人单位根据《劳动合同法》第4条规定,通过民主程序制定的规章制度,不违反国家法律、行政法规及政策规定,并已向劳动者公示的,可以作为确定双方权利义务的依据。

从《劳动合同法》的规定可以看出,制定规章制度既是用人单位的权利,又是用人单位的义务,用人单位为维护正常的生产秩序和工作秩序,建立和完善规章制度非常必要;而作为劳动者,遵守劳动纪律是劳动者应有之义,是应尽义务,规章制度既促进劳动者履行义务,更保障劳动者的相关权利。

本案中,上诉人制定了《就业规章制度》,其中有关奖惩管理中规定"员工未办理请假手续的,未依公司规定及时办理补假手续或者补假未被批准的,均视为旷工;员工连续旷工3天以上(包括3天)或者1年(年历)内累计旷工5天以上(包括5天)的属于严重违纪行为;严重违纪行为的给予辞退处分"。该规定要求劳动者应当勤勉尽责提供劳动,如未办理请假手续而缺勤则按旷工处理,以及连续或累计旷工达一定天数予以辞退。就从规章制度内容本身而言,并不违反国家法律、行政法规及政策规定。也有被上诉人的签收记录,证明上诉人履行了告知义务。因此,《就业规章制度》可以确定为上诉人与被上诉人权利义务的依据,对被上诉人具有约束力,被上诉人应当严格遵守。

二、用人单位在依据规章制度对劳动者违纪行为进行惩戒管理时,要兼具合法性与合理性,且不得违背公序良俗

本案当中,被上诉人自生病之日起即按照上诉人处的请病假流程,向上诉人递交相关的病假单及病史资料,表明被上诉人患病是事实,且在履行请假手续的流程上,被上诉人亦无对抗上诉人的主观故意。

一般地,上诉人作为用人单位要求劳动者至指定医院就诊往往发生在对劳动者的病情具有合理性怀疑的情形下。被上诉人在请病假2周后,上诉人即要求其至指定的上海市东方医院就医,并称如有违反则按照旷工处理,并不完全合理。但被上诉人接到书面通知后,也未对上诉人的要求提出过质疑,后续就诊也一直在上诉人指定的医院,同样表明即使是对上诉人不太合理的管理性要求,被上诉人仍遵照执行。

尽管被上诉人的病假单到期后没有提供后续的病假单,但对于被上诉人没能提供病假单的原因,上诉人是完全知晓的,被上诉人既不存在"泡病假"的问题,也不存在故意不遵守规章制度的情形。从法官在一审审理过程中对东方医院医生的查取证中,以上情形得以证实。

本案当中有个非常重要的事实,即被上诉人家境困难,难以支付手术治疗费用,曾向上诉人申请借款,上诉人以无先例为由拒绝。诚然,劳动者生病治疗的费用,应当由劳动者本人自行解决,用人单位不予借款也不能过于苛责。但是,当被上诉人告知上诉人,上诉人指定医院的医生称不手术治疗就不开具病假单,只能选择保守治疗。而上诉人发出《办理请假手续通知书》,要求上诉人补缴2月4日起的病假单,否则按旷工处理。这就形成了一个悖论,上诉人要求被上诉人到指定医院治疗,指定医院医生称不手术治疗就不再开病假单,被上诉人经济困难无法手术治疗,无法开具病假单,上诉人则要以旷工来处理,而被上诉人一直处于生病之中又是客观事实。

此种情形,对于患病尚处于医疗期内的劳动者而言,除非劳动者有违反《劳动合同法》第39条规定之情形,用人单位是不能解除其劳动合同的。上诉人选择的依据规章制度中的旷工违纪进行处理,而上诉人对被上诉人的病情以及不能开具病假单的原因都是明知的,被上诉人根本不存在"无故旷工"的情形,上诉人简单机械地认为被上诉人未办理请假手续或未及时办理补假手续,以严重违纪为由解除劳动合同,既不符合法律,也不合乎情理。

事实上,上诉人还存在违背公序良俗的问题。《民法典》第10条规定:"处理民事纠纷,应当依照法律;法律没有规定的,可以适用习惯,但是不得违背公序良俗。"本案中,被上诉人生病长达数月,因经济困难无力支付手术费用,作为用人单位来讲应当尽最大限度的人文关怀,帮助劳动者渡过难关;上诉人不但不给予经济上帮助,而且明知其身体状况无法正常出勤的情况,却以旷工为由解除被上诉人的劳动合同,"落井下石",违背公序良俗,意图逃避作为用人单位履行保障患病劳动者合法权利的义务。

三、用人单位违法解除劳动合同,劳动者主张恢复劳动关系后在诉讼中变更主张赔偿金的请求权基础不变,并未违反劳动争议仲裁前置程序要求

《劳动合同法》第48条规定:"用人单位违反本法规定解除或者终止劳动合同,劳动者要求继续履行劳动合同的,用人单位应当继续履行;劳动者不要求继续履行劳动合同或者劳动合同已经不能继续履行的,用人单位应当依照本法第八十七条规定支付赔偿金。"

本案当中,上诉人以被上诉人严重违纪为由解除劳动合同,被上诉人认为其解除劳动合同行为违法的,主张恢复劳动关系,要求继续履行劳动合同于法有据。在诉讼过程中,被上诉人将恢复劳动关系变更为主张赔偿金,其诉讼请求的来源及依据并没有发生变化,支持被上诉人恢复劳动关系或赔偿金的诉讼请求均是建立在认定上诉人违法解除劳动合同的基础上。同时,根据《劳动合同法》第48条的规定,对于用人单位违反解除劳动合同的,劳动者具有选择权,可以选择要求继续履行劳动合同,也可以选择要求赔偿金。现在上诉人将要求继续履行劳动合同转为要求赔偿金,请求权基础没有发生变化,不违反劳动争议仲裁前置程序要求。另外,即使劳动者要求恢复劳动关系,经人民法院在审理中认定劳动合同已经不能继续履行的,也可以直接判决用人单位支付违法解除劳动合同的赔偿金,而无须要求劳动者重新提起劳动仲裁申请。

【案例索引】

上海市浦东新区人民法院民事判决书,(2017)沪0115民初41749号。

上海市第一中级人民法院民事判决书,(2017)沪01民终13382号。

【执笔人】

上海七方律师事务所 李华平

第四章 规章制度程序的合法性

"民主程序"对用人单位规章制度效力影响的实证分析

【案例要旨】

　　用人单位在制定、修改或者决定有关劳动报酬、工作时间、休息休假、劳动安全卫生、保险福利、职工培训、劳动纪律以及劳动定额管理等直接涉及劳动者切身利益的规章制度或者重大事项时,应当经职工代表大会或者全体职工讨论,提出方案和意见,与工会或者职工代表平等协商确定。中天公司未提供证据证明其《员工手册》及《员工须知》系经过上述民主程序制定,故不能作为本案审理的依据。

【案情简介】

　　上诉人(一审被告):上海中天印刷设备制造有限公司
　　被上诉人(一审原告):曹某某

　　曹某某于2012年2月24日入职上海中天印刷设备制造有限公司(以下简称中天公司),担任行政人事部经理。双方约定试用期月工资为4000元,试用期满后月工资为4500元。曹某某于2013年1月3日辞职。曹某某因加班工资问题申请劳动仲裁,要求中天公司支付其2012年3月至12月的超时加班工资和休息日加班工资。仲裁裁决中天公司支付曹某某加班工资差额6815元,中天公司已支付。曹某某不服仲裁裁决,提起民事诉讼,要求中天公司支付加班工资差额12,249元。审理中,双方的争议焦点在于加班工资的计算基数。用人单位认为根据《员工手册》加班工资基数为2338元,劳动者对此不予认可。

【裁判结论】

一、仲裁裁决

上海市金山区劳动人事争议仲裁委员会作出裁决：中天公司支付曹某某2012年3月至12月超时及休息日加班工资差额计6815元。仲裁裁决之后，中天公司已支付曹某某上述加班工资差额6815元。

二、一审判决

一审法院认为，本案的争议焦点在于曹某某是否存在加班事实、加班工资基数及中天公司是否足额支付加班工资。首先，中天公司认为其实行一周工作六天的制度，对于每周六上班的事实予以认可，双方对于仲裁所认定的周六加班303小时未持异议，而仲裁计算并无不当，故原审法院予以确认。中天公司在仲裁及本案庭审中均认可曹某某兼任司机事宜，虽然中天公司规定员工加班需审批，但在实际履行过程中，曹某某兼任司机加班系中天公司安排，且从未要求过审批，故对中天公司认为未经审批的加班不作为加班事实的意见，原审法院不予采纳。对于仲裁根据中天公司提供的2012年9月至12月的出车记录计算的曹某某超时加班65小时、除周六外的休息日加班13.5小时，曹某某在庭审中未持异议，而中天公司在仲裁裁决后未提起诉讼，亦未提供相关证据，原审法院视为其接受仲裁裁决，故原审法院予以确认。由于中天公司未提供2012年3月至8月曹某某的出车记录，故原审法院根据公平合理的原则，依照2012年9月至12月加班时间推算该期间曹某某超时加班97.5小时、除周六外的休息日加班20.25小时。关于加班工资的计算基数，中天公司虽然提供《员工手册》《员工须知》等证据来证明中天公司规定加班工资基数为2338元，但根据规定，用人单位在制定、修改或者决定有关劳动报酬、工作时间、休息休假、劳动安全卫生、保险福利、职工培训、劳动纪律以及劳动定额管理等直接涉及劳动者切身利益的规章制度或者重大事项时，应当经职工代表大会或者全体职工讨论，提出方案和意见，与工会或者职工代表平等协商确定。中天公司未提供证据证明其《员工手册》《员工须知》系经过上述民主程序制定，故不能作为本案审理的依据；而且中天公司所提供的《员工手册》《员工须知》上关于加班工资的规定亦不一致，故原审法院难以认定。根据规定，加班工资基数应按双方约定的正常工作时间的月工资（不包括加班工资及非常规性福利待遇）来确定，根据曹某某的工资清单，曹某某加班工资基数2012年3月为2999元、4月至12月各为3499元。对曹某某要求以月工资4500元作为加班工资基数的意见，原审法院不予采纳。中天公司应当支付曹某某2012年3月至12月超时及休息日加工资共计 18,182.65 元,扣除中天公司每月支付的 551 元加班工资合计 5,510 元及仲裁裁决之后中天公司支付的 6815 元加班工资,中天公司还应当支付曹某某 2012 年 3 月至 12 月超时及休息日加班工资差额 5,857.65 元。据此,依照《劳动法》第 44 条第 1～2 项、《劳动合同法》第 4 条第 2 款、最高人民法院《关于民事诉讼证据的若干规定》第 2 条及《民事诉讼法》第 142 条之规定,原审法院判决:(1)中天公司于判决生效之日起 10 日内支付曹某某 2012 年 3 月至 12 月超时及休息日加班工资差额 5,857.65 元;(2)驳回曹某某的其他诉讼请求。如果中天公司未按判决指定的期间履行给付金钱义务,应当依照《民事诉讼法》第 253 条(原审误写为"二百二十九条")之规定,加倍支付迟延履行期间的债务利息。案件受理费人民币 10 元减半收取 5 元(已预缴),由中天公司负担。

三、二审判决

二审法院认为,劳动者的加班工资应当以劳动者月正常出勤所得工资作为计算基数。上诉人向被上诉人发出的录用通知中明确被上诉人试用期内月工资为 4000 元,试用期后月工资为 4500 元,录用通知属于用人单位与劳动者双方合意达成的约定。上诉人的《员工须知》虽然规定了加班工资基数按 2338 元计算,但《员工须知》属于用人单位依据法律规定单方制作的规章制度。根据当时有效的最高人民法院《关于审理劳动争议案件适用法律若干问题的解释(二)》第 16 条的规定,用人单位制定的内部规章制度与集体合同或者劳动合同约定的内容不一致,劳动者请求优先适用合同约定的,人民法院应予支持。现被上诉人与上诉人在录用通知中约定的正常月出勤工资与上诉人《员工须知》中规定的加班工资基数不一致,上诉人不以劳动者月正常出勤工资作为加班工资计算基数亦未提供正当理由,故本案应当按照上诉人与被上诉人约定的月正常出勤工资作为加班工资计算基数。根据双方提供的工资表,被上诉人正常月出勤工资中包含了周六加班工资 551 元,故原审法院以被上诉人的正常月出勤工资扣除其中包含的周六加班工资作为加班工资计算基数,并无不当。

关于被上诉人未经审批在非工作时间出车是否应认定为加班,虽然上诉人的规章制度中规定员工加班需经过审批,但上诉人对于被上诉人非工作时间出车从未进行过审批,故该审批制度实际对被上诉人并未实行,上诉人称被上诉人系自愿加班出车未提供证据证明,原审法院从公平合理的角度,认定上诉人应当支付被上诉人相应加班工资,亦无不当。综上所述,上诉人中天公司的上诉请求,二审法院不予支持。原审法院所作判决正确,应予维持。据此,依照

《民事诉讼法》第170条第1款第1项之规定,判决如下:驳回上诉,维持原判。上诉案件受理费10元,由上诉人中天公司负担。本判决为终审判决。

【评析意见】

一、法律依据

《劳动合同法》第4条第2款及第3款规定:"用人单位在制定、修改或者决定有关劳动报酬、工作时间、休息休假、劳动安全卫生、保险福利、职工培训、劳动纪律以及劳动定额管理等直接涉及劳动者切身利益的规章制度或者重大事项时,应当经职工代表大会或者全体职工讨论,提出方案和意见,与工会或者职工代表平等协商确定。在规章制度和重大事项决定实施过程中,工会或者职工认为不适当的,有权向用人单位提出,通过协商予以修改完善。"

二、司法观点

实务中的问题是,如果用人单位仅向劳动者公示了相关规章制度,但是并未履行相应的民主程序,那么,该等规章制度对劳动者是否构成约束力呢?

1. 最高人民法院的观点

笔者注意到,最高人民法院《关于审理劳动争议案件适用法律问题的解释(一)》第50条第1款规定:"用人单位根据劳动合同法第四条规定,通过民主程序制定的规章制度,不违反国家法律、行政法规及政策规定,并已向劳动者公示的,可以作为确定双方权利义务的依据。"

从条文可见,最高人民法院的态度是,作为确定双方权利义务依据的规章制度,应当符合以下三个要件:(1)通过民主程序;(2)不违反国家法律、行政法规及政策规定;(3)向劳动者公示。虽然相对于《关于审理劳动争议案件适用法律若干问题的解释(四)(征求意见稿)》第7条中"未经劳动合同法第四条规定的民主程序,不能作为人民法院审理劳动争议案件的依据"这一规定,最高人民法院在《关于审理劳动争议案件适用法律问题的解释(一)》中并无明确条款,但是基于上述规定的内容,可以看出最高人民法院在此问题上的态度是相对明确的,即作为确定双方权利义务依据的规章制度,应当通过民主程序。

2. 部分地方高级人民法院的观点

浙江、上海等地高级人民法院相继出台了相关审判指导意见,明确所谓民主程序事宜及规章制度适用的相关问题。

(1)浙江省高级人民法院《关于审理劳动争议案件若干问题的意见(试行)》(2009年4月16日发布)

该意见第34条规定,用人单位在《劳动合同法》实施前制定的规章制度,虽未经过该法第 4 条第 2 款规定的民主程序,但内容不违反法律、行政法规、政策及集体合同规定,不存在明显不合理的情形,并已向劳动者公示或告知的,可以作为人民法院审理劳动争议案件的依据。

《劳动合同法》实施后,用人单位制定、修改或者决定直接涉及劳动者切身利益的规章制度或者重大事项时,未经过该法第 4 条第 2 款规定的民主程序的,一般不能作为人民法院审理劳动争议案件的依据。但规章制度或者重大事项决定的内容不违反法律、行政法规、政策及集体合同规定,不存在明显不合理的情形,并已向劳动者公示或告知,且劳动者没有异议的,可以作为人民法院审理劳动争议案件的依据。

(2)上海市高级人民法院《关于适用〈劳动合同法〉若干问题的意见》(2009年 3 月 3 日发布)

该意见第 11 条"用人单位要求劳动者承担合同责任的处理"规定:"劳动合同的履行应当遵循依法、诚实信用的原则。劳动合同的当事人之间除了规章制度的约束之外,实际上也存在很多约定的义务和依据诚实信用原则而应承担的合同义务。如《劳动法》第三条第二款关于'劳动者应当遵守劳动纪律和职业道德'等规定,就是类似义务的法律基础。因此,在规章制度无效的情况下,劳动者违反必须遵守的合同义务,用人单位可以要求其承担责任。劳动者以用人单位规章制度没有规定为由提出抗辩的,不予支持。但在规范此类行为时,应当仅对影响劳动关系的重大情况进行审核,以免过多干涉用人单位的自主管理权。"

3. 笔者评析

前述地方高级人民法院的规定,就民主程序效力的解释仍存在一定程度的不足。例如,浙江试图以实体正义来替代程序正义(在规章制度内容未违反法律规定的前提下肯定未经民主程序制定的规章制度的效力);上海则直接回避了程序问题,转而强调劳动合同的默示义务,回归劳动合同的合同特性,规定"在规章制度无效的情况下,劳动者违反必须遵守的合同义务,用人单位可以要求其承担责任"。

笔者相对比较倾向于浙江省高级人民法院的相关意见。但最高人民法院层面并非对民主程序没有任何要求,用人单位不可在民主程序一项上掉以轻心。毕竟,各地高级人民法院均没有直接认可未经民主程序制定的规章制度具有合法性。

因此,用人单位仍应尽量采取必要努力以固定协商程序,同时注意保管或收集员工签收规章制度的各种纸质凭证。至少,在相关争议程序中,就规章制度用人单位是否履行了必要的告知程序还是属于必须查明的情节。

【案例索引】

上海市金山区人民法院民事判决书,(2014)金民三(民)初字第229号。

上海市第一中级人民法院民事判决书,(2014)沪一中民三(民)终字第708号。

【执笔人】

北京市隆安律师事务所上海分所　仇少明

需要经过民主程序的规章制度范围分析

【案例要旨】

《劳动合同法》第4条第2款对于需要经过民主程序的规章制度进行了宽泛的列举:有关劳动报酬、工作时间、休息休假、劳动安全卫生、保险福利、职工培训、劳动纪律以及劳动定额管理等直接涉及劳动者切身利益的规章制度或者重大事项。然而,在企业的日常劳资管理中,规章制度种类繁多、形式不一,其制定、修改未必都逐一通过民主程序。在司法实践中,对规章制度的民主程序审查主要集中在劳动纪律及劳动报酬方面。

【案情简介】

上诉人(原审被告):Y公司
被上诉人(原审原告):沙某

沙某于2014年4月2日进入Y公司从事区域销售工作。双方于2014年4月2日签订书面劳动合同,约定合同期限为:自2014年4月2日起至2017年4月1日止;又于2017年3月16日续签劳动合同,约定合同期限为:自2017年4月2日起至2019年4月1日止。沙某的基本工资标准为上海市最低工资标准,Y公司每月10日通过银行转账方式支付沙某上个自然月工资,并发放工资单。

2015年,因沙某未完成销售任务,未能获得提成奖金。

2016年,根据Y公司制定的《2016激励政策》,沙某因完成了当年的销售目标,获得了提成奖金111,762.50元(于2017年7月14日发放)。《2016激励政策》规定,销售额同比增长3%~5%(含5%),提成为销售增长额的1%;销售额同比增长5%~10%(含10%),提成为销售增长额的1.5%;销售额同比增长10%~15%(含15%),提成为销售增长额的3%;销售额同比增长15%以上,提成为销售增长额的5%。

2017年2月28日,经Y公司高层决定编制了《2017激励政策》,第5条对提成和奖励政策进行了规定:"1.2 提成计算方式:销售提成、重点扶持代理商奖励均建立在所负责区域2017年全年总销售额(2017年1月1日至2017年12月31日)同比2016年增长5%(含),以及工控产品线年销售额达该区域年总销售额的10%(含)以上,并且需要完成两家合格代理商开设基础上。……1.2.5.3 工控罚则:辖区内工控总销售额未达到该区域年总销售额的10%(含)以上,则扣罚1万元。销售额同比增长5%~10%(含10%),提成为销售增长额的1.5%;销售额同比增长10%~15%(含15%),提成为销售增长额的3%;销售额同比增长15%以上,提成为销售增长额的5%。"

2017年3月2日,Y公司将《2017激励政策》发送至沙某的私人邮箱。

沙某2016年完成销售总额1512.71万元,其中工控产品销售额73.4万元。2017年完成销售总额1794.43万元,其中工控产品销售额168.17万元。因工控产品的销售额未达区域年总销售额的10%,故Y公司不同意向沙某支付提成奖金,并决定扣罚沙某1万元。

2018年3月26日,沙某申请离职。2018年6月14日,沙某向劳动人事争议仲裁委员会申请仲裁,请求:Y公司支付沙某自2017年1月1日起至2017年12月31日止,江苏、安徽区域提成奖金205,800元。裁决后,沙某不服,诉至法院。

审理中,沙某及Y公司均确认,《2016激励政策》与《2015激励政策》相比,并无实质性变化。《2017激励政策》与《2016激励政策》相比,除规定工控产品的销售额须占总销售额的10%以上外,并无实质性变化。若按照《2016激励政策》的规定,沙某在2017年可获得提成奖金150,860元。但Y公司坚持认为,《2016激励政策》不应适用于2017年。

【裁判结论】

一审法院认为,用人单位在制定、修改或者决定有关劳动报酬等直接涉及劳动者切身利益的规章制度或者重大事项时,应当经职工代表大会或者全体职工讨论,提出方案和意见,与工会或者职工代表平等协商确定。本案中,Y公司每年都会制定激励政策对销售人员的提成奖金计算方式进行规定,沙某作为销售人员,提成奖金系其劳动报酬的主要组成部分,故激励政策属于与劳动者切身利益相关的规章制度,制定时应当经过一定的民主程序,以保障沙某切身利益。尤其是《2017激励政策》与前两年相比,增加了一个获得提成奖金的条件,即工控产品的销售额须占总销售额的10%以上,该条直接影响沙某能否获得提成奖金而非提成奖金的数额,对沙某切身利益产生极为重大的影响。现 Y 公司并未提供充分证据证明其在制定《2017 激励政策》时经过了职工代表大会或者全体职工讨论,系与工会或职工代表平等协商确定,应由 Y 公司承担举证不能的不利后果。经双方确认,若按照《2016 激励政策》,沙某在 2017 年可获得提成奖金 150,860 元。据此,一审法院认为,Y 公司应当向沙某支付 2017 年销售提成奖金 150,860 元。

一审法院判决:被告 Y 公司应于本判决生效之日起 10 日内支付原告沙某 2017 年 1 月 1 日至 2017 年 12 月 31 日的提成奖金 150,860 元。

二审法院认为,本案的争议焦点在于 Y 公司制定的《2017 激励政策》是否适用沙某,Y 公司是否应当支付沙某 2017 年度的提成奖。

根据《劳动合同法》第 4 条的规定,用人单位在制定、修改或者决定有关劳动报酬等直接涉及劳动者切身利益的规章制度或者重大事项时,应当经职工代表大会或者全体职工讨论,提出方案和意见,与工会或者职工代表平等协商确定。现沙某与 Y 公司均确认,《2017 激励政策》与《2016 激励政策》的主要变化在于《2017 激励政策》规定工控产品的销售额须占总销售额的 10% 以上,除此之外对于沙某而言没有变化。《2017 激励政策》的制定实则是对《2016 激励政策》的修改,该修改增加了沙某获得提成奖金的前提条件,直接决定沙某是否能够获得 2017 年度提成奖金,而提成奖金是销售人员劳动报酬的组成部分,故 Y 公司对激励政策的修改直接涉及包括沙某在内的相关职工的切身利益,应当经职工代表大会或者全体职工讨论、平等协商。现 Y 公司主张该政策已经于 2017 年 2 月 23 日举行的"营销中心流程系统管理培训"上宣读讨论,沙某亦在仲裁及一审中认可该政策于 2017 年开年宣读过,然对于政策的宣读仅仅是单方的告知行为,在沙某不认可该政策的情况下,Y 公司未能提供充分证据证明激励政策的修改系经职工代表大会或者全体职工讨论、平等协商的结果,对此应当承担举证不能的不利后果。故《2017 激励政策》相对于《2016 激励政策》的修改部分对沙某没有约束力,Y 公司因沙某工控产品的销售额未占总销售额的 10% 以上而拒绝支付其 2017 年度销售提成奖金没有依据,Y 公司应当根据《2017 激励政策》延续《2016 激励政策》规定的部分或者沙某同意适用的部分支付沙某相应的销售提成奖金。Y 公司及沙某双方均确认,若按照《2016 激励政策》,沙某可获得提成奖金 150,860 元,一审法院据此认定 Y 公司应当向沙某支付 2017 年度销售提成奖金 150,860 元,并无不当。二审法院判决:驳回上诉,维持原判。

【评析意见】

本文就需要经过民主程序的规章制度范围及类型问题，从法律规定和司法实践两方面展开分析讨论。

一、规章制度范围的法律规定

根据《劳动合同法》第 4 条第 2 款的规定，用人单位在制定、修改或者决定有关劳动报酬、工作时间、休息休假、劳动安全卫生、保险福利、职工培训、劳动纪律以及劳动定额管理等直接涉及劳动者切身利益的规章制度或者重大事项时，应当经职工代表大会或者全体职工讨论，提出方案和意见，与工会或者职工代表平等协商确定。

根据该条文的表述，可以理解为《劳动合同法》将需要经过民主程序的规章制度范围表述为"直接涉及劳动者切身利益的规章制度或者重大事项"；同时，该条文也对这一表述进行了列举式的解释，即"有关劳动报酬、工作时间、休息休假、劳动安全卫生、保险福利、职工培训、劳动纪律以及劳动定额管理"等方面的规章制度应当被认定为属于"直接涉及劳动者切身利益的规章制度或者重大事项"。

在上述案例的判决中，法官对于"《激励政策》是否应当经过民主程序"的论证也能够体现这一点，即"Y 公司每年都会制定激励政策对销售人员的提成奖金计算方式进行规定，沙某作为销售人员，提成奖金系其劳动报酬的主要组成部分，故激励政策属于与劳动者切身利益相关的规章制度，制定时应当经过一定的民主程序，以保障沙某切身利益"。从法律逻辑的角度来分析，法官通过论证"提成奖金系其劳动报酬的主要组成部分"，推导出"激励政策属于与劳动者切身利益相关的规章制度"的结论，其中隐藏的小前提显然是"劳动报酬属于与劳动者切身利益相关的规章制度"。

因此，结合文义解释与司法实践，可以总结出《劳动合同法》第 4 条第 2 款对于需要经过民主程序的规章制度，既进行了列举式的解释，又进行了定义式的兜底。在判断一项企业规章制度是否属于需要经过民主程序的规章制度时，首先可以判断该项规章制度是否属于"劳动报酬、工作时间、休息休假、劳动安全卫生、保险福利、职工培训、劳动纪律以及劳动定额管理"。如果属于，则该项规章制度应该需要经过法定的民主程序；如果不属于，则应当进一步对于该项规章制度内容是否为"直接涉及劳动者切身利益的规章制度"作出具体判断。

二、不同规章制度类型的司法实践

下述分析主要基于司法实践中的裁判文书，考虑到"规章制度需经民主程序"的可诉性问题,裁判文书所审查民主程序的规章制度主要集中在劳动纪律和劳动报酬,前者涉及企业是否需要支付违法解除的经济赔偿金,后者涉及企业是否需要支付相应劳动报酬。可以发现,由于规章制度类型的不同,司法实践中对于程序瑕疵是否影响规章制度效力的实际判断也会有所不同,下文主要从"劳动纪律"和"劳动报酬"两方面进行展开。

(一)劳动纪律类型

劳动纪律包含了用人单位对于劳动者的奖惩制度,是许多企业依据《劳动合同法》第 39 条第 2 项作出严重违纪解除劳动合同的重要依据。

根据最高人民法院《关于审理劳动争议案件适用法律问题的解释(一)》第 50 条第 1 款的规定,用人单位根据《劳动合同法》第 4 条规定,通过民主程序制定的规章制度,不违反国家法律、行政法规及政策规定,并已向劳动者公示的,可以作为确定双方权利义务的依据。

而许多地方的规范性文件则作出了更加细化的规定:

浙江省高级人民法院《关于审理劳动争议案件若干问题的意见(试行)》第 34 条规定:"用人单位在《劳动合同法》实施前制定的规章制度,虽未经过该法第四条第二款规定的民主程序,但内容不违反法律、行政法规、政策及集体合同规定,不存在明显不合理的情形,并已向劳动者公示或告知的,可以作为人民法院审理劳动争议案件的依据。"

上述规定虽然仅针对"在《劳动合同法》实施前制定的规章制度",然而结合各地司法意见和司法判决①不难发现,在司法实践中对于存在程序瑕疵的劳动纪律类规章制度,大多数法院都采取了有条件认可的态度,即规章制度如果在内容方面合理合法且具备公示程序,则能够得到法院的酌情认可。原因是:劳动纪律类型的规章制度主要适用于劳动者在工作中出现过失或错误的情形;在这种情形下,法律赋予了用人单位一定程度的经营自主权,以制定劳动者在为用人单位提供劳动换取劳动报酬过程中所需要遵守的行为准则。

(二)劳动报酬类型

在劳动报酬类规章制度的程序瑕疵审查上,法院显然采取了更为严格的标准。在(2019)沪 01 民终 7786 号判决中,尽管 Y 公司主张该激励政策已经在相关培训中进行过宣读讨论,沙某亦在仲裁及一审中认可该政策宣读过,然而,法院依然认为,"对于政策的宣读仅仅是单方的告知行为,在沙某不认可该政策的

---

① 北京市第三中级人民法院民事判决书,(2017)京 03 民终 3060 号;上海市第二中级人民法院民事判决书,(2019)沪 02 民终 8008 号。

情况下，Y公司未能提供充分证据证明激励政策的修改系经职工代表大会或者全体职工讨论、平等协商的结果，对此应当承担举证不能的不利后果"。

不难发现，对于劳动报酬类型的规章制度，即使用人单位已经具备了公示程序，如果员工对相关规章制度不予认可，且相关规章制度未经过职工代表大会或者全体职工讨论，那么，法院依然无法将相关规章制度作为用人单位用工管理的依据。虽然法院在判决文书中未对相关裁判理由进行详细的说理，但依据笔者分析，劳动报酬的增加或减少，很有可能已经涉及劳动合同的变更，应当由劳资双方协商一致；即使企业没有与员工个人达成合意，也应当通过民主程序所代表的集体意志达成合意。不过，就劳动报酬相关规章制度而言，民主程序能否替代员工个人意志在实践中仍然存在争议。但显而易见的是，如果劳动报酬类规章制度连民主程序都未能通过，显然很难得到法院的支持。

【案例索引】

上海市松江区人民法院民事判决书，(2018)沪0117民初19729号。
上海市第一中级人民法院民事判决书，(2019)沪01民终7786号。

【执笔人】

上海远业律师事务所　温陈静

规章制度民主程序的操作步骤要求

【案例要旨】

用人单位根据《劳动合同法》第 4 条的规定,通过民主程序制定的规章制度,不违反国家法律、行政法规及政策规定,并已向劳动者公示的,可以作为确定双方权利义务的依据。在没有证据证明规章制度的形成系经全体员工或职工代表或全体工会成员等一定范围内员工的集体讨论,不能认定为系经民主程序而成,不能作为案件纷争的裁判依据。

【案情简介】

原告:顾某

被告:D 公司

顾某于 2008 年 5 月 5 日进入 D 公司,任电工主管。双方于 2013 年 5 月 5 日最后一次签订《劳动合同》,约定顾某的劳动合同期限为 2013 年 5 月 5 日至 2015 年 5 月 4 日,从事电工工程师工作,每月税前工资是 3500 元等内容。

D 公司《员工手册》第 3.5.3 条关于病假的规定有:除急诊之外,员工未提供二级医院开具的病假证明的视为旷工,病假证明应于 24 小时内交单位,过期一律按事假处理,病假须填写"请假申请表"交负责人签字,连同挂号单、病历卡、医药费原件交审,否则按事假处理。《员工手册》第 3.5.16 条关于旷工的规定有:员工月累计旷工 3 天或以上的须立即辞退。

2012 年 9 月 6 日,D 公司行政部门将《员工手册》修订部分函告工会。2012 年 9 月 10 日,4 名工会委员逐条审议,并以举手表决的方式通过修改条款。D 公司提供上述工会会议纪要、开会签到记录,由 2 名工会委员到庭作证,证明上述修订过程。顾某于 2012 年 9 月 25 日签收该《员工手册》。

自 2014 年 9 月 1 日起,顾某多次向被告 D 公司请病假。自 2014 年 9 月 9 日开始的工作日顾某始终未上班。双方约定于同年 9 月 25 日,交接自 9 月 1 日以来的病假单及就诊凭据,但双方未交接成功。其中,2014 年 9 月 22 日开具的《病假证明单》诊断为左踝韧带拉伤,建议休息一周:自 2014 年 9 月 18 日至 24 日。2014 年 9 月 29 日开具的《病假证明单》诊断顾某患腰椎间盘突出,建议休息两周:自 2014 年 9 月 25 日至 10 月 9 日。

2014 年 9 月 29 日,D 公司出具《解除劳动合同通知》,言明:顾某自 2014 年 9 月 1 日至今未上班,但未按《员工手册》的规定提交二级医院开具的挂号单、病历卡、医药费发票原件及复印件,被告多次提醒仍未递交,也未办理任何请假手续,已连续旷工多日,属严重违纪,故决定自 2014 年 9 月 28 日起解除与顾某的劳动合同。顾某于次日收到上述通知。审理中双方确认,顾某的离职时间为 2014 年 9 月 29 日。

2015 年 1 月 12 日,顾某申请劳动仲裁,请求 D 公司支付赔偿金、奖金等款项。后因不服仲裁裁决起诉。庭审中,顾某称《员工手册》不应由工会审议;2014 年 9 月 9 日虽无病假单,但已口头请假。D 公司解释,顾某是通过熟人开具的病假单。其在 1 个月内由不同医院开具不同病因的病假单,且部分病假单就诊时间在后、病假起始时间在前,部分就诊没有配药单据,因此,2014 年 9 月 9 日、15~17 日、18~19 日、25~26 日不能作病假处理,应系事假,而事假亦未办理请假手续,故应认定为旷工。依据《员工手册》,旷工 3 日应予辞退。《员工手册》是在原有版本基础上经职工代表大会讨论并经工会审议修订而成,且修订了不止一次,被告对此明知且认可。

【裁判结论】

法院认为,用人单位制定的规章制度符合民主程序、公示告知、不违反法律等条件的,才能作为劳动法意义上的规章制度,成为争议处理的定案证据。系争《员工手册》虽有原告签收凭证,但没有证据证明条文的形成系经全体员工或职工代表或全体工会成员等一定范围内员工的集体讨论,故不能认定系经民主程序形成,不能作为本案纷争的处理依据,无论是形成还是修订,仅由工会委员审议尚不满足法律关于民主讨论的要求。

尽管未经民主程序而成的规章制度,不能成为争议处理的定案依据,但劳动者与单位之间因劳动产生纷争的处理原则仍应符合普通、惯常的诚信原则。劳动者请假休息的,须经用人单位同意,请病假的,一般情况下可以医院开具的病情证明单为证,用人单位从严要求继续提供病历等凭据的,符合现代企业管理要求，亦不违反法律规定。考察原告提供的病假单，发现上海市某医院开具的部分病假单系就诊时间在后、病假起始时间在前，不符合病假单开具常规，故相关工作日即 2014 年 9 月 18 日、19 日、25 日、26 日不应以病假计。并且，原告称 2014 年 9 月 9 日口头提请病假却始终没有证据证明，故该日亦无法算作病假。原告上述几日均无凭证证明系获准休息，故系无故未上班，被告以旷工论不违反法律，一个月之内旷工数日，系严重违反劳动纪律的行为，被告以此为由解除合同符合法律规定。且应认定，被告作出解约决定系事先通知工会，征询工会意见并事后又予通报，对于被告提供的经工会委员签字的工会会议记录及证人到庭证言，原告虽有异议但没有证据反驳，故法院认定被告如上证据真实、客观、关联，对本案具有证明效力。综上，被告辞退原告不违法，原告关于赔偿金之诉没有依据，法院不予支持。

法院判决 D 公司支付顾某工资差额，对于违法解除赔偿金诉讼请求及奖金等，不予支持。

【评析意见】

本案涉及赔偿金和奖金等争议焦点，本文仅讨论赔偿金争议。且就案件结果而言，公司解除劳动合同的行为获得认可，无须支付赔偿金，但就法院裁判思路中反映出来的规章制度民主程序的操作步骤要求，值得思考。以下就此进行分析与探讨。

一、规章制度的法律规定

《劳动合同法》第 4 条第 1 款规定："用人单位应当依法建立和完善劳动规章制度，保障劳动者享有劳动权利、履行劳动义务。"《劳动法》也有类似规定。可见，建立和完善劳动规章制度，不仅是用人单位的权利，也是用人单位的义务。

最高人民法院《关于审理劳动争议案件适用法律问题的解释（一）》第 50 条第 1 款规定："用人单位根据劳动合同法第四条规定，通过民主程序制定的规章制度，不违反国家法律、行政法规及政策规定，并已向劳动者公示的，可以作为确定双方权利义务的依据。"而《劳动合同法》第 4 条规定："用人单位应当依法建立和完善劳动规章制度，保障劳动者享有劳动权利、履行劳动义务。用人单位在制定、修改或者决定有关劳动报酬、工作时间、休息休假、劳动安全卫生、保险福利、职工培训、劳动纪律以及劳动定额管理等直接涉及劳动者切身利益的规章制度或者重大事项时，应当经职工代表大会或者全体职工讨论，提出方案和意见，与工会或者职工代表平等协商确定。在规章制度和重大事项决定实施过程中,工会或者职工认为不适当的,有权向用人单位提出,通过协商予以修改完善。用人单位应当将直接涉及劳动者切身利益的规章制度和重大事项决定公示,或者告知劳动者。"因此,有效的劳动规章制度,需要具备以下法定要件:(1)通过民主程序制定;(2)内容必须合理合法;(3)已经向劳动者公示和告知。

司法实践中,对于劳动规章制度程序和内容的审查一直是裁判人员关注的重点,不少用人单位和劳动者也都意识到了这方面的要求。本文主要讨论规章制度民主程序的操作步骤要求。

二、民主程序的法律要求

根据前述《劳动合同法》第4条第2款的规定,在制定或修改规章制度时,民主程序主要包括两个环节:(1)应当经职工代表大会或者全体职工讨论,提出方案和意见;(2)与工会或者职工代表平等协商确定。由此法条内容分析可知,两个环节的具体要求是不同的:

1. 环节一——讨论

用人单位是建立和完善劳动规章制度的主体,自然也就是履行规章制度民主程序的主体。因此,应当由用人单位发起这一环节。那么,用人单位的分支机构、管理部门、生产车间等,是否也可以作为发起主体呢?笔者认为,用人单位的分支机构、管理部门、生产车间等可以参与制定规章制度,但不能直接制定规章制度。实践中,可能有公司会通过人事科、行政管理部、总经理办公室等名义牵头制定或修改规章制度,但其代表的仍应当是公司意志,最终应以公司的名义履行民主程序。就这个角度而言,虽然规章制度以人事会议、行政会议、经营管理会议等名义制定或修改,且部分管理人员参与进行讨论,但仍然只是用人单位自己的意志,还不足以作为经过"讨论"环节。

也就是说,这一环节中需要用人单位组织对规章制度进行"讨论"的对象是"职工代表大会或者全体职工"。"讨论"的任务是"提出方案和意见"。因此,用人单位此时提交出来的应该只是规章制度的"征求意见稿"或者"讨论稿",而不是已经制定完成的"正式稿"。实践中,有些公司以为自己已经将规章制度提交全体职工阅览,就应当对全体职工适用。殊不知,作为可能正式发布、实施的规章制度,让全体职工进行学习,并不能起到"提出方案和意见"的作用,这不能算是"讨论",只能算是《劳动合同法》第4条第4款规定的"公示或告知"。

需要进一步说明的是,关于"职工代表大会或者全体职工"中"或者"一词,表明通过"职工代表大会"还是"全体职工"这两种方式均是可行的,用人单位可以选择适用。我国现行法律法规中,国家层面并无针对职工代表大会制度的统一立法,但针对不同性质的企业或者在一些地方省市中,有相应的规定和要求。例如,1986 年发布的《全民所有制工业企业职工代表大会条例》第 27 条规定:"本条例原则上适用于全民所有制交通运输、邮电、地质、建筑施工、农林、水利等企业。"2012 年发布的《企业民主管理规定》则适用于所有企业。另外,不少地方省市制定的地方性法规或地方政府规章,对职工代表大会制度有相应的规定和要求,如《江苏省企业民主管理条例》《辽宁省企业民主管理条例》《上海市职工代表大会条例》《安徽省企业民主管理条例》《四川省职工代表大会条例》《湖南省职工代表大会条例》。再以上海市为例,《上海市职工代表大会条例》(2017 年修正)第 4 条第 1~2 款规定:"企事业单位应当建立职工代表大会制度。职工人数在一百人以上的企事业单位应当召开职工代表大会;职工人数不足一百人的企事业单位一般召开职工大会。"因此,企业人数规模不同,采取的会议形式不同。

另外还需要注意的是,不同企业性质的职工代表大会讨论用人单位提出的规章制度,其权限是不同的。同样以上海市为例,《上海市职工代表大会条例》(2017 年修正)第 10 条规定:"下列事项应当向职工代表大会报告,接受职工代表大会审议,并通过职工代表大会听取职工的意见和建议:……(二)企事业单位制订、修改、决定直接涉及职工切身利益的规章制度或者重大事项,以及改革改制中职工分流安置、经济补偿等劳动关系变更的方案……"而该法第 11 条规定:"下列事项应当向职工代表大会报告,并由职工代表大会审议通过:……(四)国有、集体及其控股企业的薪酬制度,福利制度,劳动用工管理制度,职工教育培训制度,改革改制中涉及的职工安置方案,以及其他涉及职工切身利益的重要事项……"也就是说,对于国有、集体及其控股企业的职工代表大会,对用人单位的规章制度有"审议通过"权(未获"审议通过"的,规章制度效力存在瑕疵),而其他性质企业的职工代表大会,只有"审议"权,而无"通过"权。

2. 环节二——协商

用人单位的规章制度,经过职工代表大会或者全体职工讨论之后,需要结合职工提出的方案和意见进行修改或完善,然后进入下一个环节"与工会或者职工代表平等协商确定"。这一环节的工作内容是"协商",且"协商"的对象是"工会或者职工代表"。

关于此类性质的协商,国家层面也没有直接的规定。现行《集体合同规定》《工资集体协商试行办法》等主要针对的还是签订集体合同的协商内容、代表、程序等方面。而上述地方省市有关职工代表大会制度或者企业民主管理的规定和要求,也基本不涉及后续用人单位与工会或者职工代表如何进行平等协商并确定规章制度。笔者认为,用人单位在操作上可以参考集体协商的有关规定。并且,关于"与工会或者职工代表平等协商确定"中"或者"一词,同样表明通过"工会"还是"职工代表"这两种方式均是可行的,用人单位可以选择适用。若用人单位已经建立了工会组织,笔者认为通过工会是更加简便易行的。《工会法》规定"中华全国总工会及其各工会组织代表职工的利益,依法维护职工的合法权益"。因此,由工会代表职工与用人单位进行协商,也是应有之义。

此处有所争议的是,《劳动合同法》第 4 条规定为"平等协商确定",表明劳资双方必须经过"协商"程序。那么协商的结果呢？是双方必须就规章制度内容协商达成一致("共决"),还是只要经过协商即可最终仍是由用人单位对规章制度内容有决定权("单决")？对此,笔者认为,用人单位有经营自主权。《劳动合同法》关于规章制度民主程序的规定和要求,本意是强调用人单位应当实行企业民主管理,但是如果片面强调规章制度内容必须由劳资双方协商达成一致,则一旦双方意见不统一,可能会造成规章制度久拖不决,用人单位无法进行正常的管理,继而也会影响企业的发展,从根本上也会损害劳动者的权益。因此,除非法律法规另有要求(如国有、集体及其控股企业等),此处"协商"程序,应当是"单决"。在充分听取意见后,经过双方协商,最终由用人单位确定。全国人民代表大会常务委员会法制工作委员会编辑的有关立法解读书籍中,也明确了此种观点:这种程序,可以说是"先民主,后集中"。①

以上"讨论"和"协商"两个环节,是《劳动合同法》关于规章制度民主程序的具体要求。经过此民主程序后,规章制度才可由用人单位正式发布实施。且根据《劳动合同法》第 4 条第 4 款的规定,"用人单位应当将直接涉及劳动者切身利益的规章制度和重大事项决定公示,或者告知劳动者"。这一"公示""告知"要求,大多数用人单位会比较注意并实际执行,不在本文分析论述范围。

三、欠缺民主程序的法律后果

本案中,法院认为,系争《员工手册》尽管有原告的签收凭证(已履行"公示""告知"要求),但没有证据证明该《员工手册》的形成系经全体员工或职工代表等集体讨论。规章制度是全体职工的行为规范,只有在吸收和体现了职工意志后,才能确保职工积极遵守实施。本案中的《员工手册》仅由工会委员审议尚不能吸收和体现职工意志,故不能认定系经民主程序而成。也就是说,上述"讨论"和"协商"两个环节,本案被告用人单位只经过了"协商"环节,并未经过"讨论"环节。因此,法院不认为其经过了规章制度民主程序,最终也就未认可

---

① 信春鹰、阚珂主编:《中华人民共和国劳动合同法释义》(第 2 版),法律出版社 2013 年版,第 15~16 页。

规章制度的效力。这也就是规章制度欠缺民主程序的严重法律后果。

对此,《劳动合同法》实施之后,不少地方在审判实践中也逐渐明确了相关意见。例如,深圳市中级人民法院《关于审理劳动争议案件的裁判指引》(2015年)第72条第2款规定:"《劳动合同法》实施后,用人单位制定、修改直接涉及劳动者切身利益的规章制度或重大事项时,未经过《劳动合同法》第四条第二款规定的民主程序的,原则上不能作为用人单位用工管理的依据。"

那么,如果用人单位的规章制度未经过民主程序,是否就一定无效?用人单位解除劳动者劳动合同的行为是否就一定不被认可?这也需要结合具体情况而定。上述深圳法院的裁判指引第72条第2款进一步规定,"规章制度或重大事项的内容未违反法律、行政法规及政策规定,不存在明显不合理的情形,并已向劳动者公示或告知的,劳动者没有异议的,可以作为用人单位用工管理的依据"。此外,如果劳动者严重违反劳动纪律或者违背诚实信用基本准则,用人单位也可以解除劳动合同。例如,浙江省高级人民法院民事审判第一庭、浙江省劳动人事争议仲裁院《关于审理劳动争议案件若干问题的解答(五)》规定:"在规章制度未作出明确规定、劳动合同亦未明确约定的情况下,劳动者严重违反劳动纪律,用人单位可以依据《劳动法》第二十五条第二项规定解除劳动合同。"

根据本案判决来看,尽管最终判决支持用人单位,这是依据诚实信用原则,在规章制度内容不违法和劳动者违纪行为严重违背公序良俗的前提下,结合法律规范本身特性和潜藏在法律规定背后的制度利益作出的综合判定。但规章制度的效力本身并未获得认可,对用人单位今后的管理势必带来隐患。因此,该企业应当尽快采取相应的补救措施。

【案例索引】

上海市杨浦区人民法院民事判决书,(2015)杨民一(民)初字第2035号。

【执笔人】

上海里格律师事务所　曾立圻

存在民主程序瑕疵的企业规章制度的效力

【案例要旨】

  企业的规章制度好比企业内部的法律,对企业的生产经营管理起着十分重要的作用。企业对员工的日常管理、奖励、处分以及解除劳动关系都应当遵循规章制度的规定。

  一般而言,一个规章制度有效的前提条件之一是该规章制度通过民主程序制定。但是什么是民主程序、民主程序具体有哪些步骤、民主程序存在瑕疵下规章制度的效力,在实践中还有一定争议。笔者认为,个案裁判应当保护劳动者权利,兼顾企业的管理的实际情况。

【案情简介】

  上诉人(一审原告):贺某某
  被上诉人(一审被告):W公司

  贺某某于1999年2月8日进入W公司,先后被派往W公司的多个分公司工作。2009年7月16日,贺某某与W公司签订无固定期限劳动合同,担任常务副总经理;2013年、2014年因业绩表现突出,W公司两次提升了贺某某的工资待遇并升任其为总经理。

  同时,W公司制定有《员工手册》和《道德和行为规范》。《员工手册》制定过程中向全体职工征询了意见,有签到记录本表明员工到会,但没有员工的反馈意见。《员工手册》制定的过程中,公司行政部门还与工会开了会并签署了会议纪要。

  贺某某签收过W公司的《员工手册》和《道德和行为规范》。贺某某作为公司的总经理负责公司的日常管理。

  2014年,W公司接到员工举报,开始调查贺某某,发现贺某某存在将其支付费用的单据交给下属去报销,然后自己审批,以规避总经理的消费需要上一级审批的规定,从而导致W公司的报销费用的真正用途无人查核的情况;还发现贺某某自己找来3家公司竞标,虽然选择的是价格最低的,但标是贺某某自己开的。W公司调查后,贺某某确认存在这样的情况,代贺某某填写报销单的员工以及参与投标的人也确认了相关事实。

W公司的《员工手册》总则第8.1条规定:"公司管理层不应向下属借款。禁止管理层以任何名义向下属索要财物或故意拖欠借款;您的行为应当始终符合职业规范,在您的行为以及与他人做生意的过程中应当采取正确的判断。诚信是公司最大的财富;在处理与自己有利益关联的业务时应当采取回避原则,如不能为自己或亲戚、朋友称重计价或收银等;禁止向公司提供虚假学历证书、资料和证明文件等,或做假账、伪造公司文件、记录或报销凭证、伪造签名。"

W公司的《员工手册》关于解聘的条款规定:"严重违反公司劳动或规章制度可以解聘。包括:所有不诚实行为,不论其所涉及金额的大小,均构成对本手册的严重违反;不诚实的行为还可以参阅总则第8.1条中的规定;提供与事实不符的证词或虚报差旅费用等;违反相关政策的行为:如《道德和行为规范》及所附的相关政策;任何违反公司利益冲突原则的行为等。"

W公司的《道德和行为规范》第20条规定:"财务诚信。W公司要求真实而准确地记录、报告财务信息,以便做出负责的商业决策。"

W公司的《合同及付款审批政策》第2条规定:"各级被授权人员不可以批准涉及本人费用的审批事项。"

W公司的《现金基金转移和概述》表明公司对于借支现金有明确规定,员工可以正常预支备用金,然后再进行报销。

据此,W公司于2014年7月17日以贺某某严重违反用人单位规章制度为由单方解除了与贺某某之间的劳动合同。

贺某某不服W公司的解除决定,提起劳动仲裁,要求W公司支付违法解除劳动合同的赔偿金。仲裁裁决后贺某某和W公司均不服仲裁裁决,向人民法院起诉。

庭审中,贺某某对自己的行为均予以确认,但主张公司的规章制度没有经过民主程序制定也没有公示,不能作为解除劳动关系的依据;W公司主张规章制度已向全体职工征询意见并与工会经过协商,且贺某某已经签收,贺某某作为总经理知道也应当知道规章制度的内容。

【裁判结论】

　　一审法院认为,W 公司以贺某某严重违反用人单位规章制度为由单方解除与贺某某之间的劳动合同,应当就该解除行为的合法性提供充分有效的证据予以证明。本案中,W 公司虽提供了《员工手册》《道德和行为规范》《付款审批政策》《现金基金转移和概述》等相关文件,但未能提供充分证据证明上述相关规定的制定程序合法并依法进行了公示,因而不能证明 W 公司解除与贺某某之间的劳动合同的合法性,应当向贺某某支付违法解除劳动合同的赔偿金。

　　二审法院认为,根据《劳动合同法》第 4 条第 2 款的规定,"用人单位在制定、修改或者决定有关劳动报酬、工作时间、休息休假……直接涉及劳动者切身利益的规章制度或者重大事项时,应当经职工代表大会或者全体职工讨论,提出方案和意见,与工会或者职工代表平等协商确定"。W 公司未能提供证据证明公司解除与贺某某之间劳动合同依据的《员工手册》系经过职工代表大会或全体职工讨论决定,存在程序上的重大瑕疵。W 公司单方解除劳动合同依据不足,原判 W 公司支付贺某某经济赔偿金并无不当,应予维持。

【评析意见】

　　本文主要探讨的是《劳动合同法》第 4 条的运用:制定规章制度所应当遵循的民主程序到底有哪些具体的步骤？民主程序如何认定？在本案中,W 公司有向全体员工征询意见的签到记录,但没有员工提出反馈意见的记录,有公司行政部门与工会的会议纪要,这些能否认定已经过民主程序？

　　根据《劳动合同法》第 4 条第 2 款和第 4 款的规定,即"用人单位应当将直接涉及劳动者切身利益的规章制度和重大事项决定公示,或者告知劳动者"。我们可以看出,民主程序是一种程序性的要求,而不是一种实体性的要求。其具体要求有两点:(1)经职工代表大会或者全体职工讨论,提出方案和意见;(2)与工会或者职工代表平等协商确定。

一、民主程序的具体形式

　　关于程序要求一,有些观点主张必须召开职工代表大会或召集全体职工进行开会,共同讨论,并形成书面的方案和意见。笔者认为该观点是值得商榷的。该程序规定的重点在于听取职工的意见,在通信发达的今天,即使是公司的运营管理会议也不一定要聚集所有人在某地开会讨论,而是可以通过网络、视频等多种形式展开,即用工单位可以采用集体召开会议的形式,也可以向职工代表或全体职工发送规章制度或重大事项,或者以张贴公示的形式,收集大家的反馈意见和建议。重在告知到员工——公司有一份即将执行的规章制度,在正式公布之前,员工可以提出意见和建议。

在本案中,W公司的《员工手册》在制定过程中向全体职工征询了意见,这本身就是民主程序的一种形式。而是否形成方案和意见,则在于有没有员工提出方案和意见,这取决于劳动者,并不取决于用人单位,用人单位也不可能逼迫劳动者发表意见。劳动者没有提出方案和意见,其实也是劳动者对于用人单位方案的意见。

关于程序要求二,与工会或者职工代表平等协商,重要的在于有平等协商的行为,会议记录、会议纪要等都是协商证据的体现。但是需要注意的是,"平等协商确定"主要是指程序上的要求,如果用人单位和职工或工会经平等协商无法达成一致,那么最后的决定权还在用人单位手里。如果该规章制度违反法律法规的规定,给劳动者造成损害,劳动者可依据《劳动合同法》第80条寻求救济。

在本案中,W公司《员工手册》的制定过程中,公司行政部门与工会经过协商还签署了会议纪要,这显然是平等协商过了。

二、并不是所有的规章制度都需要经过民主程序

我国《劳动法》第4条规定:用人单位应当依法建立和完善规章制度,保障劳动者享有劳动权利和履行劳动义务。是否所有的规章制度都应经过民主程序呢?

企业的规章制度可以分为两大类:一类是侧重于员工切身利益的规章制度,如劳动报酬、工作时间、休息休假、劳动安全卫生、保险福利、职工培训、劳动纪律等规章制度;另一类是侧重于公司运营和管理的制度,如报销制度、印章管理制度、合同保管制度等。前者应当通过民主程序,而后者一般而言并不需要经过民主程序。

显然,并不是所有的规章都需经过民主程序,只有涉及员工切身利益的才需要经过民主程序。本案中,《合同及付款审批政策》、《现金基金转移和概述》等主要涉及公司内部管理的,就无须经过民主程序。

三、民主程序存在瑕疵的规章制度是否必然无效

用人单位在制定规章制度过程中民主程序存在瑕疵,是否必然导致规章制度无效?笔者认为并不当然无效。规章制度在符合法律、不存在不合理的内容,已告知劳动者并一直适用的情况下,应当认定有效。

劳动法律法规虽然旨在保护处于弱势地位的劳动者的权利,但是前提是该权利是合理且合法的。法院在实际审理案件中,应当平衡劳动者的合法权益和企业所拥有的自主经营和管理的权利,以诚实信用原则为基石,促使双方形成和谐的劳动关系。如果因民主程序有瑕疵而一律否定企业所有的规章制度,这与立法本意应当是相悖的。

在司法实践中,一些地方法院根据自己的办案实践,结合企业管理的实际作出了一些探索。2015 年深圳市中级人民法院《关于审理劳动争议案件的裁判指引》第 72 条第 2 款规定:"《劳动合同法》实施后,用人单位制定、修改直接涉及劳动者切身利益的规章制度或重大事项时,未经过《劳动合同法》第四条第二款规定的民主程序的,原则上不能作为用人单位用工管理的依据。但规章制度或重大事项的内容未违反法律、行政法规及政策规定,不存在明显不合理的情形,并已向劳动者公示或告知的,劳动者没有异议的,可以作为用人单位用工管理的依据。"

2019 年 12 月,上海市、江苏省、浙江省、安徽省联合发布《长三角区域"三省一市"劳动人事争议疑难问题审理意见研讨会纪要》,进一步明确:劳动者存在违反法律、行政法规规定或者必须遵守的劳动纪律等情形,严重影响到用人单位生产经营秩序或者管理秩序的,应当认可用人单位解除劳动合同的正当性。对劳动者仅以用人单位规章制度未明确规定或者制定存在程序瑕疵、劳动合同未明确约定为由,主张用人单位解除劳动合同违法的,不予支持。

综合上述司法实践的规则,如果规章制度没有经过民主程序,那么对于此类规章制度的效力应当审查以下三个方面:(1)用人单位是否履行了公示程序,是否已经告知了劳动者;(2)用人单位所适用的规章制度的内容是否符合法律法规和相关规定;(3)用人单位所适用的规章制度的内容是否合理,从劳动者所应遵循的基本的职业道德和劳动纪律去判断规章制度的合理性,还要考虑用人单位本身的属性、劳动者所在岗位的特性等。

在具备上述三个方面条件的前提下,该规章制度即使没有经过民主程序,也可以被认定为有效。这是比较现实的做法。毕竟用人单位各种各样且管理水平不一,关键在于用人单位的规章制度是否损害劳动者合法权益。

立法的本意在于用人单位制定规章制度时给予劳动者参与的权利,但不是决定的权利。劳动者参与本身就是为了降低规章制度损害劳动者权益的概率。在规章制度或者重大事项的内容本身不存在明显问题,并已向劳动者公示或告知的情况下,用人单位如能提供证据证明其制定规章制度时对保障劳动者的参与权采取了相应行为,提供了相应的机会,那么,法院不应严苛要求用人单位完整、严格履行民主程序中的全部步骤。

因此,规章制度没有经过民主程序,仍可能被认定有效。本案中,在 W 公司向全体员工征询了意见并与工会进行了平等协商的情况下,法院仍未认定公司规章制度的效力,似乎过于严苛。

【案例索引】

安徽省六安市金安区人民法院民事判决书,(2015)六金民二初字第00165号。

安徽省六安市中级人民法院民事判决书,(2015)六民一终字第00474号。

【执笔人】

上海通乾律师事务所　陈慧颖　朱慧

企业规章制度法定程序与其效力的司法认定[*]

企业规章制度既是企业管理意志的体现,也关乎劳动者权利的保障,其内容和制定、修改的程序均需符合有关法律规定,才能对劳动者产生约束力。尽管法律对于规章制度的制定与修改有明确的程序要求,但在司法实践中,不同裁审机关在判定企业规章制度能否作为案件裁判依据时,对相关制定、修改的程序性要求的标准并不统一,这无疑会给用工管理与劳动保障增添诸多不确定因素。

为了解规章制度法定程序不同环节的缺失或瑕疵对判决结果的影响,笔者通过关键词检索方式,在威科先行法律信息库查询到 2020 年 1 月至 2021 年 3 月全国范围内涉及民主及告示程序履行问题的劳动案件二审判决共计 1194 件,并对其中关联性较强的 127 个案例进行抽样研究,包括上海、北京、天津、重庆、河北、辽宁、吉林、江苏、浙江、安徽、广东等多地的判决,其所展现的一定共性或地区特性,或许能为劳资双方合规开展相关程序、提升规章效能带来启发和思考。

【评析意见】

一、规章制度的民主程序与告示程序

根据我国法律规定,企业制定、修改规章制度应当经过两个步骤:一是民主程序,包含讨论环节与平等协商环节;二是告示程序,需让劳动者知晓规章制度。

---

[*] 本文作为案例检索报告,其格式与本书其他案例解读文章不同。本文目的在于提供一个更为宏观的视角,通过收集和整理一系列相关案例,来探讨企业规章制度法定程序与其效力的司法认定问题。希望这种不同的结构能为您提供新的视角。——笔者注

《劳动合同法》第 4 条规定:"用人单位应当依法建立和完善劳动规章制度,保障劳动者享有劳动权利、履行劳动义务。用人单位在制定、修改或者决定有关劳动报酬、工作时间、休息休假、劳动安全卫生、保险福利、职工培训、劳动纪律以及劳动定额管理等直接涉及劳动者切身利益的规章制度或者重大事项时,应当经职工代表大会或者全体职工讨论,提出方案和意见,与工会或者职工代表平等协商确定。在规章制度和重大事项决定实施过程中,工会或者职工认为不适当的,有权向用人单位提出,通过协商予以修改完善。用人单位应当将直接涉及劳动者切身利益的规章制度和重大事项决定公示,或者告知劳动者。"

此外,最高人民法院《关于审理劳动争议案件适用法律问题的解释(一)》(法释〔2020〕26 号)第 50 条第 1 款明确规定:"用人单位根据劳动合同法第四条规定,通过民主程序制定的规章制度,不违反国家法律、行政法规及政策规定,并已向劳动者公示的,可以作为确定双方权利义务的依据。"

在劳动者与用人单位发生劳动争议时,常主张"企业规章制度未按照《劳动合同法》规定经过民主程序",当企业难以提供相关材料证明经过职工代表大会或全体员工讨论并开展过平等协商,是否必然导致败诉?如企业未曾安排劳动者签收与学习规章制度,仅通过公司网站、办公自动化(office automation,OA)系统发布,是否属于完成了告示程序?由于劳动法的地域性与具体案情的不同,这些问题难以直接下结论,笔者择取了部分典型案例以供读者参考。

二、涉规章制度民主程序相关争议与裁判观点

(一)未经民主程序但已告示的情形

许多企业未经民主程序,单方制定完成规章制度后向劳动者告示,对于这一类规章制度的效力,各地司法实践中裁判观点存在较大差异,浙江省有口径确认符合一定条件未经民主程序的规章制度也可作为企业管理依据,而福建省厦门市明确规章制度必须经过民主程序(见表 1):

表1 关于未经民主程序的规章制度的地方性司法意见

地区	文件名称	内容
浙江省	浙江省高级人民法院《关于审理劳动争议案件若干问题的意见（试行）》（2009年4月16日发布）	第三十四条 用人单位在《劳动合同法》实施前制定的规章制度，虽未经过该法第四条第二款规定的民主程序，但内容不违反法律、行政法规、政策及集体合同规定，不存在明显不合理的情形，并已向劳动者公示或告知的，可以作为人民法院审理劳动争议案件的依据。 《劳动合同法》实施后，用人单位制定、修改或者决定直接涉及劳动者切身利益的规章制度或者重大事项时，未经过该法第四条第二款规定的民主程序的，一般不能作为人民法院审理劳动争议案件的依据。但规章制度或者重大事项决定的内容不违反法律、行政法规、政策及集体合同规定，不存在明显不合理的情形，并已向劳动者公示或告知，且劳动者没有异议的，可以作为人民法院审理劳动争议案件的依据
福建省厦门市	厦门市中级人民法院、厦门市劳动人事争议仲裁委员会《关于审理劳动争议案件若干疑难问题的解答》（2017年12月31日印发）	1. 用人单位制定的规章制度未经民主程序如何认定其效力？ 《劳动合同法》第四条第二款规定，用人单位制定、修改或决定直接涉及劳动者切身利益的规章制度或者重大事项时，应当经职工代表大会或者全体职工讨论，提出方案和意见，与工会或者职工代表平等协商确定。因此，劳动者提出用人单位规章制度未经民主程序而用人单位无法证明的，该规章制度对劳动者不具有约束力

从搜索到的裁判文书样本来看，上海、江苏等地对于未经民主程序的规章制度的态度整体上也相对宽松，如企业能证明规章制度已依法向劳动者公示，内容又无违法或不合理之处，其效力一般能得到裁审机关的认可；而部分地区的案例显示，裁审机关将是否经过民主程序作为审查的重点，即便规章制度已经公示并由劳动者签收，企业如无法证明规章制度已经过民主程序，仍然会导致败诉。具体情况见表2、表3。

表 2　未经民主程序的规章制度可以作为用工管理依据的案例

地区	案号	判决书内容概要摘录*
上海市	（2020）沪 02 民终 857 号	在制定程序上存在瑕疵,即未经民主程序制定的规章制度,如果内容未违反法律、行政法规及政策规定,不存在明显不合理的情形,并已经向劳动者公示或告知,也可以作为用人单位用工管理和法院裁判依据。本案中,被上诉人据以解除与上诉人之间劳动合同的《员工手册》虽存在程序瑕疵,但内容并无违法或明显不合理之处。根据被上诉人的举证材料,《员工手册》已经向公司员工进行了告知……
天津市	（2020）津 03 民终 4930 号	关于李某主张的工资差额,企业根据经营特点和经济效益,依法可自主确定工资分配方式和工资水平。其制定的薪酬方案虽未经法定民主程序,但不违反法律、行政法规、国家政策以及公序良俗,且已向李某公示……
江苏省苏州市	（2020）苏 05 民终 3456 号	对于未经民主程序制定的规章制度形式上的瑕疵,关键要看规章制度是否符合法律、法规的内容,是否存在明显不合理的情形,是否向劳动者公示或者告知……该规定系某公司自主经营权的正当行使,并不违反法律法规强制性规定,亦具有合理性。苗某于 2017 年 3 月 13 日阅读并签收,故本院认定《员工手册》可以作为违纪处理的制度依据
江苏省淮安市	（2020）苏 08 民终 1302 号	张某已知晓某公司《员工手册》的内容,尽管该手册当时未经过民主程序制定,但该手册的内容不违反法律、行政法规的规定,且不存在明显不合理的情形,并已向张某告知,故该手册可以作为本案的定案依据
四川省成都市	（2020）川 01 民终 16730 号	虽然某成都分公司对上述规章制度是否经过民主程序制定、公示未提供证据,但是上述规章制度不应一律认定无效。上述规章制度不违反法律法规、国家政策及公序良俗,且不存在明显不合理的情形,某成都分公司亦已向黄某告知,故上述规章制度应属有效,黄某应予遵守,本院对黄某的该意见不予采纳
山东省泰安市	（2020）鲁 09 民终 426 号	本院认为,某百货大楼有限公司虽未提供证据证明上述《员工手册》已经其公司民主程序制定,但《员工手册》的内容未违反法律、行政法规及政策规定,不存在明显不合理情形,任某认可其参加入职培训时就《员工手册》接受了培训,因此,《员工手册》对其具有约束力,某百货大楼有限公司依据《员工手册》相应规定解除与任某的劳动合同并无不当……

续表

地区	案号	判决书内容概要摘录
山东省德州市	（2020）鲁14民终1626号	符合司法解释规定条件的规章制度并非一定有效，并非就能直接作为审理依据，同时未经民主程序制定的规章制度不应一律认定无效，只能因其不具备适用的合理性或者无法使劳动者知晓时才无效。本案中，被告所提交的《管理规章》制定程序的证据虽存有瑕疵，原告对被告《管理规章》的制定程序提出异议，但是根据被告对李某作的询问笔录内容可知，李某知晓其行为产生开除的后果，可视为该规章制定后已对包括原告在内的劳动者进行了公示和告知，其内容未违反法律、行政法规及政策规定，可以作为被告用工管理和本院裁判的依据

* 并非完全原文引用。下同。

表3　未经过民主程序的规章制度不可作为用工管理依据的案例

地区	案号	判决书内容概要摘录
北京市	（2020）京01民终4993号	本院认定某公司已就证据1的内容向杨某进行了送达和告知。但是，用人单位在制定、修改或者决定有关劳动报酬、工作时间、休息休假、劳动安全卫生、保险福利、职工培训、劳动纪律以及劳动定额管理等直接涉及劳动者切身利益的规章制度或者重大事项时，应当经职工代表大会或者全体职工讨论，提出方案和意见，与工会或者职工代表平等协商确定。某公司未就证据1的制定经过民主程序提交材料予以证明，故本院对于证据1、证据2综合形成的证明目的即"员工请病假或事假须优先使用年休假"的规定适用于杨某之主张不予采信……
辽宁省营口市	（2020）辽08民终2553号	一审法院认为……原告在入职时被告虽然将该处罚规定送达给原告，但未提供证据证明该处罚规定符合《劳动合同法》第四条的规定，即涉及劳动者切身利益的规章制度，应当经过职工代表大会或者全体职工讨论通过，故被告未举证证明即为未经民主程序制定，该处罚规定对原告不发生效力……本院二审期间，上诉人提交公文审批单一份，证明规章制度制定经过民主程序。被上诉人质证意见为公文审批单不能证明规章制度经过民主程序制定
吉林省长春市	（2020）吉01民终4721号	二审中，经询问，某公司认可其适用的《试验车驾驶员管理细则》和《员工手册》未经民主程序制定，故其制定程序不符合《劳动合同法》第4条第2款规定。虽然某公司主张张某签字确认对《员工手册》予以认可，以及对《试验车驾驶员管理细则》进行了业务培训，但是这并不能取代制定该规章制度的民主程序，即由职工代表大会或者全体职工讨论，提出方案和意见，与工会或者职工代表平等协商

(二) 简化民主程序步骤的情形

如前文所述,依照《劳动合同法》对民主程序的规定,企业在制定、修改规章制度时,要求职工广泛参与讨论,经与工会或者职工代表平等协商确定,讨论与协商环节缺一不可。但目前企业未成立工会、未建立健全职工代表大会制度的情况大有所在,许多企业在开展民主程序时或是受限于自身条件,或是出于种种因素的考量,未能严格按照法定程序进行,存在程序的缺失、合并、简化的情况。对此,还能否认定企业履行了民主程序?各裁审机关同样存在不同的观点,就笔者查询到的案例来看,大部分法院并不苛求企业严格履行完整的民主程序步骤,而更注重在该过程中劳动者的参与权,裁判者会综合具体情况作出判断,体现出较大的自由裁量权(见表4)。

表4 涉及简化民主程序制定的规章制度的案例

地区	案号	判决书内容概要摘录
北京市	(2020)京03民终14224号	某公司提交了《员工绩效管理制度》V 3.0及民主意见征询沟通会议纪要以证明该制度系通过民主程序制定,且周某不符合绩效工资和年终奖的发放条件……且该制度已经向周某公示送达,并经由其签字,故应当认定该制度对周某发生效力……
重庆市	(2020)渝01民终7934号	……制度依据方面,刘某在某公司就《员工手册》草案收集员工意见的签字确认表上签字,根据确认表上载明的内容可知某公司的《员工手册》征求了公司员工的意见,经过了民主程序,刘某于2019年5月20日签收了《员工手册》,对其相关内容应当知晓……
安徽省淮北市	(2020)皖06民终686号	某驾校在制定《员工违纪违法惩戒管理办法》规定时,先组织员工对该办法(试行)进行学习,对修改后的《员工违纪违法惩戒管理办法》再次组织员工学习,学习签到表反映的是对修改后的管理办法的学习,说明在制定管理办法时用人单位组织劳动者进行了学习,并进行了修改,可以认定制定该管理办法时双方进行了协商,规章制度的制定经过了民主程序,且未违反国家法律、行政法规及政策规定
湖南省娄底市	(2020)湘13民终1069号	2018年9月,被告某公司在向全体职工代表征询意见后,将更新后的2018年_02版《销售人员行为规范》及其《解释说明》通过内网通知并公示……《员工手册》和《销售人员行为规范》,系经民主程序制定,并已向员工公开公示,原告谢某亦是在劳动合同书上予以签字确认,既知悉其中相关内容,理应遵照执行

续表

地区	案号	判决书内容概要摘录
广西壮族自治区钦州市	（2020）桂02民终40号	根据某公司在一审中所提交的《关于〈劳动人事管理制度〉的讨论会》的记载，某公司制定《劳动人事管理制度》时仅是经某公司的领导干部讨论通过，并未经职工代表大会或者全体职工讨论通过……某公司关于工会主席、青年委员等全体部门代表参与《劳动人事管理制度》的制定，即代表了公司全体职工的利益，应当认定《劳动人事管理制度》的制定程序合法的主张，无事实及法律依据，本院不予支持
辽宁省大连市	（2020）辽02民终1582号	首先，被告单位参与制定上述规章制度并签字通过的人员主要为被告的管理人员（董事、监事及人力部共8名），签字的工会与职工代表虽有9名，但其中4名为上述已签字的管理人员。其次，被告自认当时被告公司劳动关系在册人员为129人，被告未提供证据证明在审批意见单中签字的工会与职工代表系经全体职工选举产生，故该9人不能代表全体职工的意志，且参会人数不符合职工代表大会要求的人数标准，故即使在审批意见单中签字，亦不足以认定相关制度系被告与工会或者职工代表平等协商所确定。再次，被告召开的工作扩大会议形成的为审批意见单，不能证明上述制度系经职工代表大会或全体职工讨论形成。最后，原告、被告提供的2018年6月4日录音中可体现被要求返岗的员工已对该规章制度提出异议，但被告并未就职工的意见予以协商处理。综上，被告提供的《员工考勤管理制度》《严重违反规章制度的处理办法》未经民主程序制定，不符合《劳动合同法》第4条之规定
内蒙古自治区包头市	（2020）内02民终61号	虽包头市劳动人事争议仲裁院认为原告未举证证明内鹿字〔2008〕第8号规定经过职工代表大会或者全体职工讨论并与工会或者职工代表平等协商确定，并公示或告知劳动者，被告亦认为该规定制定不合法，自己不知道该规定内容。但根据庭审及原告所提供的内鹿字〔2008〕第8号规定的发文稿及公示通告（被告认可）等证据可知，该规定于2008年4月17日经原告公司工会组织基层工会主席、机关工会小组长、部分职工代表讨论后确定，经逐级审批后于2008年4月24日签发，并于当日进行了公示，故该规定的制定及公示符合《劳动合同法》第4条的相关规定

三、涉规章制度告示程序相关争议与裁判观点

（一）经民主程序制定但未告示的情形

从笔者查询的各地案例来看，此类情形较为罕见。企业对规章制度是否经过告示程序承担举证责任，一般情况下，企业如不能提供劳动者签收或应当知

晓规章制度的确切证据,裁审机关通常会对规章制度的效力作出否定性评价,不过在部分个例中,企业规章制度因经过了严格的民主程序或行政部门的背书,尽管告示程序存在一定瑕疵,亦受到了认可(见表5)。

表5 涉及经民主程序制定但未告知的规章制度的案例

地区	案号	判决书内容概要摘录
山东省济宁市	(2020)鲁08民终6366号	本案中原告以被告连续旷工15天违反规章制度为由解除与被告的劳动合同,其所依据的2019年《某煤矿人事管理制度》虽经民主程序制定,但无证据证实已将该规章制度予以公示,亦无证据证明已告知被告杨某某……
上海市	(2020)沪01民终11267号	本案争议焦点为,案涉《工资专项集体合同》对上诉人许某夏的效力……根据查明事实及在案证据,案涉《工资专项集体合同》已经完备上述法定要件,对被上诉人某公司及其劳动者发生效力。如某公司未能将最终生效文本向许某夏进行公示,行为虽有不当,应予纠正,但许某夏以此为由主张该合同对其不发生效力,缺乏依据,本院难以采纳
上海市	(2020)沪02民终6391号	本院认为,涉案的年金方案已经行政部门备案,涉案的企业年金试行办法亦通过了公司民主程序,合法有效,上述备案行为及职工代表大会通过年金试行办法的行为均发生在鲍某与某公司劳动关系存续期间,故上述规章制度对鲍某依法适用。鲍某以不知晓规章制度进行抗辩,缺乏依据,本院不予支持

(二)告示方式存在争议的情形

《劳动合同法》规定了企业告示规章制度的义务,但未进一步明确告示的方式。在劳动争议中,劳动者往往会否认企业已对规章制度进行了告示。从各地司法实践看,企业安排劳动者签收规章制度、组织相关培训与考试,一般通过内网公布、邮件发送、工作场所张贴告示等方式来实现,除存在明显的瑕疵与不合理情形,都会被认定为属于有效的告示。若证据显示劳动者存在知晓规章制度的高度盖然性,即便其主张自己未实际阅读或查看,也无法成为否认企业告示的有效抗辩理由(见表6)。

表 6　涉及告知方式存在争议的规章制度的案例

地区	案号	判决书内容概要摘录
上海市	（2020）沪 02 民终 1123 号	杨某虽称某公司未向其送达 2008 年版的《员工手册》以及 2017 年版的《员工手册》，仅于 2018 年 4 月在杨某不知情的情况下上传 2017 年版《员工手册》至公共平台，但杨某应当有条件阅知《员工手册》的内容，且某公司 2019 年 2 月 27 日向杨某发送的《调岗通知书》中也将 2017 年版《员工手册》中的相关规定明确告知杨某……
北京市	（2020）京 02 民终 9546 号	2016 年 2 月 5 日某证券作出《关于印发〈某证券股份有限公司员工违规违纪处罚办法〉的通知》，该通知第一条明确规定，请各单位召开专门会议，组织全体员工认真学习办法规定，督促每位员工完成逐条学习，并签署《公司制度学习确认书》，确认书扫描件发送至人力资源部 OA 邮箱，确认书原件存档备查。一审法院认为……某证券在《关于印发〈某证券股份有限公司员工违规违纪处罚办法〉的通知》中已明确要求全体员工认真学习办法规定，并签署《公司制度学习确认书》，确认书原件存档备查，该通知亦附有空白学习确认书。在某证券对此有明确要求的情况下，其未能提交沈某的学习确认书或学习记录确有瑕疵，现没有直接证据证明已向沈某进行了办法的公示或告知，不宜认定该办法对沈某具有约束力……驳回上诉，维持原判
北京市	（2020）京 03 民终 2629 号	本案中，王某上诉某公司修改程序违反民主程序，没有公示，应属无效。对此本院认为，某公司 2019 年 4 月确系召开全体员工大会，组织员工对修改《员工手册》进行讨论，且根据某公司提交的其他员工证言、照片及视频，能够认定某公司就《员工手册》在办公室宣传栏已进行公示。另，根据一审查明的事实，王某不参加全体员工大会，且拒收《员工手册》，应自行承担不利后果，某公司已向王某履行告知义务
河北省石家庄市	（2020）冀 01 民终 3976 号	被上诉人将规章制度和考勤办法通过在 QQ 工作群内公布、以群文件保存的方式进行了公示，且上诉人尤某也曾在该工作群内，故上诉人尤某主张被上诉人未将规章制度告诉上诉人，没有履行公示程序，缺乏相应的事实依据，对其主张不予支持
黑龙江省哈尔滨市	（2020）黑 01 民终 2095 号	关于暂缓发放年终奖金的问题，主要争议是某集团将相关暂缓发放的制度规定发布在某集团 OA 办公系统中刘某是否知晓或者应当知晓。本院认为，某集团发〔2015〕8 号作为单位的正式文件，其发布、实施应为全体员工所知悉。现某公司提交了给全体员工的 OA 截图，证明其将文件在内网上公示，作为员工应关注并受其效力拘束，刘某与该文件的实施有着重要的利害关系，亦应知晓文件内容

续表

地区	案号	判决书内容概要摘录
江苏省南京市	（2020）苏01民终7393号	翁某与某公司的劳动合同第6条第2项规定,公司的网站是其制定、修改或者决定直接涉及劳动者切身利益的规章制度或者重大事项时与员工讨论的渠道,也是规章制度和重大事项决定后公司对劳动者进行公示的渠道,翁某有义务不时查看公司网站。规章制度和重大事项一经在公司网站上正式发布,即视为甲方已履行公示义务。某公司的《员工手册》已经过民主程序制定,并通过公司网站向翁某进行了公示,翁某应当知晓并遵守《员工手册》的相关规定
山东省青岛市	（2020）鲁02民终9900号	虽然《某集团员工行为规范 V 8.0承诺书》、2018年《某集团员工行为规范》V 12.0认证卷上"王某"的签字并非其本人所写,但某研究所提交证据能够证明其通过多种途径向员工宣传代打卡行为系违反公司规章制度的行为以及代打卡行为的法律后果,王某作为在某研究所工作十多年的老员工,应当知晓上述规定
湖南省长沙市	（2020）湘01民终999号	一审法院认为……因吴某存在失职行为,某商贸城依据《某控股集团经营管理问责规定》《某控股集团员工奖惩制度》作出处罚。上述规章制度或是公示于公司内部办公软件之中,或是组织员工进行了学习,均已经过合法有效的公示程序;且其中内容并未违反法律、行政法规的强制性规定,或明显限制劳动者的合法权益,可以作为处罚依据

四、相关建议

对于企业而言,制定规章制度的初衷,是为了企业更好地经营运作,而劳动者本就是企业发展必不可少的建设者,应该充分参与到规章制度的制定、修改过程中。尽管当前各地司法实践"重告示程序轻民主程序"的情况较为普遍,许多企业尤其是小微企业因经营模式、人员构成等选择规避民主程序,但即使在司法实践态度最为宽容的地区,仍不乏企业因未依法履行民主程序而自食败诉后果的情况。侥幸心理并非对抗风险的良策,不如依法合规避免后患。

对于劳动者而言,一方面,规章制度关系到个人切身利益,劳动者应当积极发挥主观能动性,在规章制度的制定与修改过程中合理表达诉求、提出建议。法律并不保护"躺在权利上睡觉的人",规章制度若已经告示,劳动者还以不知情、不了解具体内容主张对其不具有约束力,一般难以获得裁审机关支持。另一方面,劳动者应当知晓,企业规章制度因制定、修改法定程序缺失或瑕疵被认定为不具有约束力,并不必然成为违纪被解除者的"免死金牌"。根据《劳动法》第3条第2款之规定,劳动者应当完成劳动任务,提高职业技能,执行劳动安全卫生规程,遵守劳动纪律和职业道德。《民法典》第 7 条规定,民事主体从事民事活动,应当遵循诚信原则,秉持诚实,恪守承诺。一些地区如上海市高级人民法院发布的《关于适用〈劳动合同法〉若干问题的意见》则明确,在规章制度无效的情况下,劳动者违反必须遵守的合同义务,用人单位可以要求其承担责任。劳动者以用人单位规章制度没有规定为由提出抗辩的,不予支持。在司法实践中,在缺乏具体规章制度依据时,法院会根据具体情形引用基本法律原则进行裁判,不论规章制度是否有效,劳动者都应当遵守企业正常的管理要求与劳动纪律,履行劳动合同义务。

此外,工会作为企业与职工沟通的桥梁,既要践行维护劳动者合法权益的职能,也要关注企业的发展。上级工会需考虑企业的难处,通过合适的方式积极引导企业建会,建立健全职工代表大会制度与集体协商制度,推动基层企业工会主动发挥作用,代表职工发声,避免民主程序流于形式,真正实现立法目的。

【执笔人】

江三角律师事务所　郭毓敏

规章制度程序的合法性认定标准

【案例要旨】

劳动规章制度要想在用人单位内部对全体劳动者适用,不仅内容要合法、合理,而且其制定的程序也必须满足法律的规定,尤其是制定的民主程序,要做到实体与程序有机统一。民主程序在调整劳动关系中的作用主要有三点:一是实现对劳动者的倾斜保护;二是推动用人单位民主管理;三是构建和谐的劳资关系。在司法实践中,应当以充分发挥以上作用为出发点,对规章制度的合法性进行认定。

【案情简介】

原告:某某(江苏)融资租赁有限公司
被告:张某某

张某某与P公司签订有期限自2018年4月16日起至2021年4月16日止的劳动合同一份,约定张某某的岗位为检测师。后张某某、某某(江苏)融资租赁有限公司(以下简称T公司)、P公司签订了生效日期为2018年9月1日的劳动合同变更协议,约定张某某与P公司提前终止上述劳动合同,将合同主体一方由P公司变更为T公司,P公司将其在合同中的权利义务全部转移给T公司,由T公司承担合同中用人单位的权利和义务。该协议同时约定原劳动合同其他条款不变,张某某与T公司的权利义务依原劳动合同确定,直至合同期满。

2019年4月,张某某的妻子徐某某、母亲陆某注册成为T公司经销商,该账户通过T公司收购、出售二手车。

2019年4月25日,T公司召开第二届职工代表大会,审议并表决通过了《员工手册(2019年修订版)》,并进行了职工代表大会主席换届选举。《员工手册(2019年修订版)》第八章"纪律程序"第三节"严重过错"第四项规定:"T公司员工在履行职责或者行使职权过程中发生玩忽职守、滥用职权、徇私舞弊,损害 T 公司利益的行为或以图协助 T 公司获取或保留某项业务,贿赂他人的行为。包括但不限于:Ⅰ.触碰公司规定的岗位红线;Ⅱ.为自己、利害关系人或他人谋取不正当利益……"第四节"纪律处罚"第三款规定:"在某一自然年内,员工若发生严重过错行为或两次发生二级过错或四次一级过错违纪行为,公司将立即解聘,如果该行为给公司造成经济损失,员工则须承担全部赔偿责任。"张某某签收了《员工手册(2019 年修订版)》。

2019 年 6 月 18 日,T 公司作出违纪解除劳动关系通知,认为张某某在劳动合同履行过程中,触犯了公司《员工手册》第八章第三节第四项规定的"Ⅰ.触碰公司规定的岗位红线;Ⅱ.为自己、利害关系人或他人谋取不正当利益",已造成严重违纪,决定对张某某作出违纪辞退处理。张某某在 T 公司工作至 2019 年 6 月 18 日。

张某某向南通市劳动人事争议仲裁委员会申请仲裁,该仲裁委员会于 2019 年 12 月 9 日分别作出通劳人仲案字(2019)第 335 - 1 号、第 335 - 2 号仲裁裁决书,其中第 335 - 1 号裁决书裁决对张某某要求 T 公司支付加班费的仲裁请求不予支持;第 335 - 2 号裁决书裁决 T 公司支付张某某违法解除劳动合同赔偿金 30,022.53 元。T 公司不服第 335 - 2 号仲裁裁决书,向法院提起诉讼。

【裁判结论】

一审法院认为,《劳动合同法》第 39 条规定:"劳动者有下列情形之一的,用人单位可以解除劳动合同:……(二)严重违反用人单位的规章制度的……"T 公司以张某某违反《员工手册》第八章第三节第四项规定行使单方解除权。

第一项解除理由:触碰公司规定的岗位红线(将自行到店检车的车主信息作为自己的转介绍信息谋取利益)。但是,公司规定的岗位红线是什么,员工是否清楚岗位红线的内容,T 公司均未举证证明,T 公司在诉状中陈述的张某某的违规行为也无任何证据可以证明,故该项解除理由不能成立。

第二项解除理由:为自己、利害关系人或他人谋取不正当利益。T 公司主张张某某私自开设账户刷单,在平台收购车辆进行牟利,所举证据为买卖合同、收购合同、银行往来凭证等,以上证据仅能体现相关账号存在刷单以及利用以上账户进行交易的事实。关于以上刷单及交易行为,张某某抗辩:徐某某、陆某的账号系按门店要求为获得融资、提高业绩数据而注册,主要用于公司刷单及对接下家使用,并非由其个人控制,也未为个人谋取不正当利益。张某某的抗辩与其申请出庭的证人姚某的证言相印证,且 T 公司在仲裁阶段所提交的调查截图载明:"张某某于19.4.11用自己手机号在系统中注册经销商,经销商名为陆某,经区域总反馈,当时让该员工注册此账号的原因为对接下家为T公司,不得私自使用。""陆某账户在平台上收购的车辆,有3台是因张某某转岗到商拓组后将自己注册的账号借给车商进行拍车,有1台系公司其他员工购车,还有1台系离职后交易成功。"该记载亦能印证张某某的抗辩意见,且T公司无证据证明张某某在以上交易中存在谋取私利的情形。故T公司的第二项解除理由亦不能成立。

关于解除程序,用人单位单方解除劳动合同,应当事先将理由告知工会,或在诉讼前予以补正。T公司主张已告知职工代表大会,并在本次诉讼中提交了落款时间为2019年6月18日的通知,该证据与T公司在仲裁庭审中明确"公司内部有过工会程序,但没有形成相关材料"的陈述不符,足以对该通知的形成时间产生合理怀疑,故不能认定T公司在张某某提起诉讼前已履行告知义务。T公司解除劳动合同理由不成立,且程序违法,属于违法解除劳动合同,应支付张某某违法解除劳动合同赔偿金30,022.53元。

【评析意见】

就规章制度程序的合法性认定标准问题,本文将从以下三个方面进行分析与探讨。

一、规章制度程序合法性概述及其构成要件

规章制度,是指企业为了加强劳动关系管理,在企业内部实施的规范劳动者义务和保障劳动者权利的全部行为准则,包括劳动合同管理制度、岗位职责制度、绩效考核制度、薪酬福利制度、考勤制度、休假制度、奖励与惩罚制度和培训制度等。程序合法性是规章制度自身合法性的基础,在使用"合法性"一词来描述企业劳动规章制度的制定程序时,一般是指在不违反国家法律法规以及规章政策的强制性规定的情况下,在程序上严格依照法律规定的民主协商程序制定规章制度并向企业内部劳动者公示。

从构成要件来说,根据《劳动合同法》第4条的规定,劳动规章制度程序的合法性应当包含规章制度制定程序形式上的合法性以及制定程序的正当性两个主要构成要件。

二、规章制度合法性认定依据

在我国的法律体系中,主要是以《劳动合同法》第4条为依据对民主程序和公示情况进行合法性审查。根据这一规定,用人单位在制定、修改或者决定有关劳动报酬、工作时间、休息休假、劳动安全卫生、保险福利、职工培训、劳动纪

律以及劳动定额管理等直接涉及劳动者切身利益的规章制度或者重大事项时，应当经职工代表大会或者全体职工讨论，提出方案和意见，与工会或者职工代表平等协商确定。在规章制度和重大事项决定实施过程中，工会或者职工认为不适当的，有权向用人单位提出，通过协商予以修改完善。用人单位应当将直接涉及劳动者切身利益的规章制度和重大事项决定公示，或者告知劳动者。

法律规定中的核心，就是对于制定和公示情况的确认，通过对民主程序和公示情况进行合法性审查，在一定程度上削弱了劳动规章制度制定时用人单位一方的权力，减少了制定程序的单方性，赋予了劳动者在劳动规章制度的制定方面更多的话语权，但是也依然存在语意模糊、不够明确具体的问题，仅从法条第4条出发，很难确认这一法条是否实质上打破了劳动者与用人单位之间的隶属关系，此处的"民主程序"是否能确保真正体现用人单位与职工之间的"民主"，而不是换一种形式呈现经营管理层内部的"民主"？对此似乎还没有更加细化的规定，仍有赖于实际层面的实践与探索。

三、规章制度程序的合法性在实践中的操作步骤要求

就程序合法的认定这一问题，如上文所述，主要是以《劳动合同法》第4条的规定作为依据对民主程序和公示情况进行合法性审查。进而，司法机关会对规章制度程序的合法性在实践中的操作步骤提出一定要求。

联系到本案，T公司认为员工触碰公司规定的岗位红线（将自行到店检车的车主信息作为自己的转介绍信息谋取利益）。但是，公司规定的岗位红线是什么，员工是否清楚岗位红线的内容，T公司均未举证证明，因此，无法推定员工已经知晓或签收公司的相关规章制度。故在一审法院看来，公司并未尽到将劳动规章制度公示或告知员工的义务，该项解除理由不能成立，因为员工不可能去遵守他不知晓的制度规范。最高人民法院《关于审理劳动争议案件适用法律问题的解释（一）》第50条第1款规定："用人单位根据劳动合同法第四条规定，通过民主程序制定的规章制度，不违反国家法律、行政法规及政策规定，并已向劳动者公示的，可以作为确定双方权利义务的依据。"换言之，未向劳动者公示的规章制度则不能作为确定双方权利义务的依据。

可以发现，本案中，法院对于程序合法性的要求是对劳动者进行有效告知，在劳动争议案件中，因用人单位作出开除、除名、辞退、解除劳动合同等决定而发生劳动争议的，由用人单位负举证责任，因此被告应当提交证据证明劳动合同解除的合法性。规章制度公示或告知的根本目的在于履行法定程序，使制度产生有效性，因此，有效程序的形式记载是处理解决争议的有效证据之一。本案中就涉及公示效果认定问题，用人单位在这一影响因素上并未留证，也并未

拿出员工签收、了解的书面证据、影像证据以及其他形式的证据，最终承担了不利后果。

【案例索引】

江苏省南通市港闸区人民法院民事判决书,(2019)苏 0611 民初 4074 号。

【执笔人】

上海远业律师事务所　温陈静

用人单位规章制度制定的程序性要件问题

【案例要旨】

用人单位在制定、修改或者决定有关劳动报酬等直接涉及劳动者切身利益的规章制度或者重大事项时，应当经职工代表大会或者全体职工讨论，提出方案和意见，与工会或者职工代表平等协商确定。用人单位仅通过培训会等方式单方面告知劳动者修改后的规章制度，并不符合民主程序之要件。

【案情简介】

上诉人（一审被告）：Y 公司
被上诉人（一审原告）：沙某

沙某于2014年4月2日进入Y公司从事区域销售工作。双方于2014年4月2日签订书面劳动合同，合同期限自2014年4月2日起至2017年4月1日止；又于2017年3月16日续签劳动合同，期限自2017年4月2日起至2019年4月1日止。

2016年，根据Y公司制定的《2016激励政策》，沙某因完成了当年的销售目标，获得了提成奖金111,762.50元（于2017年7月14日发放）。《2016激励政策》规定，销售额同比增长3%~5%（含5%），提成为销售增长额的1%；销售额同比增长5%~10%（含10%），提成为销售增长额的1.5%；销售额同比增长10%~15%（含15%），提成为销售增长额的3%；销售额同比增长15%以上，提成为销售增长额的5%。

2017年2月28日，经Y公司高层决定，编制了《2017激励政策》，其第5条对提成和奖励政策进行了规定，其中"1.2提成计算方式"规定："销售提成、重点扶持代理商奖励均建立在所负责区域2017年全年总销售额（2017年1月1日至12月31日）同比2016年增长5%（含），以及工控产品线年销售额达该区域年总销售额的 10%（含）以上，并且需要完成两家合格代理商开设基础上。""1.2.5.3 工控罚则"规定："辖区内工控总销售额未达到该区域年总销售额的 10%（含）以上，则扣罚 1 万元。销售额同比增长 5%～10%（含 10%），提成为销售增长额的 1.5%；销售额同比增长 10%～15%（含 15%），提成为销售增长额的 3%；销售额同比增长 15% 以上，提成为销售增长额的 5%。"

2017 年年初，Y 公司于公司组织的管理培训会上就《2017 激励政策》进行宣读，沙某确认参与该培训会。2017 年 3 月 2 日，Y 公司将《2017 激励政策》发送至沙某的私人邮箱。

沙某 2016 年完成销售总额 1512.71 万元，其中工控产品销售额 73.4 万元。2017 年完成销售总额 1794.43 万元，其中工控产品销售额 168.17 万元。因工控产品的销售额未能达区域年总销售额的 10%，故 Y 公司不同意向沙某支付提成奖金，并决定扣罚沙某 1 万元。

2018 年 3 月 26 日，沙某申请离职。次日，Y 公司与其进行离职面谈，在《员工离职面谈记录表》中载明，沙某称离职最主要的原因是"2017 年公司业绩大涨，提成一分未发"，并认为 Y 公司在"政策不清晰，人心不稳"方面与其期望差距较大，遂提出离职。

2018 年 6 月 14 日，沙某向上海市松江区劳动人事争议仲裁委员会申请仲裁，请求：Y 公司支付沙某自 2017 年 1 月 1 日起至 12 月 31 日止江苏、安徽区域提成奖金 205,800 元。2018 年 7 月 24 日，该仲裁委员会出具松劳人仲（2018）办字第 1723 号裁决书，裁决如下：沙某之仲裁请求，本会不予支持。裁决后，沙某不服，遂诉至一审法院。

【裁判结论】

一审法院认为，用人单位在制定、修改或者决定有关劳动报酬等直接涉及劳动者切身利益的规章制度或者重大事项时，应当经职工代表大会或者全体职工讨论，提出方案和意见，与工会或者职工代表平等协商确定。本案中，Y 公司每年都会制定激励政策对销售人员的提成奖金计算方式进行规定，沙某作为销售人员，提成奖金系其劳动报酬的主要组成部分，故激励政策属于与劳动者切身利益相关的规章制度，制定时应当经过一定的民主程序，以保障沙某切身利益。尤其是《2017 激励政策》与前两年相比，增加了一个获得提成奖金的条件，即工控产品的销售额须占总销售额的 10% 以上，该条直接影响沙某能否获得提成奖金而非提成奖金的数额，对沙某切身利益产生极为重大的影响。现 Y 公司并未提供充分证据证明其在制定《2017 激励政策》时经过了职工代表大会或者全体职工讨论,系与工会或职工代表平等协商确定,应由 Y 公司承担举证不能的不利后果。Y 公司不得以沙某工控产品销售额未能占总销售额 10% 以上为由,拒绝向沙某支付 2017 年提成奖金。虽然《2017 激励政策》因未经民主程序制定而不能约束沙某,但《2017 激励政策》延续《2016 激励政策》规定的部分或者沙某同意适用的部分,仍应适用于沙某。经沙某、Y 公司双方确认,若按照《2016 激励政策》,沙某在 2017 年可获得提成奖金 150,860 元。同时,双方还确认,《2017 激励政策》与《2016 激励政策》相比,除了增加工控产品的销售额须占总销售额的 10% 以上之条件,对于沙某而言没有变化。故此,关于沙某提成奖金的计算方式,无论是按照《2016 激励政策》还是 Y 公司认可的《2017 激励政策》部分规定,结果是一致的。据此,一审法院认为,Y 公司应当向沙某支付 2017 年度销售提成奖金 150,860 元。

二审法院认为,本案的争议焦点在于 Y 公司制定的《2017 激励政策》是否适用于沙某,Y 公司是否应当支付沙某 2017 年度的提成奖金。根据《劳动合同法》第 4 条的规定,用人单位在制定、修改或者决定有关劳动报酬等直接涉及劳动者切身利益的规章制度或者重大事项时,应当经职工代表大会或者全体职工讨论,提出方案和意见,与工会或者职工代表平等协商确定。现沙某与 Y 公司均确认,《2017 激励政策》与《2016 激励政策》的主要变化在于《2017 激励政策》规定工控产品的销售额须占总销售额的 10% 以上,除此之外,对沙某而言没有变化。《2017 激励政策》的制定实则是对《2016 激励政策》的修改,该修改增加了沙某获得提成奖金的前提条件,直接决定沙某是否能够获得 2017 年度提成奖金,而提成奖金是销售人员劳动报酬的组成部分,故 Y 公司对激励政策的修改直接涉及包括沙某在内的相关职工的切身利益,应当经职工代表大会或者全体职工讨论、平等协商。现 Y 公司主张该政策已经于 2017 年 2 月 23 日举行的"营销中心流程系统管理培训"上宣读讨论,沙某亦在仲裁及一审中认可该政策于 2017 年开年宣读过,然而,政策的宣读仅仅是单方的告知行为,在沙某不认可该政策的情况下,Y 公司未能提供充分证据证明激励政策的修改系职工代表大会或者全体职工讨论、平等协商的结果,对此应当承担举证不能的不利后果。故,《2017 激励政策》相对于《2016 激励政策》的修改部分对沙某没有约束力,Y 公司因沙某工控产品的销售额未占总销售额的 10% 以上而拒绝支付其 2017 年度销售提成奖金没有依据,Y 公司应当根据《2017 激励政策》延续《2016 激励政策》规定的部分或者沙某同意适用的部分支付沙某相应的销售提成奖金。Y 公司及沙某双方均确认,若按照《2016 激励政策》,沙某可获得提成奖金 150,860 元,一审法院据此认定 Y 公司应当向沙某支付 2017 年度作为销售提成奖金150,860元,并无不当。据此,判决维持一审判决。

【评析意见】

本文将重点讨论用人单位规章制度制定程序的合法性相关问题。

一、规章制度之效力

《劳动法》及《劳动合同法》均对规章制度的建立进行了规定,其中《劳动合同法》第4条第1款规定得更为具体:"用人单位应当依法建立和完善劳动规章制度,保障劳动者享有劳动权利、履行劳动义务。"

所谓规章制度,是指企业制定的适用该单位的劳动规则,是劳动者在共同劳动过程中必须遵守的行为规范与准则。①

根据《劳动合同法》第39条第2项的规定,劳动者严重违反用人单位的规章制度的,用人单位可以解除劳动合同。在企业的用人过程中,规章制度不但是用人单位管理劳动者的依据,更能成为用人单位解除劳动关系的依据。同时,最高人民法院《关于审理劳动争议案件适用法律问题的解释(一)》第50条第1款规定:"用人单位根据劳动合同法第四条规定,通过民主程序制定的规章制度,不违反国家法律、行政法规及政策规定,并已向劳动者公示的,可以作为确定双方权利义务的依据。"也就是说,有效的规章制度亦能成为人民法院审理劳动争议案件的依据之一。

正因规章制度的作用如此之大,法律对其制定程序之要件规定得就更为严格。

二、规章制度的制定程序

《劳动合同法》第4条第2~4款规定:"用人单位在制定、修改或者决定有关劳动报酬、工作时间、休息休假、劳动安全卫生、保险福利、职工培训、劳动纪律以及劳动定额管理等直接涉及劳动者切身利益的规章制度或者重大事项时,应当经职工代表大会或者全体职工讨论,提出方案和意见,与工会或者职工代表平等协商确定。在规章制度和重大事项决定实施过程中,工会或者职工认为不适当的,有权向用人单位提出,通过协商予以修改完善。用人单位应当将直接涉及劳动者切身利益的规章制度和重大事项决定公示,或者告知劳动者。"

换言之,用人单位规章制度的制定程序中,民主程序是其中的核心要素。

---

① 高圣平:《用人单位劳动规章制度的性质辨析——兼评〈劳动合同法(草案)〉的相关条款》,载《法学》2006年第10期。

（一）需要经过民主程序的规章制度类型

一切直接涉及劳动者切身利益的规章制度及相关重大事项，均应经过民主程序制定或修改。在本案中，正如法院所论述的，Y公司每年都会制定激励政策对销售人员的提成奖金计算方式进行规定，沙某作为销售人员，提成奖金系其劳动报酬的主要组成部分，故激励政策属于与劳动者切身利益相关的规章制度。尤其是《2017激励政策》与前两年相比，增加了一个获得提成奖金的条件，即工控产品的销售额须占总销售额的10%以上，该条直接影响沙某是否能获得提成奖金而非提成奖金的数额，对沙某切身利益产生极为重大的影响。因此，该制度制定时应当经过一定的民主程序，以保障沙某切身利益。

（二）民主程序及公示实践要求

规章制度制定的程序要件包含两个环节：一是与劳动者切身利益相关的规章制度或重大事项进行制定或修改时需要经过职工代表大会或者全体职工的讨论，提出方案和意见，与工会或者职工代表平等协商确定；二是需要将直接涉及劳动者切身利益的规章制度和重大事项决定公示或者告知劳动者。

实践中，常常会有用人单位对民主程序的含义一知半解，因而仅通过职工代表大会制定了规章制度却忽略了公示告知环节，或是仅仅通过了公示或者告知，而规章制度本身未"与工会或者职工代表平等协商确定"。如此制定的规章制度在效力上便存在瑕疵，如发生劳动争议，很有可能不被法院采纳。

在本案中，Y公司主张早在2017年年初就已将《2017激励政策》在公司内部组织的培训会上进行过宣讲，并且事后将该制度通过邮件发送至沙某的个人邮箱，已完成公示告知程序，因此该制度可以适用于沙某。用人单位的类似主张就是对民主程序的误读。二审法院也在论述中予以明确，政策的宣读仅仅是单方的告知行为，在沙某不认可该政策的情况下，Y公司未能提供充分证据证明激励政策的修改系职工代表大会或者全体职工讨论、平等协商的结果，对此应当承担举证不能的不利后果。故，《2017激励政策》相对于《2016激励政策》的修改部分对沙某没有约束力。

实践中，规章制度的公示程序比较灵活，用人单位可以根据自己的实际情况选择适宜的方式进行公示告知，重要的是需要留下相关记录。公示的方式包括《员工手册》发放、规章制度培训、规章制度考试、规章制度传阅、公司网站公布、电子邮件通知、公告栏张贴等。相应地，用人单位需要保存签收记录、培训签到记录、培训试卷、邮件回复、公告栏照片等，作为证据进行留存。

三、存在程序瑕疵的规章制度效力问题

受客观条件所限，实践中，许多小微企业怠于设立工会或职工代表大会等

民主机构,规章制度的制定和修改也往往未经民主程序进行平等协商和讨论。在此种程序瑕疵的情况下,规章制度也并不因此而必然无效,在某些情况下仍有可能作为劳动仲裁和人民法院裁判的依据。

例如,浙江省劳动争议仲裁委员会《关于印发〈关于劳动争议案件处理若干问题的指导意见(试行)〉的通知》第 30 条规定:"用人单位在《劳动合同法》实施前制定的规章制度,虽未经过该法第四条第二款规定的民主程序,但内容不违反法律、行政法规、政策及集体合同规定,不存在明显不合理的情形,并已向劳动者公示或告知的,可以作为仲裁委员会处理劳动争议案件的依据。《劳动合同法》实施后,用人单位制定、修改或者决定直接涉及劳动者切身利益的规章制度或者重大事项时,未经过该法第四条第二款规定的民主程序的,一般不能作为仲裁委员会处理劳动争议案件的依据。但规章制度或者重大事项决定的内容不违反法律、行政法规、政策及集体合同规定,不存在明显不合理的情形,并已向劳动者公示或告知,且劳动者没有异议的,可以作为仲裁委员会处理劳动争议的依据。"

四、规章制度无效时用人单位据此解除劳动合同的合法性问题

实践中还有一种较为常见的情况,即用人单位的规章制度未按照《劳动合同法》的规定进行民主程序或公示告知程序,而后用人单位依据该规章制度解除了与劳动者的劳动关系,此种情况下该规章制度无效是否必然成为解除行为无效的抗辩理由?答案也是未必。

上海市高级人民法院《关于适用〈劳动合同法〉若干问题的意见》第 11 条规定,劳动合同的履行应当遵循依法、诚实信用的原则。劳动合同的当事人之间除了规章制度的约束,实际上也存在很多约定的义务和依据诚实信用原则而应承担的合同义务。例如,《劳动法》第 3 条第 2 款关于"劳动者应当遵守劳动纪律和职业道德"等规定,就是类似义务的法律基础。因此,在规章制度无效的情况下,劳动者违反必须遵守的合同义务,用人单位可以要求其承担责任。劳动者以用人单位规章制度没有规定为由提出抗辩的,不予支持。但在规范此类行为时,应当仅对影响劳动关系的重大情况进行审核,以免过多干涉用人单位的自主管理权。

因此,即便用人单位的规章制度存在效力瑕疵甚至完全无效,劳动者也应当遵守最基本的职业道德和劳动纪律,而劳动者违反基本劳动纪律的,用人单位仍能够合法解除双方劳动关系。

【案例索引】

上海市松江区人民法院民事判决书,(2018)沪 0117 民初 19729 号。

上海市第一中级人民法院民事判决书,(2019)沪 01 民终 7786 号。

【执笔人】

上海圣知林律师事务所　楼凌宇　龙佳明

劳动规章制度的公示问题研究

【案例要旨】

根据现行相关劳动法律的规定,公示是用人单位劳动规章制度生效的必要要件。公司作为用人单位,通过制定多部相关规定,并采用确认书签字的方式进行签收,确认公示的时间日期,可以发生公示效果,在多次强调规章制度内容,并明令禁止员工在工作中进行相应操作的情况下,员工依然进行相应行为,公司据此认定严重违纪并解除劳动合同是合法合理的。

【案情简介】

上诉人(一审原告):彭某
被上诉人(一审被告):B公司

原告彭某系上海市外来从业人员,于2011年7月7日入职被告处,双方之间签订的最近一份劳动合同为自2017年10月1日起的无固定期限劳动合同,约定原告从事市场及销售类工作。

2018年9月12日,被告向原告发送2018年度全员风险管理线上培训通知的电子邮件;原告于2018年9月14日回复"已学习完"。

2018年11月8日,被告向原告发送关于禁止使用第三方软件工具的风险预警的电子邮件,告知被告,若员工使用第三方软件登录内部系统,则会影响保密信息安全、内部系统稳定性,存在个人账号密码等信息泄露风险。严禁员工安装、使用未经认证的第三方软件登录内部系统,即日起若发现员工存在上述公司禁止的行为,监察部门将严格按照相关制度条款予以追究责任。

2019年2月26日及3月7日,被告管理人员与原告就录入客户信息时存在的异常情况谈话,谈话记录显示,原告认可使用第三方软件录入客户信息,在录入信息时存在录入虚假电话号码的行为,原告知晓被告就使用第三方软件刷取客户信息下发过预警及进行过宣导。2019年4月24日,被告向原告发送关于违规确认提交虚假信息或订单的电子邮件,该邮件显示原告存在以非人工方式录入大量虚假资料的问题。2019年4月29日,原告答复称,对被告作出的违规认定不认可,录入资料方式并非仅原告如此操作。2019年4月30日,被告答复称,因原告未针对自身违规行为提供客观证据,未针对已掌握的证据进行答复,申诉时间已过,驳回上诉。2019年6月14日,被告通过快递及电子邮件的形式向原告发出解除劳动合同通知书,载明原告在商户信息中录入不真实的电话号码、违规使用外挂软件的行为属于严重违纪行为,根据《B公司直销分公司销售管理制度》《B公司保密信息披露禁止制度》《B公司员工信息安全手册》的规定自2019年6月18日起解除劳动合同。原告收到后向被告提出异议,主张自入职起一直使用第三方软件,被告对此默认,并没有损害被告利益;2018年11月8日发送的预警邮件并非处罚和制度邮件;其他类似人员部分未受到处罚,部分仅受到不调薪处罚与扣分处罚,被告仅针对原告作出解除处罚不合理;被告未宣导此事件的严重性,导致2018年11月8日发送预警邮件后仍有大量人员在使用第三方软件。

2019年7月11日,原告向上海市嘉定区劳动人事争议仲裁委员会申请仲裁,要求被告支付违法解除劳动合同赔偿金。2019年9月16日,仲裁委员会作出裁决,对原告的请求事项不予支持。原告不服该裁决,诉至法院。一审判决并未支持彭某的诉求,于是彭某上诉至二审法院。

【裁判结论】

一审法院认为,当事人对自己提出的主张,有责任提供证据,未能提供证据或者证据不足以证明其事实主张的,由负有举证证明责任的当事人承担不利的后果。

根据《劳动合同法》的规定,用人单位违法解除或者终止劳动合同,劳动者不要求继续履行劳动合同或者劳动合同已经不能继续履行的,用人单位应当支付赔偿金。本案中,被告于2019年6月14日以原告在商户信息中录入不真实的电话号码、违规使用外挂软件的行为属于严重违纪行为而解除劳动合同,原告不认可。在劳动争议案件中,因用人单位作出开除、除名、辞退、解除劳动合同等决定而发生劳动争议的,由用人单位负举证责任,因此被告应当提交证据证明劳动合同解除的合法性。劳动者应当完成劳动任务,提高职业技能,遵守劳动纪律和职业道德。原告作为销售人员,在被告系统中创建客户信息是重要工作内容之一,应当保证客户信息的真实性,原告应当按照被告的指令尽心尽职履行劳动义务。然而,在被告再三告知并强调使用第三方软件登录系统的风险性,并明令禁止员工使用第三方外挂软件工具的情况下,原告不听劝告,仍然使用外挂软件登录系统,并未经核对即创建客户信息、录入虚假客户电话。原告的上述行为有违劳动纪律,属于被告规章制度规定的严重违纪行为,被告在查实情况后解除劳动合同,不存在违法之处。原告要求被告支付违法解除劳动合同赔偿金的诉讼请求,于法无据,法院不予支持。

二审法院认为,用人单位违法解除或者终止劳动合同,劳动者不要求继续履行劳动合同或者劳动合同已经不能继续履行的,用人单位应当支付赔偿金。在劳动争议案件中,因用人单位作出开除、除名、辞退、解除劳动合同等决定而发生劳动争议的,由用人单位负举证责任。被上诉人B公司于2019年6月14日以上诉人彭某严重违纪为由解除了劳动关系。根据彭某与B公司所签劳动合同的约定,彭某从事市场及销售类工作,在系统中创建客户信息是其日常工作内容。彭某作为劳动者应当遵守用人单位制定的规章制度。B公司作为用人单位,多次强调使用第三方软件登录系统存在风险,并明令禁止员工在工作中进行该种操作。在此情况下,彭某仍使用外挂软件登录系统,未经核对即创建客户信息、录入虚假客户电话。B公司据此认定彭某严重违纪并解除劳动合同无不妥之处。现彭某诉请B公司支付违法解除劳动合同的赔偿金,缺乏事实和法律依据。一审法院对其诉请不予支持并无不当,依法予以维持。上诉人的上诉理由不能成立,其上诉请求不予支持。

【评析意见】

就规章制度程序的公示问题,本文将从以下几个方面进行分析与探讨。

一、规章制度程序公示的必要性

公示,是指用人单位将其制定的劳动规章制度公开告知全体职工,根据《劳动合同法》第4条第4款的规定,用人单位应当将直接涉及劳动者切身利益的规章制度和重大事项决定公示,或者告知劳动者。最高人民法院《关于审理劳动争议案件适用法律问题的解释(一)》第50条第1款规定:"用人单位根据劳动合同法第四条规定,通过民主程序制定的规章制度,不违反国家法律、行政法规及政策规定,并已向劳动者公示的,可以作为确定双方权利义务的依据。"因此,结合法律和司法解释的规定,未经公示的劳动规章制度并不能产生法律效力,也无法作为司法审理案件的依据,这就意味着用人单位可能会承担由此产生的不利法律后果。因此,劳动规章制度是否进行公示,对于企业和劳动者来说都具有重要的影响。

二、规章制度是否公示的认定依据

在劳动仲裁和诉讼中，劳动者否认用人单位对劳动规章制度进行了公示，而用人单位坚持已经进行公示的，用人单位应当承担已经公示的举证责任。那么作为用人单位，一般的举证思路有以下三种：

第一，对于张贴公示的，应举证张贴时间、地点，以及以何种方式张贴，公布了什么内容的劳动规章制度，并且对以上信息进行拍照留证或是以其他留存方式进行保存，如公证。

第二，对于印发、传阅、培训公示的，应当设计签收制度及相应的文本文件，明确印发的制度名称、内容、公布日期、签收日期、签收人信息等，并留存正本。

第三，对于网络公示的，应当参照张贴公示进行留证，最好进行相应的公证，获得最佳的公示效力。

此外，也存在特殊情况，如针对一些交易习惯、行业惯例，即使用人单位基于某些情况无法提供证据，但如果能够证明交易习惯、行业惯例等存在，也可以被认定为有效举证。而劳动者以虽然公示了但是本人并不知悉为由进行抗辩，则不能免责，劳动者需要承担相应的不利后果。

三、个案中的公示问题研究

对是否有效公示的认定，司法实践中有相对成熟的判定路径。联系到本案，在二审中，原告彭某认为，严重违纪解除劳动合同的制度属于涉及员工重大利益的事项，不属于单位自主经营权的范畴，《B公司直销分公司销售管理制度》未经过民主程序和公示，未组织员工现场培训学习，员工非在文本本身而是在确认书上签字，且其部分内容不合理，故对上诉人不适用。对此，二审法院并未予以认可。被告B公司对一系列制度都设计了签收制度，并印发了相应的文本文件，即本案所述的"确认书"，此处的确认书是针对特定规章制度而设计的签收格式文本，能够最大限度地确保公示的有效性，且B公司的规章制度十分细化，每一份规定都有相应的确认书，进一步保证了B公司告知义务的履行。

本案中，劳动者由于完全被纳入用人单位的合法程序框架，从而无法提供用人单位的规章制度在程序性上有瑕疵的证据，最终承担了不利后果。

在司法实践中，大多数用人单位在依据劳动规章制度解除劳动合同时，规章制度的公示操作不规范甚至违法是最主要的风险点。无论作为劳动者还是用人单位，都必须认识到公示是规章制度生效的必要条件，如果劳动者对于劳动规章制度不了解、不清楚，或是用人单位无法举证证明劳动者知晓和了解劳动规章制度，那么，劳动合同的解除就是无据可依的行为。

【案例索引】

上海市嘉定区人民法院民事判决书,(2019)沪0114民初25118号。
上海市第二中级人民法院民事判决书,(2020)沪02民终4237号。

【执笔人】

上海远业律师事务所　温陈静

根据程序瑕疵程度判断是否影响规章制度的效力和适用

【案例要旨】

用人单位规章制度存在程序性瑕疵，法院会审查用人单位已履行程序性要求的程度、员工行为的严重性等因素，判断规章制度的效力是否受到直接影响。在本文案例中，法院判决认为：虽员工主张公司的规章制度未经过民主程序，但现未有证据显示公司规章制度存有违反法律法规的情形，且员工亦在公司规章制度培训中签字确认，因此公司规章制度有效。

【案情简介】

上诉人(一审原告)：张某

被上诉人(一审被告)：K公司

2012年3月25日，张某入职K公司并与该公司建立劳动合同关系，双方约定张某工作岗位为保洁员，工作地点为顺义区内服务单位，执行标准工时制度，每天工作时间不超过8小时；K公司于每月15日前以货币形式支付张某工资。

张某实际工作至2016年5月30日。张某主张因身体不适在工作时间休息一会儿，后与公司主管发生争执，公司主管让其告状或者另谋高就，张某认为公司将其辞退，所以没有再去公司提供劳动。K公司对此不予认可，主张张某自2016年5月31日起连续无故旷工，且在收到返岗通知后仍然未到岗，因此公司依据《员工考勤管理制度》《员工请休假管理制度》决定与其解除劳动关系。对此，K公司提交2016年6月8日返岗通知、2016年6月13日解除劳动关系通知及邮件回执单予以证实。

张某另主张K公司解除双方劳动关系的依据不合法且解除双方劳动关系

未经过工会民主程序。对此,K 公司表示公司没有工会组织,其规章制度自公司成立之日起已经制定,在员工入职时都经过培训。

【裁判结论】

一审法院认为,张某主张因 K 公司主管让其告状或者另谋高就,其于 2016 年 5 月 31 日就不再到公司提供劳动,但对此张某并未提交证据予以证实。K 公司对张某发出返岗通知后张某未按照通知及时到岗,K 公司依据公司规章制度与张某解除劳动关系的行为并无不当。张某虽辩称规章制度的培训记录内容为空白,但是其未能提交证据予以证明,对于该主张法院不予认可。张某严重违反公司规章制度,对于其辩称"K 公司规章制度的制定及解除双方劳动关系未经民主程序,因此 K 公司属违法解除劳动关系"的主张法院不予采纳。

二审法院认为,张某虽主张 K 公司找理由不让她干,但就其该项主张并未提供有效证据予以证明。对于其该项主张,法院不予采信。另根据查明的事实,张某 2016 年 5 月 31 日至 6 月 8 日未到岗,且在公司发出返岗通知之后亦未到岗,张某虽主张其因脚伤无法上班,但未提交证据证明。虽张某主张 K 公司的规章制度的制定未经过民主程序,但现未有证据显示公司规章制度存有违反法律法规的情形,且张某亦在公司规章制度培训中签字确认。对张某的该项意见,法院不予采信。对张某关于 K 公司解除劳动合同程序不合法的意见,法院不予采信。对张某要求 K 公司支付其违法解除劳动合同赔偿金的主张,法院无法支持。二审法院判决维持原判。

【评析意见】

一、问题提出——规章制度民主程序设计的立法目的

《劳动合同法》第 4 条规定:"用人单位应当依法建立和完善劳动规章制度,保障劳动者享有劳动权利、履行劳动义务。用人单位在制定、修改或者决定有关劳动报酬、工作时间、休息休假、劳动安全卫生、保险福利、职工培训、劳动纪律以及劳动定额管理等直接涉及劳动者切身利益的规章制度或者重大事项时,应当经职工代表大会或者全体职工讨论,提出方案和意见,与工会或者职工代表平等协商确定。在规章制度和重大事项决定实施过程中,工会或者职工认为不适当的,有权向用人单位提出,通过协商予以修改完善。用人单位应当将直接涉及劳动者切身利益的规章制度和重大事项决定公示,或者告知劳动者。"《劳动合同法》对于涉及劳动者切身利益的规章制度,提出了民主协商程序的要求。有些学者提出《劳动合同法》的设计是共决理念的体现:"《劳动合同法》从制定以来就对当前的劳动规章制度制定格局产生了巨大的影响,将从前的用人单位自主决定转变为劳资共决。"①《劳动合同法》在制定劳动规章制度的程序上实质上是"劳资共决、协商机制"②,这是符合立法价值取向的。

但是,有些学者认为,《劳动合同法》建立的是一种"共议单决制度"。例如,有学者认为:"民主程序是必须的,在建立了工会的用人单位,制定劳动规章制度需要和工会协商,没有建立工会的则与职工代表协商。在充分考虑劳动者的利益后,由用人单位最终确定。这种程序虽然规定民主协商是必不可少的,但将最终的决定权交给了用人单位。"③也有学者认为:"用人单位单方制定,尽管法律要求涉及职工利益的事项需要职工的民主参与,但还是由用人单位最终决定。"④

因此,《劳动合同法》立法时,实践中存在两种学术理念的争议:一种理念认为,《劳动合同法》中的民主程序是一种共决制度,共决是民主程序生效的前提;另一种理念认为,《劳动合同法》中的民主程序是一种共议制度,倡导劳资共议,但不影响企业对规章制度的最终决定权。前述立法理念导致该制度设计在最终操作时,可能存在以下法律差异:第一,如未经劳资双方协商确认通过,规章制度是否生效;第二,如未经协商程序,规章制度是否自始无效。由此看来,我们有必要探究《劳动合同法》生效以来,各地裁判中对于立法目的的实践解析。

二、裁判案例和地方口径对于民主程序实践价值的解读——民主程序是否影响规章制度的效力

依据(2017)京03民终3060号判例,虽张某主张K公司的规章制度未经过民主程序,但现未有证据显示公司规章制度存有违反法律法规的情形,且张某亦在公司规章制度培训中签字确认,对张某的该项意见,法院不予采信。在该判决中,法院趋向于支持"共议单决制度"。第一,《员工手册》的出台,取决于企业单方的决定权;第二,《员工手册》是否经过民主协商程序,不必然影响《员工手册》最终的效力;第三,公司虽未履行民主协商程序,但《员工手册》已经过员工本人的签收,则对员工产生法律效力。当然,这里需要指出的是,该判例并非可以代表法院的一致性裁判惯例,由于裁判地域、具体情形的不同,不同的案

---

① 董保华、杨杰:《劳动合同法的软着陆——人力资源管理的影响与应对》,中国法制出版社2007年版,第423页。
② 程延园:《〈劳动合同法〉:构建与发展和谐稳定的劳动关系》,载《中国人民大学学报》2007年第5期。
③ 信春鹰主编:《中华人民共和国劳动合同法释义》,法律出版社2007年版,第16页。
④ 王全兴:《劳动法》,法律出版社2008年版,第180页。

例会有不同的裁判后果。

对于员工手册民主程序效力的认定,我们对全国的口径进行了检索。当时有效的最高人民法院《关于审理劳动争议案件适用法律若干问题的解释》第19条规定:"用人单位根据《劳动法》第四条之规定,通过民主程序制定的规章制度,不违反国家法律、行政法规及政策规定,并已向劳动者公示的,可以作为人民法院审理劳动争议案件的依据。"

浙江省高级人民法院《关于审理劳动争议案件若干问题的意见(试行)》第34条第1款规定:"用人单位在《劳动合同法》实施前制定的规章制度,虽未经过该法第四条第二款规定的民主程序,但内容不违反法律、行政法规、政策及集体合同规定,不存在明显不合理的情形,并已向劳动者公示或告知的,可以作为人民法院审理劳动争议案件的依据。"

另外还有一些其他地区存在类似规范。[①] 根据前述口径,实践中对于民主程序的认定,倾向于"共议单决制度",即倡导经过充分民主协商构建制度,但缺乏民主协商的过程并不必然影响制度的效力。当然,需要指出的是,上述口径中虽未将民主协商程序作为判断制度有效性的决定性要件,但用人单位履行公示告知程序是制度生效的必要程序性要件。

三、判断规章制度效力的若干要素

(一)内容不违反法律规定且具有合理性

上述口径中,法院虽未因用人单位未履行民主协商程序而直接认定规章制度无效,但法院仍然会对规章制度进行实体审查,规章制度违反法律规定或不具备操作合理性,仍可能导致规章制度的无效。例如,规章制度条款本身存在违反法律法规的情形,法院会直接依据实体审查,否认规章制度的效力。

(二)必须经过公示程序或为员工签收

本案中,法院即认定"虽张某主张K公司的规章制度未经过民主程序,现未有证据显示公司规章制度存有违反法律法规的情形,且张某亦在公司规章制度培训中签字确认,对张某的该项意见,本院不予采信"。因此,规章制度的公示和告知仍然是规章制度对员工生效的必要程序性要件。

(三)行为严重性

判决中,亦有可能根据行为的严重性,直接跳过对于规章制度效力的判断,

---

① 例如,安徽省高级人民法院《关于审理劳动争议案件若干问题的指导意见》第4条第1款规定:"用人单位制定的规章制度符合《劳动合同法》第四条、《最高人民法院〈关于审理劳动争议案件适用法律若干问题的解释〉》第十九条规定的,可以作为人民法院审理劳动争议案件的依据。"

径行判决劳动者违反基本的劳动纪律和职业道德。例如,"《中华人民共和国药品管理法》自2001年修订以来一直规定,药品的生产企业、经营企业、医疗机构在药品购销中暗中给予、收受回扣或者其他利益的,药品的生产企业、经营企业或者其代理人给予使用其药品的医疗机构的负责人、药品采购人员、医师等有关人员以财物或者其他利益的,应当承担相应的法律责任。劳动者在劳动期间必须按照法律规定履行自己的劳动义务。陈某所在团队的前述行为显然严重违背了劳动者应当遵守的基本劳动纪律和职业道德。陈某作为施贵宝公司的员工,对施贵宝公司负有忠诚义务,而其作为施贵宝公司的高级地区经理,对其团队亦负有管理职责。在知晓团队存在前述不当行为的情形下,根据诚实信用原则,陈某既有义务向施贵宝公司反映或举报前述不当行为,亦有义务制止和纠正前述不当行为。陈某未能提供证据证明其尽到了前述勤勉义务,故其亦严重违背了基本劳动纪律和职业道德。即便施贵宝公司提交的员工手册和2012年商业行为和道德标准未经过民主程序,就陈某的行为,施贵宝公司依法亦有权解除劳动合同。"[1]

除本案外,还有一些同类型的案件,法院作出了类似的认定。[2]

综上所述,公司规章制度,包括但不限于员工手册、薪酬方案等,由于涉及员工的切身权利义务,一般情况下,公司应当经过公司民主程序充分征询员工的建议,并在考虑员工建议的基础上,确认员工手册的最终版本并公示生效。但是,在《劳动合同法》落地的十余年,对于员工手册民主程序的审定,法院持放宽态度,一般情况下,不轻易否认规章的效力,如规章制度已经过公示程序且无实体不当,一般情况下,法院仍会酌情认定规章制度可以对员工适用。

---

[1] 上海市第一中级人民法院民事判决书,(2015)沪一中民三(民)终1947号。

[2] 上海市第二中级人民法院民事判决书,(2019)沪02民终8008号。法院认为,曲某某等人违反劳动纪律、影响工作场所正常秩序的行为客观存在。因他们的行为,客户宝钢公司以钢杨运输公司员工不服从现场指挥,发生打架事件,并报"110"出警,导致后面其他车辆无法卸货,对安全及生产工作造成严重影响,对钢杨运输公司作出扣分、罚款20,000元等处理。钢杨运输公司因曲某某等人的过错行为造成的经济损失和商誉损失是客观存在的。而规章制度本系企业管理员工、维持正常工作秩序的工具,是基于劳动法律法规制定的。强调规章制度通过民主程序制定也是为了避免其与国家法律相冲突、损害职工利益。曲某某虽主张钢杨运输公司提供的规章制度未经过民主程序也未公示,但上述规定与劳动法中"劳动者严重违反劳动纪律和规章制度,用人单位可以解除劳动合同"的规定并不冲突。且曲某某与钢杨运输公司签订的绩效考评合同亦明确约定,因未遵守公司日常管理规章制度造成后果的(该后果包括但不限于因曲某某违反劳动纪律、不服从生产指挥,干扰正常生产秩序,造成公司或相关方经济损失),钢杨运输公司可以解除合同。

【案例索引】

北京市顺义区人民法院民事判决书,(2016)京 0113 民初 13084 号。

北京市第三中级人民法院民事判决书,(2017)京 03 民终 3060 号。

【执笔人】

上海市远业律师事务所　温陈静

第五章 规章制度的效力冲突

规章制度的公示程序比民主程序更重要

——规章制度不同版本的冲突与适用

【案例要旨】

用人单位通过民主程序制定的规章制度在不违反国家法律法规的前提下，且已向劳动者公示的，可以作为人民法院审理劳动争议案件的依据。如果用人单位有多个规章制度版本，其中民主程序、公示程序有瑕疵的版本不可以作为依据；并且，公示程序的瑕疵比民主程序的瑕疵更严重，公示程序有瑕疵的版本将不被适用，而民主程序有瑕疵的版本可以有条件适用。

【案情简介】

原告：S公司

被告：韩某

韩某于2006年5月12日进入S公司工作，2014年5月12日，双方签订了无固定期限劳动合同。韩某于2006年5月12日签署确认书，确认收到公司《员工手册》。

2014年11月18日，S公司对韩某出具《纪律处分通知书》："鉴于你2014年11月14日早班期间，不服从领导工作安排，根据《员工手册》第36条的相关规定，给予严重警告并罚款300元人民币的纪律处分。在严重警告之后，2014年11月15日，你在非工作时间自行进入公司对当班的领班及主管进行威胁尾随，严重影响了同事的正常工作。该行为严重违反了《员工手册》中第71条（胁迫或威胁公司同事）、第60条（工作时间与同事发生激烈争执，影响其他同事正常工作）的相关规定。按照公司关于员工纪律处分办法的相关条例，特予以解除劳动合同并无任何经济补偿处理。"该通知书上加盖了 S 公司工会印章。

2014 年 12 月 2 日，韩某申请劳动仲裁，要求 S 公司支付违法解除劳动合同赔偿金 46,776 元。仲裁审理中，S 公司申请员工冯某出庭作证，证明韩某的违纪事实。冯某作证称：韩某是张某的下属，张某在 2014 年 11 月 14 日向冯某报告，称韩某不愿意到××岗位工作，于是冯某将此事向经理汇报；韩某在 11 月 15 日被安排休息，但仍到公司，但韩某未威胁冯某，并在下班时离开。韩某表示 S 公司有关其违纪的说法均是单方说法，无具体的事实依据，而且冯某也称韩某未威胁领导。

庭审中，S 公司提供了一份 2007 年版《员工手册》，并称公司 2006 年之前的《员工手册》版本已经找不到了，现在提交的是 2007 年版本，但内容应该是一致的。依据 2007 年版《员工手册》第 60 条和第 71 条的规定，S 公司解除了韩某的劳动合同。

韩某辩称，2007 年版《员工手册》与其入职时签收的《员工手册》内容不一样。韩某提供了一份 2003 年版《员工手册》，并称这是入职时从公司领取的，之后没有再领过。经比对，2003 年版《员工手册》上没有 2007 年版《员工手册》上的第 60 条和第 71 条的内容。

S 公司对韩某提供的 2003 年版《员工手册》的真实性不认可，并称 S 公司没有 2003 年版《员工手册》，公司目前能查到的最早的版本就是 2007 年版。

法院从另案其他劳动者诉 S 公司劳动争议案件中调取了劳动者提供的《员工手册》，即 2003 年版《员工手册》，并且该劳动者也称只收到过 2003 年版《员工手册》，不认可也没有收到过 S 公司提供的 2007 年版《员工手册》。

【裁判结论】

法院审理后认为：一方面，韩某 2006 年 5 月签收确认书确认收到《员工手册》的事实，已经证明韩某仅收到过 2003 年版《员工手册》，没有收到过 S 公司所称 2007 年版《员工手册》。另一方面，对于 S 公司解除劳动合同所依据的事由，S 公司在本案中并没有提供证据证明韩某存在相关违纪事实；而在仲裁中，S 公司申请出庭作证的证人也称韩某没有威胁的事实，故 S 公司解除劳动合同的事由没有依据。

综上，S 公司没有证据证明韩某存在严重违反规章制度应被解除劳动合同的违纪行为，故 S 公司解除劳动合同违反法律，属于违法解除，应当向韩某支付相应的赔偿金。

【评析意见】

本案的争议焦点是用人单位所主张的"劳动者严重违反用人单位规章制度"是否成立。对此进一步分析，需要审查两个必要条件：首先，劳动者有某种违反规章制度的行为；其次，该行为在用人单位的规章制度中被规定为严重违反规章制度，符合可以立即解除劳动合同的情形。就本案审理结果而言，这两个条件 S 公司都没有满足。本文讨论的是后者，即假设韩某的相关违纪行为得到证实，S 公司的纪律处分合法合理吗？笔者认为，由于韩某仅收到过 2003 年版《员工手册》，没有收到过 S 公司所称 2007 年版《员工手册》，而 S 公司作出纪律处分所依据的 2007 年版《员工手册》上的第 60 条和第 71 条的内容在 2003 年版《员工手册》中并不存在，故 S 公司的纪律处分也不能得到支持。

对于此类问题，即规章制度存在多个版本，且不同版本内容存在冲突时，对民主程序、公示程序有瑕疵的版本，是否适用以及如何适用，是本文讨论的核心重点。

一、规章制度的作用及公示程序

关于用人单位规章制度的性质，学界一直有不同的观点，有合同说、法规范说、集体合意说等。[①] 本文对此不展开分析，仅从实证和功利角度而言，规章制度是用人单位制定的适用于劳动者的行为规范与准则，对于用人单位进行劳动人事管理具有不可或缺和不可替代的作用。

《劳动法》第 4 条规定："用人单位应当依法建立和完善规章制度，保障劳动者享有劳动权利和履行劳动义务。"《劳动合同法》第 4 条也有几乎相同的规定。因此，用人单位本身就负有制定规章制度的义务和责任。更为重要的是，《劳动法》第 25 条规定，劳动者"严重违反劳动纪律或者用人单位规章制度的"，用人单位可以解除劳动合同。而《劳动合同法》第 39 条也规定，劳动者"严重违反用人单位的规章制度的"，用人单位可以解除劳动合同。《劳动合同法》将概念较为模糊的"劳动纪律"剔除，更进一步凸显"规章制度"的作用，即法律授予了用人单位制作自己内部规范的权利，用人单位可以据此规范对劳动者进行纪律处分，甚至解除劳动合同。

实际上，司法实务中也已明确规章制度的重要地位。最高人民法院《关于审理劳动争议案件适用法律问题的解释（一）》第 50 条第 1 款就规定："……通

[①] 高圣平：《用人单位劳动规章制度的性质辨析——兼评〈劳动合同法（草案）〉的相关条款》，载《法学》2006 年第 10 期。

过民主程序制定的规章制度,不违反国家法律、行政法律及政策规定,并已向劳动者公示的,可以作为确定双方权利义务的依据。"法院可以引用用人单位的规章制度作为审理劳动争议案件的依据。在此意义上,用人单位的规章制度已上升为企业内部的"法律"。

一般认为,作为一种规范,法律具有对人的行为的各种规范作用,即指引、评价、预测、教育和强制等作用。① 其中非常重要的是,法律明确告知人们:什么可以做,什么不可以做;哪些行为合法,哪些行为违法;守法者可能会获得何种利益,违法者将要承担何种责任;等等。相应地,人们可以依据法律指导自己的行为,可以评价和预测他人的行为,执法者可以依据法律对违法者进行制裁。因此,法律只有公开,才能起到作用。

与此相类似,用人单位的"规章制度"作为企业内部的"法律",对于其所属的劳动者(企业职工),也有指引、评价、预测、教育、强制等方面的作用。因此,规章制度只有向劳动者进行公示或告知,让劳动者清清楚楚、明明白白地知道用人单位的管理要求,才可以指引劳动者的日常工作行为、规范劳动者的生产经营活动。事先让劳动者知晓违反规章制度的后果和责任,可以避免相应违纪行为的发生,一旦发生,也可以进行相应的纪律处分。

反之,如果规章制度未向劳动者公开,看起来"刑不可知,则威不可测",似乎劳动者会更加小心谨慎,更容易受管理。但这种思想和做法与现代法治精神明显不符,在劳动者已经广受法治宣传和教育的当下,劳动者非但不会对规章制度有尊重和认可之心,反而会因为对规章制度的要求不得而知,而更容易触犯有关违纪行为,进而扰乱用人单位的正常生产经营秩序,损害用人单位的权益。

因此,向劳动者公开规章制度,是规章制度适用于劳动者的必然要求和必要条件。本案中,S公司先后制定了2003年版《员工手册》和2007年版《员工手册》,但韩某只签收了前者,并未签收后者,在S公司未提供其他证据证明已将2007年版《员工手册》向韩某公示或告知的情况下,2007年版《员工手册》的内容(尤其是第60条和第71条的内容在2003年版《员工手册》中并不存在)不适用于韩某。换言之,韩某并不能事先知晓自己的行为被列入纪律处罚的范围,类比"法无明文规定不为罪,法无明文规定不处罚",S公司对韩某的纪律处分不能得到支持。

关于规章制度公开的形式,《劳动合同法》第4条第4款作了明确规定:"用

---

① 沈宗灵:《从〈中国21世纪议程〉看法律的作用》,载《中国法学》1994年第5期。

人单位应当将直接涉及劳动者切身利益的规章制度和重大事项决定公示,或者告知劳动者。"也就是规章制度应当"公示或告知"。实践中,"公示"一般针对全部或多数劳动者,如采取说明会、公告板、群发邮件等形式一次性向多数劳动者公开规章制度的内容;而"告知"一般针对个别劳动者,如采取承诺书、确认书等签收方式向个别劳动者公开规章制度的内容。这两种方式都是合法可行的,可以同时采用,合称为"公示程序"。

二、规章制度的民主程序

《劳动合同法》第4条第2~4款规定:"用人单位在制定、修改或者决定有关劳动报酬、工作时间、休息休假、劳动安全卫生、保险福利、职工培训、劳动纪律以及劳动定额管理等直接涉及劳动者切身利益的规章制度或者重大事项时,应当经职工代表大会或者全体职工讨论,提出方案和意见,与工会或者职工代表平等协商确定。""在规章制度和重大事项决定实施过程中,工会或者职工认为不适当的,有权向用人单位提出,通过协商予以修改完善。""用人单位应当将直接涉及劳动者切身利益的规章制度和重大事项决定公示,或者告知劳动者。"

由此可知,规章制度并非只需满足向劳动者进行公示或告知就可以适用。一份能够成为公司内部"法律"的规章制度,在程序上应当经过以下3个步骤:讨论(对象为"职工代表大会或者全体职工");协商(对象为"工会或者职工代表");公示/告知(对象为"劳动者")。

其中的步骤三,如前所述,被称为公示程序。前两个步骤,本文中称为民主程序。该等民主程序,在《劳动法》中并未特别强调。2001年最高人民法院《关于审理劳动争议案件适用法律若干问题的解释》(已失效)第19条中,虽然也有"通过民主程序制定的规章制度"的原则规定,但也没有特别说明"民主程序"的具体含义,因此实践中并未严格要求。但是《劳动合同法》自2008年1月1日开始实施之后,其对民主程序的要求不可忽略。

2015年深圳市中级人民法院《关于审理劳动争议案件的裁判指引》第26条第4项规定:"用人单位主张劳动者严重违反劳动纪律或企业规章制度的,应就劳动者存在严重违反劳动纪律或企业规章制度的事实以及企业规章制度经过民主程序制定并已向劳动者公示的事实举证。"如果用人单位在劳动争议案件中不能证明规章制度经过民主程序,可能承担败诉的不利后果。司法实践中有不少这样的案例。

就本案而言,涉案的2003年版和2007年版《员工手册》都颁布于《劳动合同法》2008年实施之前,在《劳动合同法》实施之后,是否也需要按照要求审查有无经过民主程序?对于此问题,司法实践中一般认为可以结合"法不溯及既往"的原则区别看待。深圳市中级人民法院《关于审理劳动争议案件的裁判指引》第72条第1款规定:"用人单位在《劳动合同法》实施前制定的规章制度,虽未经过《劳动合同法》第四条第二款规定的民主程序,但内容未违反法律、行政法规及政策规定,并已向劳动者公示或告知的,可以作为用人单位用工管理的依据。"湖南、安徽等地也有类似司法指导意见。①

那么,2008年后制定的规章制度,未经过民主程序是否必然不适用?对于劳动者而言,可否要求适用未经过民主程序制定的规章制度?实践中存在这样的案例,用人单位制定的规章制度有利于劳动者(如休息休假、福利待遇),劳动者认为应当适用,而用人单位反而以未经过民主程序而主动否认规章制度的有效性。对此,深圳市中级人民法院《关于审理劳动争议案件的裁判指引》第72条第2款规定:"《劳动合同法》实施后,用人单位制定、修改直接涉及劳动者切身利益的规章制度或重大事项时,未经过《劳动合同法》第四条第二款规定的民主程序的,原则上不能作为用人单位用工管理的依据。但规章制度或重大事项的内容未违反法律、行政法规及政策规定,不存在明显不合理的情形,并已向劳动者公示或告知的,劳动者没有异议的,可以作为用人单位用工管理的依据。"湖南、江苏等地也有类似司法指导意见。② 因此,从保护劳动者的角度出发,即使2008年后制定的规章制度未经过民主程序,但劳动者不持异议的,也可以认可其有效性。

综上可知,相较于规章制度的公示程序,规章制度的民主程序要求力度会弱一些。回归到本案,姑且不论S公司2003年版和2007年版《员工手册》是否经过民主程序,仅因2007年版《员工手册》未向韩某公示,已经不满足规章制度的适用条件,S公司的纪律处分不被支持也在情理之中。

三、结论及补充说明

前文中,笔者分析了规章制度的民主程序和公示程序,得出以下结论:这两项程序要求是规章制度有效并可作为依据的必要条件,并且规章制度的公示程序比民主程序更加重要。如果用人单位有多个规章制度版本,其中公示程序有瑕疵的版本将不被适用,而民主程序有瑕疵的版本在一定条件下(内容合法合理,符合公示程序,劳动者无异议)可以被适用。

需要补充说明的是,规章制度不仅在程序上有要求,内容上也要满足合法

---

① 湖南省高级人民法院《关于审理劳动争议案件若干问题的指导意见》(2009年)第17条;安徽省高级人民法院《关于审理劳动争议案件若干问题的指导意见》(2015年)第4条。

② 湖南省高级人民法院《关于审理劳动争议案件若干问题的指导意见》(2009年)第17条。

性及合理性的要求。关于规章制度的合法性要求比较容易理解,合理性要求容易被忽视。限于篇幅,本文不对规章制度的合法性及合理性要求进行详细分析说明。实际上,规章制度的合法性,广义上既包括内容合法,也包括程序合法。而规章制度的民主程序、公示程序,不仅是法律上的明确要求,一定程度上也可以解读为规章制度合理性要求的结果。试想一下,若规章制度在制定、修改过程中,未征求劳动者意见,未向劳动者公示,劳动者对规章制度内容不能理解和认可,甚至完全未知,规章制度的实施效果则会大打折扣。因此,规章制度的合法性与合理性、民主程序和公示程序,很多方面相互交织,只有经过民主程序和公示程序的规章制度,才能称为合法合理。

【案例索引】

上海市青浦区人民法院民事判决书,(2015)青民四(民)初字第453号。

【执笔人】

上海里格律师事务所　曾立圻　寇星羽

浅析劳务派遣中用人单位与用工单位
规章制度的冲突及对解除劳动合同的影响

【案例要旨】

违反用工单位规章制度而被用工单位退回用人单位的劳动者,与其解除劳动合同,只能依据用人单位的规章制度,而不能依据用工单位的规章制度。

【案情简介】

上诉人(原审被告):陈某
被上诉人(原审原告):A 公司
被上诉人(原审被告):B 公司

陈某于 2013 年 9 月 6 日由 B 公司派遣到 A 公司工作,任调度驾驶员。2015 年 3 月 2 日,陈某与 A 公司片区经理张某发生纠纷,陈某将张某打伤。后 A 公司以陈某违反公司规章制度为由将其退回 B 公司,B 公司向陈某制发《关于与陈某同志解除劳动合同的通知》,其中以陈某"严重违反用人单位规章制度公司《员工手册》"为由,与陈某解除劳动合同。陈某认为 B 公司及 A 公司侵犯了其合法权益,依法提起仲裁申请,要求支付违反解除劳动合同赔偿金 1 万元及其他仲裁请求。劳动人事争议仲裁委员会审理后作出裁决,裁决 A 公司一次性支付陈某赔偿金 9200 元。

A 公司不服,向一审法院提起诉讼。一审法院判决驳回陈某要求 A 公司支付赔偿金等请求。陈某不服,向二审法院提起上诉。

【裁判结论】

一审法院认为,A 公司的《员工手册》及相关规章制度经职工代表大会通过并已组织员工学习,劳动者应当遵守。陈某在工作过程中与 A 公司片区经理张某发生争执后殴打张某,导致张某受伤的事实清楚,陈某的行为违反公司规章制度,A 公司以此为由将陈某退回 B 公司后,B 公司据此解除与陈某的劳动关系符合法律规定。陈某要求 A 公司支付违法解除劳动合同赔偿金于法无据,不予支持。

二审法院认为,根据《劳动合同法》第 65 条第 2 款的规定,被派遣劳动者有《劳动合同法》第 39 条规定情形的,用工单位可以将劳动者退回劳务派遣单位,劳务派遣单位依照《劳动合同法》有关规定,可以与劳动者解除劳动合同。一审法院根据 A 公司提供的证据,能够证明陈某的行为违反了 A 公司规章制度,A 公司以此为由将陈某退回 B 公司符合法律规定。派遣单位与劳动者解除劳动合同亦应当符合《劳动合同法》的相关规定。本案中,B 公司系用人单位,其在《关于与陈某同志解除劳动合同的通知》中以陈某"严重违反用人单位规章制度《员工手册》"为由,与陈某解除劳动合同。此处的《员工手册》是用工单位 A 公司的规章制度,但用人单位 B 公司未能提供其单位规章制度,与陈某解除劳动关系的依据不足,故 B 公司与陈某解除劳动关系属违法解除。因此,陈某要求 B 公司支付违法解除劳动合同赔偿金的诉请,法院依法予以支持;陈某要求 A 公司支付解除劳动合同赔偿金的诉请,于法无据,法院不予支持。

【评析意见】

一、由本案引出本文重点探讨内容

虽然从公开查询到的本案判决文书中可见,B 公司未作有效答辩,即 B 公司并未提供其规章制度,于是无从比较得出 B 公司规章制度与 A 公司规章制度之间存在冲突这一结论,但本案二审法院的裁判宗旨仍然为用人单位在劳务派遣制度下与被用工单位以违反用工单位规章制度为由而退回的劳动者解除劳动合同提供了一般标准——用人单位若依据《劳动合同法》第 39 条第 2 项的规定以劳动者"严重违反用人单位的规章制度"与其解除劳动合同,仅能够依据用人单位自身的规章制度而不能直接援引用工单位的规章制度。

实践中,尤其是我国目前劳务派遣行业普遍存在"逆向派遣"[①]的情形下,

---

① 本文中"逆向派遣",是指由用工单位先行选定劳动者,仅为提高人事管理效率或规避相关用人风险而让劳动者通过用人单位(劳务派遣单位)以劳务派遣形式派至用工单位工作,用人单位一般仅按派遣人数收取极低的"服务费用",并且在与用工单位的劳务派遣协议中一般约定由用工单位承担用人单位的相关法律责任;"正向派遣",则是指用人单位本身以正常的劳务派遣为主业,并向确实需要劳务派遣员工的用工单位派遣用人单位的劳动者。

对用工单位以违反用工单位规章制度而退回用人单位的劳动者,用人单位一般均直接解除与劳动者的劳动合同。用人单位往往在与劳动者的劳动合同中约定劳动者被用工单位退回的情况下(无论是否系因严重违反用工单位的规章制度),用人单位有权解除与劳动者的劳动合同,或者在用人单位自己的规章制度中规定劳动者严重违反用工单位规章制度而被退回的视为严重违反用人单位的规章制度[1],从而依据《劳动合同法》第 39 条第 2 项的规定解除与劳动者的劳动合同。

上述情况下,本文重点探讨用人单位与用工单位规章制度的冲突及对解除劳动合同的影响。

二、用工单位依法或依约有权将违反其规章制度的劳动者退回用人单位

《劳动合同法》第 65 条第 2 款规定:"被派遣劳动者有本法第三十九条和第四十条第一项、第二项规定情形的,用工单位可以将劳动者退回劳务派遣单位,劳务派遣单位依照本法有关规定,可以与劳动者解除劳动合同。"

据此,被派遣的劳动者严重违反用工单位规章制度的,用工单位依法有权将其退回用人单位。实践中,不乏足够谨慎的用工单位,在与用人单位签订的劳务派遣协议中另行约定可以将劳动者退回用人单位的情形。[2] 笔者认为,不同于劳动者与用人单位之间的劳动合同,用人单位与用工单位之间的劳务派遣协议系两个平等主体之间缔结的民事合同,双方的约定只要不违法即应对双方均具有约束力。用工单位依约有权将符合约定的劳动者退回用人单位,该特别约定合法有效。

三、对用工单位依法或依约退回用人单位的劳动者,用人单位解除与其劳动合同的不同情形

1. 劳动者严重违反用工单位规章制度

如前所述,用工单位依法有权将严重违反其规章制度的劳动者退回用人单位,此系用工单位的法定权利,其与用人单位之间的派遣协议作相同约定的,亦可谓依约有权退回。但如本文所引案例,若用人单位本身并无与用工单位相同的规章制度,或相较用工单位而言制定了更为严苛的规章制度,则严重违反用工单位规章制度的行为并不必然违反用人单位的规章制度,该种情形下用人单

---

[1] 用工单位将劳动者退回用人单位并不只有劳动者严重违反用工单位规章制度这一种情形,但强横地将无论何种原因被退回用人单位的情形均视为严重违反用人单位规章制度,其本身逻辑上难以成立,实践中也尚不多见。若确有此种情况,笔者认为,其实质是用人单位将自己与用工单位达成的劳务派遣协议中不利约定的法律后果转嫁给了劳动者,该规定恐仍难以对劳动者产生约束力。

[2] 为便于展开讨论,本文仅讨论尚不构成"严重"违反规章制度的这一特定情形。

位不得依据《劳动合同法》第 39 条第 2 项的规定解除与劳动者的劳动合同。

2. 劳动者的行为尚不构成严重违反用工单位规章制度,用工单位依照其与用人单位的约定将其退回用人单位

针对此类劳动者,若用人单位的规章制度对劳动者的行为有与用工单位相同或相较其更为严苛的规定,劳动者的行为虽然尚不构成严重违反用工单位的规章制度,但已构成严重违反用人单位的规章制度,故用人单位可依据《劳动合同法》第 39 条第 2 项的规定解除与劳动者的劳动合同。

3. 用人单位在自己的规章制度中规定劳动者严重违反用工单位规章制度而被退回的视为严重违反用人单位的规章制度,无论劳动者行为是否真正构成严重违反用工单位的规章制度

笔者认为,该种情形下,劳动者本身清楚知晓作为被派遣的员工,其应当遵守用工单位的规章制度,亦当然应遵守用人单位合法制定、通过生效的规章制度,且劳动者业已严重违反了劳务派遣法律关系下实际提供劳动的劳动者与实际接受劳动的用工单位之间有约束力的用工单位的规章制度,其违纪行为并未被过分评价,在劳动者这一方身上权利义务仍相一致,故用人单位规章制度中的此类规定应属有效,其有权依据《劳动合同法》第 39 条第 2 项的规定解除与劳动者的劳动合同。

4. 用人单位的规章制度中并无任何相关规定,但用人单位与劳动者之间的劳动合同将劳动者被用工单位退回(无论是否系因严重违反用工单位的规章制度)约定为用人单位有权与劳动者解除劳动合同的情形

该情形下,用人单位系依据与劳动者的劳动合同约定与其解除劳动合同。值得探讨的是劳动合同中用人单位与劳动者能否约定解除条件。实践中正反两种观点均存在。笔者认为,从劳动法律法规兼带的公法属性以及保护在缔结劳动合同时相对弱势的劳动者群体的合法权益的立法目的来看,劳动合同中用人单位与劳动者约定解除条件的条款虽不至于一概无效,但至少应有相当的限制或合理性。如果用工单位仅因劳动者轻微违纪即依据其与用人单位劳务派遣协议的约定退回劳动者,用人单位随即援引与劳动者的劳动合同的约定与其解除劳动合同,就缺乏合理性,实质上是让劳动者为用人单位与用工单位之间约定的权利义务承担最终的法律后果,对劳动者并不公平。有观点认为,可参照《民法典》中相关条款的规定对此类约定的效力进行评价,上述轻微违纪遭退回并被依据劳动合同约定解除的情形中,该约定解除条款亦确有被评价为不合理地免除或者减轻用人单位责任、加重劳动者责任、限制或排除劳动者主要权利的空间。实践中,有法院对用人单位该种情形下解除劳动合同评价为"并无

不当",且此类案件中法院往往并不对劳动合同中约定解除条款的效力作评判。笔者理解这实质是对该种情形下约定解除的条件的合理性评价。如果劳动者系因严重违反用工单位的规章制度而被退回用人单位,用人单位依约定解除劳动合同可以被认为"并无不当",但如果劳动者并未严重违反用工单位的规章制度,而是用工单位依据与用人单位的约定将其退回,则用人单位依约定解除劳动合同的合理性值得被进一步考量。

四、结语

劳务派遣关系中,用人单位与用工单位两个平等主体之间的权利义务和法律责任更多适用《民法典》合同编的相关规定,而劳动者分别与用人单位、用工单位之间的劳动关系和用工关系则适用劳动法领域的相关规定。这也使用人单位与用工单位各自规章制度的冲突以及各自规章制度与劳动合同、劳务派遣协议中相关约定的冲突对解除劳动者劳动合同产生不同的影响。在我国劳务派遣实践中几乎均为"逆向派遣"的当下,用人单位往往通过劳务派遣协议将其用人单位的权利义务以及相关法律责任全部转嫁给用工单位,这无疑与劳务派遣制度诞生的本意相悖。笔者认为,在此类纠纷中,不妨对用人单位施以更加严苛的要求,指引劳务派遣从"逆向派遣"逐步转回"正向派遣",还劳务派遣制度原貌,摆脱当下实践中的"鸡肋"处境。

【案例索引】

江苏省丹阳市人民法院民事判决书,(2016)苏 1181 民初 3955 号。

江苏省镇江市中级人民法院民事判决书,(2016)苏 11 民终 2897 号。

【执笔人】

上海普世万联律师事务所 阮超

规章制度在关联企业间的适用
以及作为处分依据的合理性问题

【案例要旨】

　　劳动关系履行过程中,员工若有违反规章制度的行为,用人单位可以利用合法有效的规章制度对员工进行管理和处理。然而,用人单位在处理流转类员工时,应考虑规章制度在关联公司内部是否可以统一适用的问题。同时要考虑条文合理性设定和适用问题,即条文内容是否合理以及员工的主观和客观行为是否达到或符合规章制度中规定的处理标准和程度。劳动关系的诚信履行是和谐劳动关系秉承的原则,一旦对规章制度的适用没有考虑合理性问题,则存在用人单位滥用规章制度而破坏劳动关系的可能。

【案情简介】

　　上诉人(一审原告):L公司
　　被上诉人(一审被告):黄某

　　黄某于2007年7月12日入职L公司的下属A子公司,先后担任财务经理、财务总监职务。2010年又被L公司调到下属B子公司并签订劳动合同。自2014年1月1日起签订无固定期限劳动合同,并约定在关联企业间调动,工作年限连续计算等内容。2014年3月1日调入上诉人L公司,担任高级财务经理。

　　L公司2014年12月版《员工手册》中规定:"凡有下列行为之一者,予以辞退……弄虚作假为自己或他人骗取公司财产、信任或公司批准;利用职务之便或公司资源,损害公司利益为自己或他人谋利,或非为公司利益接受或索要他人的好处、便利及其他严重违反公司劳动纪律和规章制度的行为。"《出差及公务费用制度》中规定"电话/手机费,出差期间的公务或者合理的私人电话费用可以报销"。

2014年3月至2016年11月,黄某每月通过系统申报,以贴发票方式向公司报销手机话费。2017年1月,公司函告黄某,要求黄某在"2日内就隐瞒、申请报销与工作无关的宽带、交互式网络电视(IPTV)等费用一事进行书面解释,3日内返还违规报销款,否则按《员工手册》相关规定处理"。2017年1月18日,L公司向黄某出具解除通知书,载明:"自2014年8月至2016年11月在手机话费报销过程中发生的违规行为,严重违反2014年12月版《员工手册》的规定,即利用职务之便或公司资源,损害公司利益为自己或他人谋利,或非为公司利益接受或索要他人的好处、便利及其他严重违反公司劳动纪律和规章制度的行为。现根据《劳动合同法》第三十九条的规定,于2017年1月19日解除公司与你的劳动合同。"

2017年5月3日,黄某以L公司违法解除劳动合同等事项为由申请劳动仲裁,要求L公司支付违法解除劳动合同赔偿金。仲裁委员会支持了黄某的请求,L公司不服裁决,向一审法院起诉。

【裁判结论】

一审法院认为,就违法解除劳动合同之争,L公司应就其所称的解除理由成立承担举证之责,证明黄某隐瞒并申报交互式网络电视及e9套餐(一种手机费用套餐)话费、多报实付数额,即虚假报销。然而,第一,黄某提交报销的发票列有项目、数额明细,故L公司指称其隐瞒与证据所示相反。第二,黄某申报话费报销,数额维持在350元左右,并无明显反常,且L公司经审核予以报销已历经数年。第三,选择话费套餐不仅是常态,亦实际减少了通话费用的支出,电信公司于套餐业务中提供的免费服务并不增加L公司的支出成本。第四,因故享有优惠但发票金额仍系原价,此非黄某故意或恶意。因此,L公司认定黄某虚假报销系言之过重,不能成立。

二审法院认为,根据L公司的相关规定,黄某系高级管理人员,手机费用实行实报实销,黄某因工作需要,手机费用采取套餐形式并无不可。虽报销费用中包含宽带等内容,然黄某对此作出了合理解释,L公司亦认可黄某因工作需要经常出差。黄某在报销费用时提供的账单列明相关费用、栏目抵扣等情况,且每月费用基本固定,L公司亦经审核予以报销。黄某表示该套餐已使用数年,而L公司并无证据证明曾就此情况向黄某提出异议,故L公司称黄某存在虚假报销的行为,法院不予采纳。因双方对报销费用内容并无具体约定,L公司以黄某存在虚假报销即解除劳动合同系违法解除,应支付违法解除劳动合同赔偿金。

【评析意见】

用人单位在使用规章制度对员工进行处理时,应该考虑关联公司规章制度的效力适用,以及条文的合理性问题。

一、规章制度的效力认定

用人单位的劳动规章制度是劳资双方在劳动合同履行过程中必须遵守的行为规范,对双方的权利和义务都具有重大影响。规章制度包含了用人单位经营管理权和用工权的全部内容,是用人单位内部的劳动规则,也是内部的"法律"。《劳动合同法》第4条第1~2款明确了"用人单位应当依法建立和完善劳动规章制度,保障劳动者享有劳动权利、履行劳动义务。用人单位在制定、修改或者决定有关劳动报酬、工作时间、休息休假、劳动安全卫生、保险福利、职工培训、劳动纪律以及劳动定额管理等直接涉及劳动者切身利益的规章制度或者重大事项时,应当经职工代表大会或者全体职工讨论,提出方案和意见,与工会或者职工代表平等协商确定"。且该条第4款规定:"用人单位应当将直接涉及劳动者切身利益的规章制度和重大事项决定公示,或者告知劳动者。"综上可知,用人单位规章制度的效力需要具备内容合法、制定程序合法以及有效公示3个方面。

用人单位规章制度需要内容合法。规章制度通常体现的是资方的行为意志,但这种行为意志不是无边际的,是需要在法律框架内设立的,否则会损害劳动者的合法权益。用人单位规章制度内容与法律法规相抵触的时候,势必被裁审部门认定无效。

规章制度的制定需要程序合法。是否全部规章制度都需要通过民主程序制定?这里需要强调的是,只有直接涉及职工切身利益的事项或者其他重大事项必须通过民主程序制定,如行为规范、纪律奖惩事项。那么,未经民主程序制定的规章制度是否应一律认定为无效?司法实践中存在一定的争议。例如,广东省高级人民法院、广东省劳动争议仲裁委员会就认为,用人单位制定、修改或者决定直接涉及劳动者切身利益的规章制度或者重大事项时,未经过法定民主程序的,原则上不能作为用人单位用工管理的依据。但是规章制度或重大事项的内容未违反法律、行政法规的规定,不存在明显不合理的情形,并已向劳动者公示或告知的,可以作为人民法院的裁判依据。江苏省和浙江省高级人民法院也有类似的规定。因此可知,不具备合理性的未经民主程序制定的规章制度,才有可能被认定为无效。

规章制度需要向劳动者公示,才对其具有约束力。大多数用人单位采用的都是签收或者办公系统、邮件公开告知的方式进行公示。日后若发生劳动争议,用人单位可以将公示的规章制度作为处理依据向裁审部门举证。

二、关联公司规章制度的效力适用

来看本案 L 公司庭审举证规章制度的适用。基于工作性质,黄某在 A 公司、B 公司、L 公司这些关联企业内部多次调动,因此 L 公司在庭审中提供了 L 公司 2014 年 12 月版《员工手册》、民主程序材料以及黄某的签收证明作为证据。但本案中,L 公司认为黄某存在违纪行为的时间段是 2014 年 3 月至 12 月,黄某应属于无规章制度约束的空白期。L 公司随即提供 B 公司 2012 年 5 月版《员工手册》及黄某的签收证明,予以证明这段时间存在规章制度。然我们可以看到 2014 年 3 月黄某的劳动关系就从 B 公司转移到 L 公司,B 公司虽然与 L 公司系关联控股企业,但毕竟属于两个独立的法人主体。关联公司各自的规章制度能否适用于流转的员工,有待商榷。本案一审、二审法院因未认可 L 公司的解除行为合规,而对此规章制度的适用问题在判决书中并未提及。

笔者认为,在改革开放市场经济环境的影响下,企业投资、并购、新设、分立等资本运作行为势必形成集团公司、总公司、母公司、子公司、控股公司等形态,然这些主体各自具有独立法人的资格。在社会实践当中,集团公司或总公司等往往制定一整套规章制度,并要求下属控股或全资的子公司予以统一适用。我们需要意识到,《劳动法》《劳动合同法》对于规章制度的有效适用是设立前提的,那就是劳动关系的建立和民主程序的制定。劳动者的劳动关系在关联企业间流转和调动,其所对应的用人单位每个时间段内均是固定且唯一的。关联企业并非与劳动者相对应的用人单位,除非关联企业间将规章制度通过内部程序予以认可并公示,否则无法有效适用。

从前述"一、规章制度的效力认定"中也可知,裁审部门对于直接涉及劳动者切身利益的规章制度的效力要求是很高的。制定规章制度的目的是针对本单位的内部情况,约束与本单位建立劳动关系的员工。在民主制定程序上,亦要求本单位工会或职工代表平等协商,这体现的是本单位职工对规章制度的建议、修改、制定的参与权利。如果将其他关联企业的规章制度直接套用到本企业,从制定目的以及民主程序来看,该行为与法律规定是背离的。当然,如果集团法人或总公司的劳动规章制度需要适用于下属法人单位,建议下属法人单位履行内部审议民主程序并有效公示,否则很难被裁审部门认可可以直接适用。

总结本案,在 2014 年 3 月至 12 月,L 公司并没有有效的劳动规章制度可以对黄某予以适用。

三、规章制度中处分内容的合理性适用

规章制度作为用人单位的"内部法律",是与劳动者解除劳动关系时的解雇依据。那么,规章制度一定就是用人单位的"尚方宝剑"了吗?笔者认为未必。司法实践中,审理用人单位依据劳动规章制度单方解雇劳动者的案件时,除了审理规章制度的效力,还要严格审查解雇的依据——条文内容是否合法、合理,以防用人单位滥用规章制度。

《劳动法》《劳动合同法》等法律法规没有对用人单位的规章制度内容作出设定,这赋予了用人单位极大的用工自主权。但司法实践中对于规章制度内容的合法性和合理性的审核还是比较严格的,因为虽然规章制度是用人单位在本单位范围内实行的生产经营和劳动管理的规则体现,但也是资方行为意志和强势地位所决定的。从保护劳动者利益的角度考虑,裁审部门对规章制度需要进行严格限制和审查。

不同的用人单位针对自身的行业特色、经营模式、人员岗位配置等,应制定具有其自身特点和便于实际操作的规章制度,因为同样的违纪行为可能会对不同的用人单位产生不同的后果。例如,运输公司的驾驶员在午休时间喝酒,这直接关系到安全生产问题,该喝酒行为肯定属于严重违纪更是违法行为。而对于一般的办公室工作人员,午休时间喝酒尚不能算作严重违纪。实践中,应根据用人单位规章制度的规定来判断劳动者的行为是否属于违纪或严重违纪,并结合不同单位的行业特点和劳动者的具体岗位、行为性质和后果进行合理性判断。

规章制度内容的设定需要符合公序良俗和善良风俗的基本原则,尊重公众的普遍社会认知和社会的一般道德观念来保障其具有合理性。如果过于苛求,势必适得其反,不利于员工对于企业的信任和忠诚。而用人单位不可能对社会生活的方方面面用规章制度进行设定,有时就需要从一般劳动者的基本权利、义务角度作出一定的判断。

用人单位还需要注意,规章制度仅用于约束劳动履行过程中的用人单位和劳动者的行为规范,即只能在劳动过程中进行约束管理,通常不能制约劳动者在"8小时"外的私人行为。用人单位不得以劳动者工作以外的行为严重违反规章制度为由而解除劳动关系。例如,员工搭乘"黑车"而被用人单位解雇,法院认为公司禁止员工乘坐"黑车",违者开除的规定已经超出企业内部劳动规则的范畴,解除劳动合同违法。因此可知,用人单位在行使管理权时是有边界的,不得超越用工管理之外设定义务和规则,否则会侵犯劳动者个人社会生活的相关权益。

规章制度在实际适用上需要注意适当原则。尤其是在用人单位认为属于严重违纪行为的认定上，要从劳动者的行为性质、主观过错程度、工作内容、违纪行为的程度等多个层面来予以判断。员工若有不当行为，用人单位能否适用最严重的规章制度处分内容从而行使解除权，是司法实践中经常遇到的争议焦点。例如，劳动者擅离岗位1个小时，用人单位以严重违纪为由予以解除劳动关系。该解除显然属于违反了适当原则，不具有合理性。虽然劳动者有不当行为，但行为性质和影响远远没有达到严重违纪的程度。用人单位运用一般的惩戒方式，如训诫、口头警告其实可以达到管理和处罚的目的，而不应以滥用制度的方式激化矛盾。

回归本案来看，L公司解雇黄某引用的规章制度为"弄虚作假为自己或他人骗取公司财产、信任或公司批准；利用职务之便或公司资源，损害公司利益为自己或他人谋利"。单从《员工手册》规定的条文内容来看，属于合法、合理的情形。"弄虚作假……"和"利用职务之便……"显然需要员工在实施违纪行为上具有主观故意的心理。那么，从黄某报销话费的行为来看，其是否具有弄虚作假或利用职务之便损害公司利益的主观故意或重大过失呢？首先，众所周知，用人单位为内部控制财务支出，对报销行为是需要进行严格审核的。2014年3月至2016年11月黄某每月进行手机话费报销，均经过了公司内部的审核批准。其次，黄某购买的话费套餐中包括的交互式网络电视等服务项目系电信运营商在套餐中的捆绑式服务，黄某无从选择，因此主观上并无故意或过错。最后，一次性购买一年的套餐享受一定的优惠折扣，但电信运营商仍提供原价的发票给黄某，并不是黄某故意而为之。因此，一审、二审法院认为L公司认定黄某虚假报销言之过重。从本案内容来看，L公司解除黄某劳动关系一案中，虽然规章制度的条文合法亦合理，对规章制度的有效性L公司也进行了举证，但L公司在适用条文时违反了适当原则，不具有合理性，从而被裁审部门认定为违法解除。

【案例索引】

上海市杨浦区人民法院民事判决书，(2017)沪0110民初19921号。
上海市第二中级人民法院民事判决书，(2017)沪02民终11807号。

【执笔人】

上海市汇盛律师事务所 温明

《员工手册》与纪律规定哪个优先

——规章制度与单行制度出现冲突时如何适用的探讨

【案例要旨】

提及规章制度,人们往往想到的即《员工手册》。《员工手册》作为企业内部的人事制度管理规范,涵盖了企业文化、企业规章制度、企业发展战略等方方面面。如果说劳动合同是劳动者与用人单位确认互相承担的权利义务最基本的文本,那么,《员工手册》则对双方的权利义务进行了全面的细化。企业在经营过程中,也可以结合自身特点,制定一系列单行制度以完善企业的规章制度,而当《员工手册》与单行制度中对于相同的规范范围有不同的规定而产生冲突的时候,究竟应当以《员工手册》为准还是以单行制度为准,在没有明确效力优先级的前提下,裁审实践中多以倾向劳动者权益为判断基准。

【案情简介】

上诉人(原审被告):M有限公司

被上诉人(原审原告):张某

张某于2012年1月1日与M有限公司签订无固定期限劳动合同,张某的工作岗位为M有限公司浴室工,M有限公司随合同向张某发放《员工手册》。2017年5月11日,M有限公司召开职工代表大会联席会议,审议并通过《劳动纪律管理补充规定》。同日,公司作出关于印发(2017)15号《劳动纪律管理补充规定》的通知,要求下属各单位组织每一位员工学习并贯彻执行,张某及其他员工在该通知上签字确认。2017年6月3日晚,张某工作时间离岗1小时20分钟,未履行请假手续。2017年6月6日,M有限公司作出(2017)16号《关于某某员工违纪处理情况的通报》，依据《劳动纪律管理补充规定》的相关规定，认定张某未履行请假手续不在岗，旷工达半小时以上，属严重违纪，作出解除劳动合同的处理决定，并于 2017 年 6 月 12 日向市人力资源和社会保障局办理了以张某严重违反 M 有限公司规章制度解除劳动合同的备案手续。

张某认为，《劳动纪律管理补充规定》于 2018 年 1 月 16 日才经 M 有限公司职工代表大会确认，M 有限公司职工代表大会联席会议制定的规章制度未经职工代表大会审定确认的情况下，不能作为解除劳动合同的依据，而且补充规定系联席会议超越权限修改职工代表大会通过的规章制度，与双方劳动合同约定的适用《员工手册》也相冲突。《劳动纪律管理补充规定》的内容明显不合理不合法，属于用人单位免除自身法定责任、排除职工权利的行为，依法也应无效。张某是因身体不适离岗，不属于严重违反规章制度，离岗时间一个半小时不到，没有给 M 有限公司造成损失，常理上和法理上均不构成严重违反规章制度，也不符合《员工手册》中严重违纪解除劳动合同的情况，《员工手册》规定脱岗两小时以上才能解除劳动合同。综上，M 有限公司解除双方劳动合同属于违法解除，明显侵犯了张某的合法权益，张某要求 M 有限公司继续履行劳动合同。

M 有限公司认为，《劳动纪律管理补充规定》符合法律规定，经过职工代表大会通过，内容合法合理，张某学习过《劳动纪律管理补充规定》，并签字确认，知晓规定内容。《劳动纪律管理补充规定》第 2 条规定："员工因病或因事请假，必须向单位领导请假，遵循事前请假的原则，履行书面请假手续，并向班组长报告请假情况，单位领导批准后方可休假。特殊情况来不及办理书面请假手续，可提前电话各单位领导请假，上班当日内补办完书面请假手续。"张某先前请假正确完整地履行了请假程序，班组长没有准假的权力。2017 年 6 月，M 有限公司组织查岗时发现张某不在岗，根据《劳动纪律管理补充规定》第 6 条的规定，张某的行为属于严重违纪，可以解除劳动合同，M 有限公司依照规定解除劳动合同符合法律规定。

【裁判结论】

一审法院认为，本案的争议焦点为 M 有限公司是否违法解除与张某的劳动合同。在本案中，判断 M 有限公司是否违法解除与张某的劳动合同，关键在于两点：（1）公司的规章制度是否合法，包括程序合法和实体合法；（2）张某是否构成严重违反规章制度。

对此，一审法院评判：M 有限公司作为用人单位，为规范内部管理，可制定相应的规章制度。公司职工代表大会闭会期间，需要对劳动纪律进行补充规定，召开公司二届二次职工代表大会第一次联席会议，审议通过《劳动纪律管理补充规定》，并已提请下一届职工代表大会予以确认。对于《劳动纪律管理补充规定》，张某亦签字确认知晓。《劳动纪律管理补充规定》的制定符合民主程序，合法有效。

浴室是绝对隐私的空间，客观上对于隐私权的保护具有更高的要求。且浴室场所本身存在地面湿滑、水温有时不稳定、洗浴时诱发疾病等可能性，从事浴室管理的职工，岗位具有特殊性，浴室开放时间须时刻值守，以便于及时应对各种突发情况，这样不但有利于提高企业服务质量与安全，也有利于其他洗浴的职工处于更安全的环境中，从而更好地推动企业的健康发展。因此，M有限公司对职工脱岗有严格要求并无不当。况且，对于确有特殊情况的，本案中的《劳动纪律管理补充规定》第2条规定有"特殊情况来不及办理书面请假手续，可提前电话各单位领导请假，上班当日内补办完书面请假手续"，M有限公司亦考虑了部分员工的特殊需求。因此，《劳动纪律管理补充规定》第6条规定的内容并无不当。

总而言之，M有限公司的上述规定无论是形式还是内容方面虽合法有效，但就请假手续的办理存在需进一步细化明确之处，公司不能以《劳动纪律管理补充规定》的规定为由，解除其与张某的劳动合同。判决M有限公司继续履行与张某的劳动合同。

二审法院认为：M有限公司以张某在2017年6月3日晚上未履行请假手续不在岗，旷工达半个小时以上，依据《劳动纪律管理补充规定》构成"严重违纪"一次为由，于2017年6月6日作出解除劳动合同处理决定，但张某当晚是在打电话向班组长请假后离岗的，且《劳动纪律管理补充规定》第2条有"特殊情况来不及办理书面请假手续，可提前电话各单位领导请假，上班当日内补办完书面请假手续"的规定，而2017年6月4日、5日为张某的休息日，亦即2017年6月6日为上班当日，M有限公司于该日已作出(2017)16号《关于某某员工违纪处理情况的通报》，公司也未能提供有效证据证明张某在此之前存在其他严重违纪的事实。因此，公司解除与张某的劳动合同事实依据不足，一审判决M有限公司继续履行与张某的《劳动合同书》，一审法院已经详尽阐明了判决理由，该理由正确，据此所作判决并无不当，故驳回上诉、维持原判。

【评析意见】

本文仅就《员工手册》与单行制度存在有冲突的条款时，应当优先适用《员工手册》还是单行制度的问题进行探讨。

一、规章制度的定性

《劳动法》第 4 条规定:"用人单位应当依法建立和完善规章制度,保障劳动者享有劳动权利和履行劳动义务。"第 25 条规定:"劳动者有下列情形之一的,用人单位可以解除劳动合同:……(二)严重违反劳动纪律或者用人单位规章制度的……"可见,规章制度对于劳动者及用人单位是制衡的性质,对于劳动者来说,规章制度既能保障劳动者的权利,又规制了劳动者的义务。遵守用人单位的规章制度,是双方劳动关系履行过程中劳动者的一项重要义务,劳动者不遵守用人单位规章制度的,用人单位可以随时解除双方劳动合同且不需要进行任何补偿。而对于用人单位而言,规章制度既能实现用人单位对劳动者在提供劳动过程中的管理制约,又对用人单位实行相关举措施加了条件,用人单位因个别员工严重违纪无法遵从管理需要实行解除权的,必须有具备效力的规章制度及相应的具体条款。

二、规章制度的效力

《劳动合同法》第 4 条规定:"用人单位应当依法建立和完善劳动规章制度,保障劳动者享有劳动权利、履行劳动义务。用人单位在制定、修改或者决定有关劳动报酬、工作时间、休息休假、劳动安全卫生、保险福利、职工培训、劳动纪律以及劳动定额管理等直接涉及劳动者切身利益的规章制度或者重大事项时,应当经职工代表大会或者全体职工讨论,提出方案和意见,与工会或者职工代表平等协商确定。在规章制度和重大事项决定实施过程中,工会或者职工认为不适当的,有权向用人单位提出,通过协商予以修改完善。用人单位应当将直接涉及劳动者切身利益的规章制度和重大事项决定公示,或者告知劳动者。"可见,规章制度作为用人单位一方出台的规定,并不是存在即有效,用人单位在制定或修改与劳动者息息相关的涉及劳动者切身利益的制度时,必须依法通过民主程序及公示程序,即规章制度除了内容合法,还必须程序合法,走完法定程序,规章制度才能真正意义上生效。

三、《员工手册》及单行制度的优先级

(一)生效时间不同的角度

《员工手册》在内容上是大方向性的规章制度,涉及用人单位的方方面面,而单行制度则是针对某一方面的范围进行细化。一般情况下,用人单位多以《员工手册》为基础,在实际经营管理过程中慢慢细化出各类单行制度,而《员工手册》则通过间隔一段时间的更新版本做适当修正。通常《员工手册》的生效时间靠前,而单行制度较为靠后。就本文案例而言,《员工手册》是在张某 2012 年 1 月 1 日与 M 有限公司签订无固定期限劳动合同的同时发放的,而《劳动纪律

管理补充规定》是 2017 年 5 月 11 日 M 有限公司召开职工代表大会联席会议时审议并通过的。显然《员工手册》的生效时间在先,《劳动纪律管理补充规定》在后。在本案的审理中,审判机关并未考量《员工手册》与纪律规定在生效时间上的先后,而是从用人单位的管理权考量,认为用人单位为了规范内部管理,可制定相应的规章制度,在效力上确认了《劳动纪律管理补充规定》这一单行制度的有效性,并未基于生效时间去判断《员工手册》及单行制度的优先级。

(二) 内容合理性不同的角度

同一项事宜出现不同的规定,从规定的内容上说,一定会有合理性的偏差,相比较而言,更趋于合理的规定更易被员工接受及被裁审部门采纳。一般来说,规定的冲突通常分为两种:一种是内容相悖的冲突,即对于同一项事宜,有两种完全不同的诠释。例如,《员工手册》规定员工病假待遇按照法律规定执行;单行制度规定员工入职当年可享有带薪病假(原工资待遇)3 天,之后工龄每满一年增加带薪病假 1 天,最多增加 10 天。这类《员工手册》的规定在一定意义上易被视为一种格式性条款,因为即便《员工手册》中没有这条规定,用人单位也必须依法给予员工病假及按照法定标准支付相应病假工资,而此时单行制度的规定便可视为对员工病假事宜的具体细化,且非常明确地载明了给予员工的权益,更为合理,易被采纳。另一种是内容相似的冲突。例如,《员工手册》规定 2 次口头警告视为 1 次书面警告,一年内累计书面警告 2 次可解除劳动关系;单行制度规定一个月内累计 2 次口头警告可解除劳动关系。这都是关于警告关联解除的规定,但时间细节不同、警告细节不同,通常此类冲突的规定会从合理性上来选择采纳,即假设在不受其他因素影响的条件下,《员工手册》的规定为一年内累计 2 次书面警告可解除劳动关系,而单行制度规定可转换为一个月内 1 次书面警告即可解除劳动关系,显然根据劳动者权益倾向原则,《员工手册》的规定基于单项制度的规定而言在内容上更为合理。

就本文案例而言,《劳动纪律管理补充规定》中第 6 条对于脱岗视为严重违纪可解除的内容,审判人员基于该规定第 2 条对来不及书面请假的特殊情况给予了特别规定("特殊情况来不及办理书面请假手续,可提前电话各单位领导请假,上班当日内补办完书面请假手续"这一条款考虑到了部分员工的特殊需求),判断该解除条款并无不当。在初步认定内容合理的前提下,审判人员又深入判断了内容适用的合理性。本案例中,张某被公司视为脱岗的情况发生于 2017 年 6 月 3 日晚,裁审人员认为之后 6 月 4 日及 6 月 5 日是张某的休息日,6 月 6 日应为上述规定中的"上班当日",而该日 M 有限公司已作出解除通知,且对于张某向班组长电话请假事宜,M 有限公司亦未举证证明班组长不属于上述规定中的"单位领导"并没有准假权,最终从内容适用的合理性角度并未优先采纳纪律规定,而是基于 M 有限公司就请假手续的办理存在需进一步细化明确之处而认定了公司违法解除。

综上,本文案例中一审、二审法院对于《员工手册》及纪律规定认定上的观点是一致的,即没有笼统地去认定哪个制度更有效,也没有轻易地去套用制度规定,而是从内容合法性、程序合法性、内容合理性、适用合理性全方位分析判断,可以看出对于《员工手册》及单行制度产生冲突时究竟谁予优先,并不能一概而论,必须具体问题具体分析,深究事件细节,这也从一定意义上对用人单位制定规章制度有了一定的要求。另外,《劳动合同法》第 38 条规定:"用人单位有下列情形之一的,劳动者可以解除劳动合同……(四)用人单位的规章制度违反法律、法规的规定,损害劳动者权益的……"第 80 条规定:"用人单位直接涉及劳动者切身利益的规章制度违反法律、法规规定的,由劳动行政部门责令改正,给予警告;给劳动者造成损害的,应当承担赔偿责任。"可以看出,法律对于用人单位制定规章制度除了生效条件上的制约,还有后果的制约,用人单位一旦违反法律规定的范畴制定规章制度,除了自行适用会面临效力上的否定,涉及违法,还会被动地承担相应法律责任,所以,用人单位在制定《员工手册》以及各项单行制度时,除了避免冲突,还一定要注意不能逾越法律的基准线。

【案例索引】

安徽省马鞍山市雨山区人民法院民事判决书,(2018)皖 0504 民初1585 号。
安徽省马鞍山市中级人民法院民事判决书,(2018)皖 05 民终 1617 号。

【执笔人】

江三角律师事务所　杨喆

劳动合同解除中的规章制度
与劳动纪律竞合

【案例要旨】

《劳动合同法》第 39 条第 2 项与《劳动法》第 25 条第 2 项在用人单位可解除劳动合同情形的规定上存在差异。《劳动合同法》实施后,用人单位可否继续以劳动者严重违反劳动纪律解除劳动合同,一直为各方所关注。本案的典型意义在于,用人单位已生效的《员工手册》中规定"员工有无事生非、挑起事端或动手打人行为的,日旭公司可以即时解雇该员工",但一审、二审、再审均未以《员工手册》之规定按劳动者严重违反规章制度判决用人单位可解除劳动合同,而是认定劳动者严重违反劳动纪律,用人单位可据此解除劳动合同。

【案情简介】

再审申请人(一审原告、二审上诉人):季某某
被申请人(一审被告、二审被上诉人):上海日旭环境保洁服务有限公司

季某某系上海日旭环境保洁服务有限公司(以下简称日旭公司)员工,季某某的工作内容为环卫(保障)。2014 年 8 月 17 日,季某某的弟弟说班长欺负他,季某某通过电话约班长于 7 时许在古美路、田州路口见面。两人见面后,季某某质问班长为何欺负其弟弟,继而发生口角引发扭打。班长当日的验伤通知书载明头部外伤、颌部外伤、软组织挫伤。2014 年 8 月 18 日,日旭公司解除与季某某的劳动合同,并已通知工会。日旭公司自 2013 年 9 月 6 日起生效的《员工手册》规定,员工有无事生非、挑起事端或动手打人行为的,日旭公司可以即时解雇该员工。2014 年 9 月 10 日,季某某向上海市徐汇区劳动人事争议仲裁委员会申请仲裁,提出日旭公司支付解除劳动合同的赔偿金 61,200 元等要求。

仲裁委员会于 2014 年 10 月 15 日作出徐劳人仲(2014)办字第 1856 号裁决,对季某某主张支付解除劳动合同赔偿金的申诉请求不予支持。季某某对仲裁裁决不服,向上海市徐汇区人民法院提起诉讼。

【裁判结论】

一审法院认为,依据双方的陈述,应确认日旭公司系因季某某在 2014 年 8 月 17 日与乙(班长)发生冲突并打了乙而解除劳动合同。依据派出所的笔录,季某某确认其用右拳打到乙左脸,乙的验伤通知书显示乙有受伤,季某某在仲裁期间亦认可发生冲突系在其工作时间及工作岗位上。季某某作为劳动者,其在工作时间及工作岗位上应当保持良好的秩序,尽到勤勉义务。现季某某在工作时间及工作岗位上主动约见乙,并与乙发生口角,用右拳打乙左脸,致使乙受伤,该行为违反了基本的劳动纪律,也违反了日旭公司《员工手册》的规定。日旭公司据此解除劳动合同并无不当,季某某要求支付赔偿金缺乏依据,法院不予支持。

二审法院认为,季某某在 2014 年 8 月 17 日上班时间与同事乙(班长)发生冲突,并打了乙,致乙受伤。季某某的行为应属严重违反劳动纪律。日旭公司据此解除与季某某的劳动合同,符合《劳动法》相关规定。季某某诉讼请求判令日旭公司支付其违法解除劳动合同赔偿金,缺乏事实和法律依据,不应得到支持。季某某现以未将乙打成重伤为由主张日旭公司不应解除劳动合同,该理由显然不能成立。故季某某上诉请求改判日旭公司支付其违法解除劳动合同赔偿金,二审法院不予支持。原审法院所作此项判决正确,二审法院予以维持。

再审法院认为,根据查明的事实,季某某存在严重违反劳动纪律的行为,日旭公司据此解除与季某某的劳动合同,于法有据。季某某要求日旭公司支付其违法解除劳动合同赔偿金,缺乏事实与法律依据,再审法院不予支持。

【评析意见】

上述判例对劳动合同解除中规章制度与劳动纪律竞合的意义值得作一探讨。

一、企业规章制度的属性

规章制度是企业为保障经营管理有序依法制定并实施的各项规则和制度的总和,其内容及范围涵盖组织生产经营及企业管理的全方位和全过程,依规则和制度的规范对象,适用于本单位的全体员工或大部分员工。

企业规章制度的属性具有以下特征:(1)由企业编制;(2)目的是保障经营管理有序进行;(3)内容包含企业产供销和人财物各经营环节和运行全过程;

(4)以书面形式固定,是各项书面制度的总和;(5)依法制定并经法定程序后生效;(6)由用人单位实施。

二、劳动纪律的属性

在现阶段,劳动纪律是劳动者为适应生产经营有序进行和维持共同劳动及劳动关系稳定要求而形成的劳动者在用人单位处从事劳动中应自觉遵守的一种普遍行为准则。

劳动纪律的属性有以下特征:(1)长期的共同劳动过程中形成的行为准则;(2)保障劳动关系的稳固;(3)内容较为笼统、宽泛;(4)是劳动者在雇佣劳动过程中应遵守的行为准则的总和;(5)无须制定,无须经民主程序及公示;(6)一般由劳动者自觉遵守。

三、企业规章制度与劳动纪律的竞合

(一)企业规章制度的内容及范围界定

企业规章制度按规范的对象大致可分为三大类:(1)生产经营管理,如采购制度、生产流程制度、生产工艺制度、销售制度;(2)企业资产管理,如财务管理制度、固定资产管理制度、生物资产管理制度、无形资产管理制度;(3)人力资源管理,如招聘制度、晋升制度、考勤制度、工资制度、奖惩制度;

企业规章制度涵盖企业生产经营的全方位、全过程,以企业经营自主权实施范围为界。

(二)劳动纪律的内容及范围界定

劳动纪律为劳动者在长期的共同劳动过程中形成的行为准则,为劳动者的基本义务,一般不以严谨的成文形式列示于众。劳动纪律的内容或要求大致可归结于3个方面:(1)参加劳动生产的要求,如按时上下班、不擅自缺勤;(2)从事生产过程中的要求,如服从安排调度、爱护生产设备、遵守生产秩序;(3)与生产过程相关的要求,如遵守安全生产规定。

劳动纪律的内容或要求客观存在于生产过程的管理范围。

(三)企业规章制度与劳动纪律的竞合

1. 企业规章制度与劳动纪律各为范畴

规章制度为企业生产、经营、管理等规则和制度的集合,劳动纪律为劳动者参加生产过程中各行为规范的集合,两者各为范畴。《宪法》《劳动法》《劳动合同法》《公司法》等法律中都明确规章制度、劳动纪律各为概念。

2. 企业规章制度与劳动纪律存在交集

基于管理需要依法制定的维护生产秩序的规章制度与为参与共同劳动需

要形成的普遍行为准则即劳动纪律,两者产生的客观基础相同,客观上存在交集。由此,对同一有损于生产秩序行为的定性具有可选项。

3. 企业规章制度与劳动纪律的融汇

在规章制度的制定中,可将已达成共识的劳动者普遍行为准则作为规章制度的内容予以明晰。规章制度中的某些规定被当成劳动者在劳动中的日常习惯,进而成为劳动者共同劳动中的自觉意识,继而成为劳动者参与共同劳动的普遍行为规范。故规章制度与劳动纪律的具体内容呈现动态的、融汇的情形。由此,制定规章制度和认定劳动纪律两方面各自存在可充实的内容和可扩展的空间。

4. 企业管理中规章制度与劳动纪律作用互补

规章制度是企业实施劳动管理的基本依据。在现实生产过程中,一方面,由于劳动形态及行为具有复杂性、多样性,故在制定规章制度时不可能穷尽所有加以规制;另一方面,不需要亦不可能对劳动者在劳动中千变万化的行为以及偶发行为制定制度加以防范,并且内容的滞后性是规章制度固有的局限,规章制度由此不可避免地留有管理上的空白地带。

在实践中,劳动纪律呈现的是对某一类行为的一种共识,此共识留存于人们的意识中,不以文字形式作明确精准的记载,这使其难以成为企业劳动管理的单一依据。但此种共识的笼统性和宽泛性,可有效弥补规章制度的固有局限,成为劳动管理中不可或缺的一环。有意识地运用这一互补关系,是实施劳动管理的艺术。

四、劳动合同解除中的规章制度与劳动纪律竞合

(一)法律法规中的劳动合同解除时规章制度与劳动纪律竞合

法律法规中有关用人单位可解除劳动合同的规定有:《劳动法》第25条第2项规定"严重违反劳动纪律或者用人单位规章制度的";《劳动合同法》第39条第2项规定"严重违反用人单位的规章制度的";《劳动合同法实施条例》第19条第3项"劳动者严重违反用人单位的规章制度的"。

(二)各地审理意见中的劳动合同解除时规章制度与劳动纪律竞合

《劳动合同法》实施后,在劳动合同解除时关于严重违反劳动纪律情形的适用,"北上广"和长三角地区等地的法院均予以肯定,具体如下:

北京市高级人民法院、北京市劳动人事争议仲裁委员会《关于审理劳动争议案件法律适用问题的解答》(2017年4月24日)第13条规定:"在规章制度未作出明确规定、劳动合同亦未明确约定的情况下,劳动者严重违反劳动纪律和职业道德的,用人单位是否可以解除劳动合同?《劳动法》第三条第二款中规

定:'劳动者应当遵守劳动纪律和职业道德'。上述规定是对劳动者的基本要求,即便在规章制度未作出明确规定、劳动合同亦未明确约定的情况下,如劳动者存在严重违反劳动纪律或职业道德的行为,用人单位可以依据《劳动法》第三条第二款的规定与劳动者解除劳动合同。"

上海市高级人民法院《关于适用〈劳动合同法〉若干问题的意见》(沪高法〔2009〕73号)第11条规定:"用人单位要求劳动者承担合同责任的处理 劳动合同的履行应当遵循依法、诚实信用的原则。劳动合同的当事人之间除了规章制度的约束,实际上也存在很多约定的义务和依据诚实信用原则而应承担的合同义务。如《劳动法》第三条第二款关于'劳动者应当遵守劳动纪律和职业道德'等规定,就是类似义务的法律基础。因此,在规章制度无效的情况下,劳动者违反必须遵守的合同义务,用人单位可以要求其承担责任。劳动者以用人单位规章制度没有规定为由提出抗辩的,不予支持。但在规范此类行为时,应当仅对影响劳动关系的重大情况进行审核,以免过多干涉用人单位的自主管理权。"

深圳市中级人民法院《关于审理劳动争议案件的裁判指引》(2015年9月2日)第89条规定:"劳动者严重违反劳动纪律,用人单位可以依据《劳动法》第二十五条的规定解除劳动合同。"

浙江省高级人民法院《关于审理劳动争议案件若干问题的意见(试行)》(2009年4月16日)第45条第1款规定"对劳动者无正当理由未办理请假手续,擅自离岗连续超过十五日,用人单位规章制度已有规定的,按相关规定执行;用人单位规章制度无规定的,用人单位可以劳动者严重违反劳动纪律为由,解除劳动合同。"

浙江省高级人民法院民事审判第一庭、浙江省劳动人事争议仲裁院《关于审理劳动争议案件若干问题的解答(五)》(2019年6月21日)第11条规定:"在规章制度未作出明确规定、劳动合同亦未明确约定的情况下,劳动者严重违反劳动纪律,用人单位是否可以解除劳动合同?答:在规章制度未作出明确规定、劳动合同亦未明确约定的情况下,劳动者严重违反劳动纪律,用人单位可以依据《劳动法》第二十五条第二项规定解除劳动合同。"

宁波市中级人民法院《关于审理劳动争议案件若干疑难问题的解答(三)》中有下列问答:"八、用人单位没有建立规章制度或规章制度对具体违纪行为规定不明确,若劳动者存在多次旷工、工作中多次打架斗殴等情形的,用人单位以'严重违反劳动纪律'为由与劳动者解除劳动合同是否合法?答:如劳动者明显违反职业操守等行为确实存在且情节严重的,应当认定用人单位的解除行为合法,但对于'情节严重'的认定,应当从事实、证据及世俗、情理等角度从严把握。"

（三）审判实践中的劳动合同解除时规章制度与劳动纪律竞合

在季某某诉上海日旭环境保洁服务有限公司劳动合同纠纷一案中,用人单位以生效的《员工手册》之规定作为解除季某某劳动合同的依据,但一审、二审、再审法院均认定用人单位解除劳动合同的依据为季某某严重违反劳动纪律。人民法院在审理中对劳动合同解除时规章制度与劳动纪律竞合的思路值得探讨。

五、用人单位在劳动争议中的诉讼策略选择

《劳动合同法》实施后,用人单位以劳动者严重违反劳动纪律为由解除劳动合同在审判实践中继续得到支持,由此可知,在用人单位建立规章制度的情况下,对于劳动者严重有损于生产秩序或管理秩序的行为,是以严重违反企业规章制度还是以严重违反劳动纪律为依据解除劳动合同,成为诉讼策略的选择。

（一）以严重违反规章制度解除劳动合同的考量

用人单位在诉讼中如主张以严重违反规章制度为据解除劳动合同,至少需在程序(是否已经民主程序且已公示)和适用(劳动者违纪事实与规章制度条款的对应性)两个方面考虑。

1. 程序方面。最高人民法院《关于审理劳动争议案件适用法律问题的解释（一）》第50条第1款明确规定:"用人单位根据劳动合同法第四条规定,通过民主程序制定的规章制度,不违反国家法律、行政法规及政策规定,并已向劳动者公示的,可以作为确定双方权利义务的依据。"江苏省、浙江省、广东省、深圳市等地的法院做了细化,具体规定用人单位在《劳动合同法》实施以前制定的规章制度,虽未经过《劳动合同法》第4条第2款规定的民主程序,但内容未违反法律、行政法规及政策规定,并已向劳动者公示或告知的,可以作为用人单位用工管理的依据。《劳动合同法》实施后,用人单位制定、修改直接涉及劳动者切身利益的规章制度或重大事项时,未经过《劳动合同法》第4条第2款规定的民主程序的,原则上不能作为用人单位用工管理的依据。但规章制度或重大事项的内容未违反法律、行政法规及政策规定,不存在明显不合理的情形,并已向劳动者公示或告知且劳动者没有异议的,可以作为劳动仲裁和人民法院裁判的依据。[①] 由此,《劳动合同法》实施后,在作为解除劳动合同的依据时,未经民主程

[①] 浙江省高级人民法院《关于审理劳动争议案件若干问题的意见(试行)》(2009年4月16日)第34条;深圳市中级人民法院《关于审理劳动争议案件若干问题的指导意见(试行)》(2009年4月15日)第78条。

序的规章制度虽在审判实践中有条件地被采信,但存在相当大的风险。

2. 适用方面。规章制度制定的滞后性和所规范事项的局限性,使其难以包括日常生产、劳动中劳动者形形色色的实际行为,对于偶发的不利于生产劳动等的行为,更难以采用制度形式规范。另外,即便劳动中所规制的行为已有明文规定,但在违反规章制度程度的定性上,用人单位、劳动者、人民法院存在认识上的差异,对于是否属于"严重违反"的定性颇考验用人单位的法律智慧。需要特别提示的是,当劳动者违纪事实与规章制度条款的对应性欠缺,或在劳动者确实存在严重违反用人单位规章制度行为,用人单位依据规章制度作出解除劳动关系的决定,但其所依据的制度条款与违纪事实适用条款不相符时,将被认定用人单位属于违法解除。

(二)以严重违反劳动纪律解除劳动合同的考量

《劳动法》第 25 条第 2 项规定劳动者"严重违反劳动纪律或者用人单位规章制度的",用人单位可以解除劳动合同。

用人单位在诉讼中如是主张以严重违反劳动纪律为据解除劳动合同,至少需在范围(是否属于劳动者在劳动中应自觉遵循的普遍行为准则)和程度(该违反普遍行为准则的性质、程度及后果等是否属于严重)两个方面加以考虑。

1. 在范围方面。劳动纪律与规章制度存在交集,在劳动合同解除时的策略选择中,需避免将不属于交集内的规章制度作为劳动纪律。在认定劳动者有损于生产秩序和管理秩序的行为是否属于违反劳动纪律时,可从 3 个方面考量:一是该行为是否社会公认的不可为的行为;二是该行为是否作为劳动者知道和应当知道不可为的行为;三是该行为是否未在规章制度列示但属于劳动者应遵守的普遍行为准则而不可为的行为。

2. 在程度方面。劳动纪律内容的笼统性和宽泛性及其呈现形式,导致对违反劳动纪律行为是否达严重程度的认定绝非易事。规章制度中不乏以违纪的次数(如迟到)、金额(如造成损失)等作为衡量违纪严重程度的具体标准,但对违反劳动纪律程度的确切标准则难以建章立制。亦由此,用人单位在认定违反劳动纪律是否达严重程度方面具有弹性空间。用人单位可运用法律的整体秩序和基本价值原则并综合劳动者的岗位属性、违纪行为的性质、违反劳动者的何种基本义务、损害或危害的大小等情形揭示劳动者违反劳动纪律的程度。

关于对劳动者严重违纪的认定分析下面一则案例可供借鉴。[①] 杨某向 B 公

[①] 王剑平、徐凌:《类案裁判方法 | 劳动合同解除纠纷案件的审理思路与裁判要点》,载微信公众号"上海市一中院"2019 年 8 月 5 日,https://mp.weixin.qq.com/s/HgkGzxwWXiqkMFpSIortow。

司提出事假申请,请假事由为"家里老人生病,请事假15天",B公司于当日批准。后杨某在休假期间赴欧洲旅游,并通过微信朋友圈晒出游玩照片。B公司发现后,以杨某编造请假事由欺骗公司为由,向杨某出具严重违纪辞退通知书,解除双方劳动合同。杨某起诉要求B公司支付违法解除劳动合同赔偿金。该案中杨某出游的地点为欧洲,需做较多的前期准备工作,且其请假与出国日期间隔较短,足以说明旅游属于事先计划。事后杨某也承认并未照顾家里生病老人,充分证明其请假时就存在骗假的主观故意。劳动者的行为虽未造成严重后果,但显然违背了诚实信用原则,可以认定已达到严重违纪程度。

【案例索引】

上海市徐汇区人民法院民事判决书,(2014)徐民五(民)初字第842号。

上海市第一中级人民法院民事判决书,(2015)沪一中民三(民)终字第496号。

上海市高级人民法院民事裁定书,(2015)沪高民一(民)申字第1514号。

【执笔人】

上海华夏汇鸿律师事务所　陈英杰

新旧规章制度衔接中应注意的问题

【案例要旨】

规章制度是用人单位对生产经营进行管理的重要手段,规章制度涉及劳动者的切身利益。随着社会的不断发展进步,一个"长寿"且明智的用人单位势必选择与时俱进地更新自己的规章制度,这也就引发了新规章制度与旧规章制度的衔接和适用问题。本文案例着重讨论的要旨就是新旧规章制度的衔接和适用,从案例中可以看出,对于新旧规章制度如何衔接、如何适用,并非可以想当然地套用新旧刑法的衔接适用原则,如果用人单位没有在规章制度中作出明确的衔接及适用规定,那么在发生劳动争议时,在规章制度的适用上,可能对用人单位产生不利的后果。

【案例简介】

上诉人(一审原告):甲公司

被上诉人(一审被告):殷某某

殷某某于2001年9月1日进入甲公司工作,双方于2007年5月1日签订了自签订之日起的无固定期限劳动合同。2012年6月至2013年1月17日,殷某某担任甲公司生鲜部的海鲜和肉类主管。

甲公司1999年版《员工手册》第25页规定:"任何形式的不诚实行为,都将导致解雇。保护公司的财产是每一个人的职责。因此,如果您认为某个人不诚实,您有责任让管理层的成员知道……例如,预先未付款,就从一个破损的袋中拿糖吃,就是不诚实行为。"

1999年版《员工手册》第34页规定:"'欺骗''不诚实''未经授权,占有、使用或拿走公司财产''不诚实/不坚持诚实正直原则''伪造公司记录'等行为将会立即导致解雇。"

2013年1月1日起甲公司开始实施新版《员工手册》(以下简称2013年版《员工手册》),2013年版《员工手册》第65页规定:"……所有不诚实行为,不论其所涉及金额的大小,均构成对本手册的严重违反……例如:C.……或做假账、伪造公司文件、记录或报销凭证、伪造或模仿签名。"

2013年版《员工手册》第67页规定:"伪造公司记录,如财务报表、销售数据等,会立即导致解雇。"

殷某某对上述两个版本的《员工手册》都进行了签收。

2012年8月,殷某某制作了虚假的公司内部转运单,2013年,甲公司发现并对其伪造记录、填写虚假转运单的行为进行了调查,并在调查中发现,殷某某还存在让熟食技工加工死的小龙虾进行售卖的违纪行为。

2013年1月17日,甲公司以殷某某严重违反公司政策为由解除了与其的劳动合同。

2013年1月25日,殷某某向南京市劳动人事争议仲裁委员会申请仲裁,要求甲公司支付违法解除的赔偿金104,144元等款项。仲裁裁决支持了殷某某要求甲公司支付违法解除赔偿金的仲裁请求。甲公司不服仲裁裁决,诉至人民法院。

【裁判结论】

一审法院认为,法律规定,用人单位应当依法建立和完善劳动规章制度,保障劳动者享有劳动权利、履行劳动义务。劳动者严重违反用人单位的规章制度的,用人单位可以解除劳动合同。由此可知,用人单位的规章制度首先要依照法定程序制定;其次,制定的目的是保障用人单位正常生产经营的同时,也要充分保护劳动者的权利,而不能随意加重劳动者的责任,免除用人单位的法定义务;再次,用人单位不通过法定预告期的行使"辞退权"的前提是劳动者违反用人单位的规章制度达到严重的程度;最后,用人单位的规章制度原则上不具有溯及力。而且法律规定用人单位针对上述情形也是可以解除而不是必然解除劳动合同。本案中,原告两个版本的《员工手册》中都有大量的立即解雇劳动者的规定,包括但不限于不诚信、伪造公司记录等。公司两个版本的《员工手册》均不违反法律法规及相关政策之规定,殷某某作为甲公司的老员工,均已签字确认知悉其内容,故两个版本的《员工手册》对殷某某均已产生效力。但用人单位的规章制度均应设置适用对象、适用范围、适用时间,以对劳动者的权利义务作出更加完善的规范。甲公司的《员工手册》中未规定前后两个版本的《员工手册》如何衔接。在2013年版《员工手册》于2013年1月1日施行后、1999年版

《员工手册》即已失效的前提下,甲公司适用2013年版《员工手册》处理殷某某发生于1999年版《员工手册》适用期间的行为而解除与殷某某的劳动合同,明显不当,属于违法解除。

一审法院判决:甲公司应于本判决生效后10日内一次性支付殷某某违法解除劳动合同赔偿金104,144元。

本案进入二审程序后,在二审法院的主持下,甲公司与殷某某经调解达成一致,双方按协商解除劳动合同处理,甲公司支付殷某某经济补偿金55,000元。

【评析意见】

本案例最终虽然在二审阶段是调解结案,但从本案可见,用人单位新旧规章制度在衔接及适用中引发的问题还是很值得思考的。对于用人单位来说,很有必要对新旧规章制度的衔接适用在新的规章制度中专门作出规定。

一、劳动合同的解除与规章制度

《劳动合同法》实施后,对劳动合同的解除与终止实行法定制度,禁止用人单位和劳动者事先约定解除与终止的条件。相对应,劳动者可以无须任何理由只要提前30日通知就可以与用人单位解除劳动合同(在试用期劳动者只需提前3日),而且在用人单位存在过错的情况下,劳动者根据《劳动合同法》第38条的规定可以随时解除劳动合同而无须提前通知。

对于用人单位单方解除劳动合同的权利,《劳动合同法》限定了严格的条件,主要规定在《劳动合同法》第39条、第40条、第41条。第39条规定了劳动者有重大过错的情况下劳动合同的解除。第40条规定了劳动者无过错情况下用人单位的解除:"(一)劳动者患病或者非因工负伤,在规定的医疗期满后不能从事原工作,也不能从事由用人单位另行安排的工作的;(二)劳动者不能胜任工作,经过培训或者调整工作岗位,仍不能胜任工作的;(三)劳动合同订立时所依据的客观情况发生重大变化,致使劳动合同无法履行,经用人单位与劳动者协商,未能就变更劳动合同内容达成协议的。"第41条规定的是经济性裁员。第42条还规定了用人单位不得依据《劳动合同法》第40条、第41条解除的情形。

其中,与用人单位规章制度息息相关的正是《劳动合同法》第39条。该条规定用人单位可以在下列情况下解除劳动合同:(1)在试用期间被证明不符合录用条件的;(2)严重违反用人单位的规章制度的;(3)严重失职,营私舞弊,给用人单位造成重大损害的;(4)劳动者同时与其他用人单位建立劳动关系,对完成本单位的工作任务造成严重影响,或者经用人单位提出,拒不改正的;(5)因

《劳动合同法》第26条第1款第1项规定的情形致使劳动合同无效的；(6)被依法追究刑事责任的。

由此可知，用人单位解除劳动合同的条件都是法定的，如果用人单位要解除劳动者的劳动合同，需要符合法定的这些情形。这使用人单位的解除权被牢牢地约束起来，而对用人单位来说稍有弹性的是"严重违反用人单位的规章制度可以解除劳动合同"这一情形。由于用人单位可以在规章制度中对何为严重违反规章制度进行界定，用人单位在适用"严重违反用人单位的规章制度"这一理由解除劳动合同时看似拥有了很大的自主权，且用人单位据此解除劳动合同无须支付经济补偿金。基于此，实践中有为数不少的用人单位选择使用该情形解除劳动合同，但是，用人单位真的可以自由界定何为严重违反规章制度吗？

最高人民法院《关于审理劳动争议案件适用法律问题的解释(一)》第50条第1款规定："用人单位根据劳动合同法第四条规定，通过民主程序制定的规章制度，不违反国家法律、行政法规及政策规定，并已向劳动者公示的，可以作为确定双方权利义务的依据。"但在司法实践中，用人单位的规章制度即使通过民主程序制定，司法机关对于规章制度内容的合法性和合理性还是会进行一定的审查，这也是为了防止用人单位通过合法的民主程序来实施过于苛刻的规章制度，如将劳动者微小的违纪规定为严重违反规章制度，从而侵害劳动者的合法权益。也就是说，如果用人单位以严重违反规章制度为由解除劳动合同，但规章制度的内容不当或在规章制度的运用上有所不当，仍有可能会被司法机关认定构成违法解除，而违法解除的情况下用人单位是要向劳动者支付违法解除的赔偿金的。在本文案例中，甲公司实际上也是以严重违反公司规章制度为由解除与殷某某的劳动合同的，而一审法院也实实在在地对甲公司的规章制度内容和适用进行了一番审查。

二、规章制度在劳动合同解除中的适用

规章制度是用人单位进行经营管理的重要手段，也是用人单位维护经营秩序的重要方式。规章制度虽然不是专门为用人单位解除与劳动者的劳动合同而设置的，但是规章制度在劳动合同的解除中起着十分重要的作用。

根据《劳动合同法》第4条的规定，要使规章制度成为解除劳动合同的有效依据，则必须符合下列条件：第一，规章制度必须是通过民主程序制定的；第二，规章制度的内容是合法的；第三，规章制度已进行公示或已告知劳动者。上述条件的举证责任都在用人单位，在劳动仲裁或诉讼案件中，应当由用人单位来证明其适用的规章制度符合上述条件。如果用人单位无法证明上述任何一个条件，那么，规章制度就无法作为解除劳动合同适用的依据，从而构成违法解除。

如前所述,在司法实践中,规章制度除需要同时符合上述3个条件外,法院或仲裁机构还会审查规章制度内容的合理性以及规章制度的适用。如其内容不合理或是存在不能适用的情形,也会被法院或仲裁机构认定构成违法解除并需要向劳动者支付违法解除的赔偿金。

在本文案例中,一审法院经审理查明甲公司1999年版《员工手册》、2013年版《员工手册》均符合上述3个条件,故认可了这两版《员工手册》的有效性。但是,一审法院仍判决甲公司败诉,原因在于,一审法院还对甲公司规章制度的适用进行了审查,且审查后认为甲公司1999年版《员工手册》、2013年版《员工手册》存在新旧手册的衔接问题,但2013年版《员工手册》中并未规定如何衔接适用,导致1999年版《员工手册》失效无法适用,2013年版《员工手册》无法溯及既往,也无法适用。

三、新旧规章制度应如何衔接

在本文案例中,殷某某严重违反规章制度的行为发生在2012年下半年,当时实施的是1999年版《员工手册》。当甲公司对殷某某严重违反规章制度的事实调查完毕时已是2013年1月,当时2013年版《员工手册》已实施,1999年版《员工手册》已被宣布废止,新旧手册如何衔接适用的问题在规章制度中并没有规定,用人单位陷入了"两难"的境地。如以1999年版《员工手册》为解除依据,因其2013年1月就已经被废止而无法适用;如以2013年版《员工手册》为解除依据,殷某某违反规章制度的行为发生时该制度还不存在,根据法不溯及既往的原则而无法适用。一审法院就是据此认定解除劳动合同无可适用的规章制度,进而认为甲公司解除违法。

在新旧规章制度衔接适用没有在新规章制度中被明确的情况下,我们认为可以参照从旧兼从轻的原则适用,即原则上应适用行为发生时的规章制度,根据法不溯及既往的原则,新的规章制度不能适用于劳动者;但是如果根据旧的规章制度属于严重违纪而根据新的规章制度不属于严重违纪,则根据保护劳动者利益的原则,应适用新的规章制度。

因此,对于新旧规章制度的衔接适用问题,为避免争议,用人单位在制定新的规章制度时应明确新旧规章制度的衔接,建议在新规章制度中规定,在新规章制度实施前的行为仍可依据旧的规章制度处罚。具体而言,对于员工发生在旧规章制度实施时的行为,用人单位在新规章制度实施时才发现的,建议明确按下列原则处理:(1)旧规章制度规定是严重违反规章制度的行为,新规章制度规定也是的,用人单位可以解除劳动合同;(2)旧规章制度规定是严重违反规章制度的行为,新规章制度规定是一般违反规章制度的行为,根据从旧兼从轻原则,可按新规章制度予以处分;(3)旧规章制度规定是一般违反规章制度的行为,新规章制度规定是严重违反规章制度的行为,根据从旧兼从轻原则,可按旧规章制度处理。

【案例索引】

　　江苏省南京市秦淮区人民法院民事判决书,(2013)秦民初字第3401号。
　　江苏省南京市中级人民法院民事裁定书,(2014)宁民终字第788号。

【执笔人】

　　上海通乾律师事务所　朱慧　武慧琳

规章制度规定医疗期长于法定标准，应优先适用规章制度

【案例要旨】

医疗期是对患病或非因工负伤劳动者的保护，在医疗期内，用人单位不得依据《劳动合同法》第 40 条及第 41 条之规定解除劳动合同，即对用人单位单方解除劳动合同进行了限制，也为劳动者安心治疗提供了期限保护。

上海地区有关医疗期的计算与全国的计算标准不一致，因而上海地区的用人单位或集团公司在制定规章制度时，需特别注意上海地区有关医疗期的计算。如规章制度中有关医疗期的计算与地方法律法规不一致，且规章制度中明确规定有关医疗期的计算是长于地方法律法规标准的，按照有利于劳动者的原则，应适用规章制度中有关医疗期的规定。

【案情简介】

上诉人（原审被告）：上海 G 工程建筑公司

被上诉人（原审原告）：苏某

2013 年 4 月 22 日，苏某进入上海 G 工程建筑公司（以下简称公司）从事高级管道应用分析工程师的工作。公司与苏某之间签署过多份书面劳动合同，最后一份劳动合同为自 2015 年 10 月 1 日起的无固定期限劳动合同。苏某的月工资标准为 2 万元，由基本工资、岗位津贴、技能津贴三部分组成。

公司在苏某入职时向其送达了《员工手册》。《员工手册》第 8.3.7 条规定："如果员工因病或非因工负伤需要停止工作接受治疗，根据本人实际参加工作年限和在公司工作年限，给予三个月至二十四个月的医疗期。实际工作年限十年以下的，在公司工作年限五年以下的为三个月；五年以上的为六个月。实际

工作年限十年以上的,在公司工作年限五年以下的为六个月;五年以上十年以下的为九个月。"另外,《员工手册》附则中规定:"本手册如有条款与中华人民共和国的法律、法规相悖,则以国家法律、法规为准;若本手册规定与地方法律法规相悖,则以员工劳动合同履行地法律法规规定为准。"

截至2018年4月,苏某累计工作年限已满14年。2018年4月16日,苏某至医院就诊,被诊断为抑郁状态,休息两周。之后,苏某以同样的病情理由连续向公司请病假,苏某按照公司的规定将医院开具的病假单递交给公司,公司也按照病假工资标准给苏某发放了病假工资。

2018年12月24日,公司向苏某发出《调岗通知书》,该通知书载明:"您自2018年4月18日起请病假,停止工作治病休息,截至2018年12月18日,您的法定医疗期已满。2018年12月10日,公司再次收到您为期30天的病假单。该情况表明,您的健康状况无法支持正常工作。鉴于您无法从事原工作的事实,公司经慎重研究决定,调整您的工作岗位,降低工作量,自2018年12月27日起,您的职位调整为绘图员,有关工资待遇按照绘图员的标准进行发放。请于2018年12月27日前,向公司答复是否接受公司为您调整的新岗位,并携带由三级甲等医院开具的可正常工作的相关证明到新的岗位报到。如拒不接受本次调岗或未能按时报到,将视为不能从事公司为您提供的新岗位,届时公司将依法进行后续工作。"

苏某不同意公司的调岗,其认为其仍处于医疗期,另外绘图员的工资标准与其原先工资标准相差甚远。2018年12月27日,公司向苏某发出了《解除劳动合同通知书》,该通知书载明:"因您未在规定时间内给予公司答复,公司以《劳动合同法》第四十条第一项即医疗期满为由,于2018年12月28日解除与您之间的劳动合同。在您配合公司完成工作交接手续后的30天内,公司将通过银行转账方式向您支付解除劳动合同的经济补偿金、医疗补助费及代通金共计20余万元。"公司在单方解除劳动合同后以银行转账方式向苏某支付了解除劳动合同的经济补偿金、医疗补助费及代通金。

苏某认为公司是违法解除劳动合同,按照公司《员工手册》的规定,其应享有9个月的医疗期,在医疗期尚未届满时,公司就以医疗期满为由单方解除劳动合同,显然是违法解除。因而,在2019年3月7日,苏某向劳动人事争议仲裁委员会提起劳动仲裁,主张自2018年12月29日起与公司之间恢复劳动关系,并要求公司按照每月2万元的标准向其支付恢复劳动关系期间的工资。

【裁判结论】

  一审法院认为,用人单位对与之建立劳动关系的劳动者患病就医,经合法医疗机构开具休假证明书,应保障劳动者依法享受的病休福利待遇。上海市人民政府《关于本市劳动者在履行劳动合同期间患病或者非因工负伤的医疗期标准的规定》第 2 条规定:"医疗期按照劳动者在本用人单位的工作年限设置。劳动者在本单位工作第 1 年,医疗期为 3 个月;以后工作每满 1 年,医疗期增加 1 个月,但不超过 24 个月。"用人单位内部规章制度对医疗期的约定长于上述规定的,从其约定。本案中,公司的《员工手册》对医疗期进行了明确约定,故苏某要求按《员工手册》规定的根据员工的实际工作年限及本公司工作年限,选择较长的 9 个月医疗期的规定予以适用,符合规定。

  根据上海市社会保险事业管理中心出具的养老保险缴费情况,截至 2018 年 12 月苏某累计缴费 176 个月,超过 10 年,该缴费年限可以作为认定工作年限的依据。自 2018 年 4 月 16 日起,苏某开始提交病假单,连续休病假,其向公司提交的末张病假证明系 2018 年 12 月 10 日由某医院开具的为期 30 日的病情处理意见单。其医疗期应在 2019 年 1 月 16 日结束。

  公司在医疗期内于 2018 年 12 月 27 日向苏某寄发《解除劳动合同通知书》,违反法律规定。2018 年 12 月,双方在医疗期满前就苏某的工作进行过协商,由于公司提供给苏某岗位的工资明显低于原岗位,故协商未成。公司未提供证据证明苏某医疗期满不能从事原工作,也不能从事重新安排的工作。用人单位违反《劳动合同法》的规定解除或终止劳动合同,劳动者要求继续履行劳动合同的,用人单位应当继续履行;劳动者不要求继续履行劳动合同或者劳动合同已经不能继续履行的,用人单位应当依照法律规定支付赔偿金。现苏某要求自 2018 年 12 月 28 日起恢复劳动关系,苏某的岗位属技术岗位,法院予以支持。

  二审法院认为,用人单位依据《劳动法》之规定,通过民主程序制定的规章制度,不违反国家法律、行政法规及政策规定,并已向劳动者公示的,可以作为人民法院审理劳动争议案件的依据。公司的《员工手册》系通过民主程序制定,并向劳动者公示,其有关医疗期的规定适用于苏某。上海市关于医疗期的规定与公司《员工手册》规定的医疗期虽不一致,但上海市相关规定明确用人单位内部规章制度对医疗期有特别规定的,从其约定。公司《员工手册》规定的医疗期长于上海市规定,也是公司基于自身经营状况给予公司员工享受高于法定标准的福利待遇,与上海市关于医疗期的规定并不矛盾,故公司认为应适用上海市规定的意见,法院不予采纳。

公司反驳称社保缴纳情况不等于工作年限,对此未提供相应证据证实,故公司称苏某工作年限未满10年的意见,法院不予采纳。因公司在苏某医疗期未满情况下与其解除劳动合同,系违法解除,苏某要求恢复劳动关系,一审法院鉴于苏某从事的岗位属技术性岗位,公司可以根据需要安排苏某的岗位,双方的劳动合同可以继续履行,判令双方恢复劳动关系,并无不妥。

虽公司在二审期间提供苏某所在部门已撤销的通知,然因公司对部门的撤销、合并等属公司重大事项变化,公司仅提供通知,无其他相关证据印证,难以证明苏某所在部门已被撤销,法院对此不予采纳,且即使撤销属实,公司亦应首先与劳动者协商变更岗位,而不得以此为由直接解除与苏某订立的劳动合同。公司不同意恢复劳动关系,法院不予支持。

【评析意见】

本案的重点在于:(1)《员工手册》中有关医疗期期限的规定与地方性规定不一致时,应如何适用。是适用《员工手册》中有关医疗期期限的规定,还是按照地方性规定进行计算。(2)涉及在用人单位违法解除劳动合同时,劳动者主张恢复劳动关系的请求能否得到支持。(3)在要求恢复劳动关系类劳动案件中,裁审部门会审查哪些因素。

一、《员工手册》规定的医疗期长于法定标准的,应适用《员工手册》中有关医疗期的规定

上海地区有关医疗期规定的法律依据为上海市人民政府《关于本市劳动者在履行劳动合同期间患病或者非因工负伤的医疗期标准的规定》。该规定第2条规定:"医疗期按照劳动者在本用人单位的工作年限设置。劳动者在本单位工作第1年,医疗期为3个月;以后工作每满1年,医疗期增加1个月,但不超过24个月。"

从上述条款可以看出,上海地区有关医疗期的计算只和"在本用人单位的工作年限"有关,与劳动者之前的工作年限无关。本案中的苏某是在2013年4月22日入职公司,2018年4月16日开始请病假,根据上述文件计算苏某的医疗期应为7个月。苏某从2018年4月16日至2018年12月28日一直在请病假,医疗期已满8个月,已超过上海地方有关医疗期的标准。

但公司《员工手册》第8.3.7条规定:"如果员工因病或非因工负伤需要停止工作接受治疗,根据本人实际参加工作年限和在公司工作年限,给予三个月至二十四个月的医疗期。实际工作年限十年以下的,在公司工作年限五年以下的为三个月;五年以上的为六个月。实际工作年限十年以上的,在公司工作年限五年以下的为六个月;五年以上十年以下的为九个月。"另外,《员工手册》的附则中规定:"本手册如有条款与中华人民共和国的法律、法规相悖,则以国家法律、法规为准;若本手册规定与地方法律法规相悖,则以员工劳动合同履行地法律法规规定为准。"

截至苏某请病假时即 2018 年 4 月,苏某的累计工作年限为 10 年,在公司的工作年限已满 5 年,按照《员工手册》第 8.3.7 条的规定,苏某应享受的医疗期为 9 个月。比上海地区有关医疗期的计算要多 2 个月的时间。如按照《员工手册》计算苏某的医疗期,在 2018 年 12 月 28 日公司单方解除劳动合同时,苏某的医疗期尚未届满,尚有 1 个月的时间。

公司所制定的《员工手册》中有关医疗期的期限,长于上海地区有关医疗期的期限。虽公司在制定《员工手册》时已特别注意,在《员工手册》的附则中规定"若本手册规定与地方法律法规相悖,则以员工劳动合同履行地法律法规规定为准",但根据苏某劳动合同履行地上海的规定,即上海市人民政府《关于本市劳动者在履行劳动合同期间患病或者非因工负伤的医疗期标准的规定》第 4 条的规定,"下列情形中关于医疗期的约定长于上述规定的,从其约定:(一)集体合同对医疗期有特别约定的;(二)劳动合同对医疗期有特别约定的;(三)用人单位内部规章制度对医疗期有特别规定的"。因而,按照该条第 3 项的规定,用人单位内部规章制度对医疗期有特别规定,医疗期长于该文件第 2 条的标准的,适用规章制度中有关医疗期的规定。因而,有关苏某医疗期的计算应按照其公司《员工手册》第 8.3.7 条的规定,即实际工作年限 10 年以上的,在公司工作年限 5 年以上 10 年以下的,医疗期为 9 个月。

医疗期是劳动者患病或非因工负伤停止工作治病休息的时限,根据《劳动合同法》第 42 条第 3 项的规定,患病或者非因工负伤,在规定的医疗期内的,用人单位不得依照《劳动合同法》第 40 条、第 41 条的规定解除劳动合同,即劳动者在医疗期内,用人单位是不得依据《劳动合同法》第 40 条第 1 项以医疗期满为由解除劳动合同的。而在本案中,公司于 2018 年 12 月 28 日以医疗期满为由单方解除劳动合同,此时苏某享有的医疗期仅有 8 个月,尚未满 9 个月。因而,公司单方解除劳动合同的理由是不成立的,是违法解除劳动合同。

假如用人单位规章制度中有关医疗期期限的规定短于法定标准或地方性规定,法定标准或地方性规定有关医疗期期限的规定则是最低保障,任何约定是不得低于该标准的。就如最低工资标准一样,在劳动者正常出勤情况下,用人单位所发放的工资是不得低于最低工资标准的。

如用人单位在规章制度中规定的医疗期的期限低于法定标准或地方性规

定,则因这样的规定属《劳动合同法》第 26 条第 1 款第 2 项所规定"用人单位免除自己的法定责任、排除劳动者权利的"之条款,属无效条款。有关医疗期期限仍适用法定标准或地方性规定,而不应适用用人单位规章制度的规定。

二、用人单位在医疗期内以医疗期满为由单方解除劳动合同行为违法,应承担违法解除的法律责任

根据《劳动合同法》第 40 条的规定,劳动者患病或者非因工负伤,在规定的医疗期满后不能从事原工作,也不能从事由用人单位另行安排的工作的,用人单位提前 30 日以书面形式通知劳动者本人或者额外支付劳动者 1 个月工资后,可以解除劳动合同。但本案中,公司在苏某医疗期内就以医疗期满为由单方解除劳动合同,该单方解除行为显然是违法的。

有关违法解除劳动合同的法律责任,《劳动合同法》第 48 条规定:"用人单位违反本法规定解除或者终止劳动合同,劳动者要求继续履行劳动合同的,用人单位应当继续履行;劳动者不要求继续履行劳动合同或者劳动合同已经不能继续履行的,用人单位应当依照本法第八十七条规定支付赔偿金。"从该法条我们可以看出,在用人单位违法解除劳动合同时,劳动者要求继续履行的,用人单位应当继续履行劳动合同,但是,若裁审部门认定用人单位与劳动者之间的劳动关系已不能继续履行,用人单位应当向劳动者支付违法解除劳动合同的赔偿金。

在司法实践中,有关劳动者与用人单位之间的劳动关系能否恢复,还需结合具体的情况进行判断。例如,用人单位与劳动者是否丧失了信赖基础、工作岗位是否存在、劳动关系是否具备恢复的可能性,裁审部门会根据具体案情综合考量。在本案中,苏某向法院提供了公司仍然在招聘其所属岗位员工的情况,且苏某也向法院提交了其已停止服药、病情稳定的材料,进而证明其身体已恢复,可以回公司上班,劳动关系具有恢复的可能性。

虽然在二审阶段公司向法院提交了苏某所属的部门已撤销的通知,但法院判决认定仅仅凭借一个通知无法证明部门已撤销;即便部门确实撤销,根据《劳动合同法》第 40 条第 3 项的规定,公司也应与苏某协商变更工作岗位,而不能直接单方以客观情况发生重大变化为由解除劳动合同。因而,二审法院维持一审判决,认定公司应与苏某恢复劳动关系并由公司支付苏某恢复劳动关系期间的工资,并无不妥。

【案件索引】

上海市黄浦区人民法院民事判决书,(2019)沪 0101 民初 19286 号。

上海市第二中级人民法院民事判决书,(2020)沪02民终1749号。
上海市高级人民法院民事裁定书,(2020)沪民申1368号。

【执笔人】

上海七方律师事务所　王余婷